Roland Böckle

Das neue Kneipp-Kochbuch

Das neue Kneipp-Kochbuch

Gesunde Vollwertkost
für Feinschmecker mit Phantasie

Von Roland Böckle

Mit Anregungen für schmackhafte Küche
vom schnellen Imbiß bis zum festlichen Menü

Für jemanden kochen ist
eine Form der Liebe und Zuwendung.
Warum eigentlich
soll da die Gesundheit des Bekochten
nicht mitbedacht werden?

Kneipp-Verlag

Ehrenwirth

Buchhandelsausgabe: Ehrenwirth Verlag GmbH, Schwanthalerstraße 91, D-80336 München.

ISBN 3-431-03135-8

 · Autor: Prof. Roland Böckle, Wien · Fotos: Thomas Remele, Bruck/Mur, und Heinz Eisl · Koch: Josef Schäffer, Bruck/Mur · Arrangements und Grafik: Helmut Rabel · Geschirr: Firma Klammerth, Graz, Herrengasse · Umschlag: Atelier Kontraste, München · Layout, techn. Bearbeitung und Satz: Verlag des Österreichischen Kneippbundes Ges.m.b.H., Leoben · Druck: Obersteirische Druckerei, Leoben · Lithos: Schlick CD, Graz.

ISBN 3-900696-12-8 2. Auflage Leoben, November 1995

Der Mensch ist in hohem Maße das, was und wieviel er ißt!

Allgemeine Empfehlungen

1. Achten Sie streng darauf, daß der Vollwert Ihrer Nahrung nicht beeinträchtigt wird, das heißt zum Beispiel: kein Auszugsmehl, keinen raffinierten Zucker, keine gehärteten Fette, keine Lebensmittel, die Schadstoffe enthalten (Rückstände von Mineraldünger, von Insektiziden, Herbiziden, Fungiziden, Hormonen ...) sowie kein Schweinefleisch.
2. Verändern Sie den Vollwert Ihrer Kost möglichst wenig, das heißt zum Beispiel: schonende Vor- und Zubereitung, kein langes Warmhalten, schonendes Konservieren.
3. Lassen Sie Getreide immer lange quellen, dadurch wird es leichter verdaulich.
4. Reduzieren Sie die Eiweißmenge, das heißt: fleischarme oder fleischlose Kost, nicht zuviel Eier und Milchprodukte.
5. Erhöhen Sie den Anteil an basenreicher Kost, das heißt zum Beispiel: Gemüsebrühe statt Fleischbrühe, viele Gemüse- und Kartoffelgerichte.
6. Nehmen Sie sich Zeit für die Mahlzeiten und kauen Sie gründlich.
7. Achten Sie besonders darauf, was Sie Ihren Kindern zu essen geben!

Anregungen zum Gebrauch dieses Kochbuches

1. Wählen Sie zunächst einige wenige Gerichte aus. Versuchen Sie aber, deren Zubereitung gut zu beherrschen.
2. Wandeln Sie die Rezepte ab, zum Beispiel: vereinfachen, eine Zutat durch eine andere ersetzen, Mengen verändern, ergänzen.
3. Lassen Sie sich dazu anregen, neue Gerichte zu erfinden.
4. Nutzen Sie die Möglichkeit, viele Ihrer Gerichte durch Verwendung von Gemüsebrühe schmackhafter und zugleich gesünder zu machen.

Inhalt

Vorwort 10
Einige Küchenverfahren 12
Küchengeräte 14
Einkauf 16
Organisation des Kochvorganges . . . 16
Das festliche Menü 17
Menüvorschläge 18

Rezeptteil

Ein ausführliches Stichwortverzeichnis befindet sich am Schluß dieses Buches.

Müsli 21
Rohkost, Salate 25
Dressings 35
Suppen 43
Getreidegerichte 55
Gemüse 67
Kartoffeln 91
Pilze 99
Saucen 103
Würzbutter 121
Eierspeisen 125
Omeletts, Palatschinken 133
Teigwaren 139
Pizzen 145
Quark- und Käsegerichte 149
Fische und Meeresfrüchte 153
Geflügel 165
Lamm 171
Kalb 175
Rind 181
Wild 187
Brot 191
Kuchen, Torten, Kleingebäck 195
Häppchen 205
Süßspeisen 209
Kompotte 217
Marmeladen 219
Sorbet, Eis 223
Getränke 227

Anhang

Vollwertkost 237
Wichtige Bestandteile der Nahrung . . 237
Fehlernährung und Überernährung . . 243
Vegetarische Kost? Fleischkost? 248
Argumente für Rohkost 251
Zeitpunkt und
Bedeutung der Mahlzeiten 252
Bekömmlichkeit der Nahrung 252
Kombination der Speisen 255
Zucker 255
Alkohol 256
Fettstoffwechsel 257
Milch 257
Milchprodukte 258
Knoblauch 258
Zwiebeln 258
Gesunde Verdauung 259
Kauen 259
Krankheit / Gesundheit 260
Konservierungsmethoden 262
Mikrowellenherd 264
Radioaktivität 264
Düngung 268
Bodenversauerung 270
Der biologisch-organische Landbau . . 270
Literaturempfehlungen 271
Wildkräuter, wilde Beeren 272
Gartenkräuter 275
Verschiedene Bezeichnungen 278
Verzeichnis der Rezepte 280

Vorwort

Leider ist es wichtig geworden, genau zu kontrollieren, was wir an Nahrung zu uns nehmen. Wer sich mit den Merkmalen gesunder Kost beschäftigt, stößt allerdings auf Fragen, die oft nur eine ganz persönliche Antwort zulassen.

Ich habe mich für Vollwertkost entschieden. Wie ich dies begründe und was man unter Vollwertkost verstehen kann, steht im Anhang dieses Kochbuches – neben anderen Hinweisen auf gesunde Lebensführung.

Nicht jeder wird Vollwertkost immer gut vertragen. Wenn die Verdauungsorgane nur beschränkt funktionstüchtig sind, sollte man leichtverdauliche Vollwertkost vorziehen.

Daß Vollwertkost delikat schmecken kann, versuche ich im Rezeptteil zu zeigen.

Darüber hinaus soll dieses Buch dazu anregen, sich von Standardgerichten zu lösen sowie selbst neue Rezepte zu erfinden und auszuprobieren. Dazu dienen unter anderem die Darstellung einiger wichtiger Prinzipien sowie die Abwandlungsmöglichkeiten am Ende vieler Rezepte. Ihrer Phantasie ist keine Grenze gesetzt.

Der Geschmackssinn kann und muß entwickelt werden. Deshalb versteht sich dieses Kochbuch auch als eine Schule der Sinne und stellt sich in den Dienst der Kochkunst und der Eßkunst. Wer also Kochen bloß als eine lästige Pflicht ansieht, der braucht dieses Kochbuch nicht.

Innerhalb eines ganz bestimmten Rahmens (ungefähre Umschreibung: vollwertige und reine Kost, weder Schweinefleisch noch weißer Zucker, richtige Eiweißernährung) nehme ich absichtlich keine enge Position ein. Wer zum Beispiel auf Fleischgenuß verzichten möchte, beachte dann eben die entsprechenden Rezepte nicht. Wer Butter ablehnt, verwende an ihrer Stelle z. B. Reformmargarine. Wer Trennkost wünscht, stelle seine Mahlzeiten entsprechend zusammen. Wer fettarm essen möchte, reduziere die Fett-und Sahnemenge.

Wo bei den Rezepten Mengenangaben fehlen, ist der Spielraum für individuelle Wahl sehr groß. Dies gilt besonders für Gewürze. (Allerdings erfordert gutes Würzen schon etwas Erfahrung.)

Bei einigen Rezepten kommt es jedoch auf ein bestimmtes Mengenverhältnis der wichtigen Zutaten sehr genau an. Die Mengenangaben im Rezept dienen dann dazu, dieses Mengenverhältnis zu bezeichnen; sie sind nicht als absolut zu verstehen. (Selbstverständlich kann der erfahrene Kochkundige auch diese Angaben ändern.)

Alle Gewichte sind in Gramm angegeben. (Die in Österreich übliche Einheit Dekagramm ist in anderen deutschsprachigen Ländern unbekannt. Umrechnung: 10 g = 1 dag.)
Manche Bezeichnungen sind auf bestimmte Regionen beschränkt. So heißen zum Beispiel die grünen Bohnen in Teilen Österreichs Fisolen, in anderen Teilen Strangerln. In diesem Kochbuch verwende ich die im deutschsprachigen Raum vermutlich verbreitetsten Begriffe, führe aber in einem Register (siehe S. 278) die anderen Bezeichnungen an, soweit sie mir bekannt sind.
Für den Bereich der vegetarischen Kost stütze ich mich wesentlich auf Material, dessen Auswertung mir Frau Dr. med. Rosemarie Felbermayer und Herr Medizinalrat Dr. med. Leopold Felbermayer vom Diät- und Kneippsanatorium Dr. L. Felbermayer in A-6793 Gaschurn freundlicherweise gestattet haben.
Der Anhang wurde von Herrn Dr. med. Karl Herter, Stuttgart, unter medizinischen Gesichtspunkten geprüft. Auch dafür bedanke ich mich herzlich.
Eine beträchtliche Anzahl der Rezepte habe ich selbst erfunden. (Dabei ist es durchaus möglich, daß sie schon existieren; mir jedoch waren sie noch nicht bekannt.) Viele Rezepte stammen von meinen Freunden. In einigen Fällen habe ich Rezepte guter Speisen, die ich irgendwo gegessen habe, zu rekonstruieren versucht. Darüber hinaus sammle ich seit Jahren gute Rezepte – die ich mit der Zeit fast alle verändert habe.
Wertvolle Anregungen zur gesunden Lebensführung habe ich auch den Belehrungen des Ordens vom Rosenkreuz, A.M.O.R.C., D-7570 Baden-Baden, entnommen.
Viele meiner Freunde haben sich der Mühe unterzogen, das Manuskript zu lesen und einige Rezepte auszuprobieren. Ich bedanke mich bei Christine und Wolfgang Bethmann, Sybille Brunzel, Andrea Böckle, Martina Böckle, Sybille und Werner Böckle, Ingrid Cwienk, Ernst A. Ekker, Senta Fabricius, Karin Hammer, Lotte und Hermann Hammer, Eva Herter, Christel Hepfer, Gretl und Herwig Knaus, Gertrud Martin, Uta Ortner, Herta und Waldemar Pesendorfer, Peter Rysavy, Christina und Dieter Sisel, Eleonore und Franz Schrapfeneder, Christel und Walter Scheiwein, Franz Schwehla, Dorit Salcher, Ingeborg und Theo Schmid, Manfred Teiner, Ute und Jörg Uitz, Friedl Weinzettl.
Den Abschnitt über Radioaktivität hat Herr Dr. Peter Weish, Österreichische Akademie der Wissenschaften, Institut für Umweltwissenschaften und Naturschutz, dankenswerterweise durchgesehen. Herrn Gerhard Hofer danke ich für Anregungen zur Bildgestaltung.
Besonderer Dank gilt dem Verlag des Österreichischen Kneippbundes für die solide Ausstattung.

Einige Küchenverfahren

Ausbacken (siehe Fritieren)

Backen
In trockener Hitze im Backrohr garen.

Blanchieren (siehe S. 68)

Braten
Garen in heißem Fett; dabei entstehen zusätzliche Geschmacksstoffe. Überhitzung des Fetts zerstört die hochungesättigten Fettsäuren und erzeugt krebserregende Stoffe; andererseits ist beim Braten von Fleisch eine hohe Anfangstemperatur wichtig, damit sich die Poren schließen.

Dämpfen
Garen in strömendem Wasserdampf; dafür sind gelochte Siebeinsätze oder besondere Dämpfgeräte erforderlich.

Dünsten
Garen im eigenen Saft unter Zugabe von etwas Fett und/oder Flüssigkeit.

Erhitzen im Wasserbad
Erlaubt eine genaue Kontrolle von Temperaturen unter dem Siedepunkt (siehe S. 15).

Flambieren
Mit einer hochprozentigen Spirituose begießen, diese anzünden – eine Spielerei fürs Auge, die der Spirituose den Alkohol weitgehend entzieht, ihren Geschmack aber beläßt.

Fritieren
Im Fett schwimmend garen; dabei wird das Fett stark erhitzt. Überhitztes und mehrfach verwendetes Fett ist gesundheitsschädlich.

Glacieren
Nach dem Garen mit einem häufig leicht gesüßten glänzenden Überzug versehen.

Gratinieren
Nach dem Garen ein Bräunen der Oberfläche mit Hilfe von Käse oder Butter im Backrohr oder unter einem Elektro- und Gasgrill.

Grillen
Rösten direkt an der Hitze des Feuers; dabei können krebserregende Stoffe entstehen (siehe S. 15).

Klären von Butter
Butter zerlassen, abschäumen, den Satz nicht verwenden.

Köcheln
Knapp am Kochpunkt garen, ohne daß das Wasser sprudelt.

Kochen
In viel sprudelndem Wasser garen; dabei werden viele Inhaltsstoffe ausgelaugt.

Marinieren
In einer stark gewürzten Flüssigkeit zugedeckt lange stehen lassen; oder mit gewürztem Öl einreiben und einige Zeit ziehen lassen.

Pochieren
Schonendes Garziehen – meist in wenig Flüssigkeit – ohne zu kochen.

Reduzieren
Eine Flüssigkeit stark einkochen.

Sautieren
In Butter kurz braten.

Schmoren
Garen mit würzenden Beigaben in wenig Flüssigkeit, die langsam verdampft und den Garprozeß unterstützt. Die Flüssigkeit muß meist während des Schmorens mehrmals ergänzt werden.

Sieden (siehe Köcheln)

Überbacken (siehe Gratinieren)

Küchengeräte

Wer nach diesem Buch kochen möchte, sollte sich nach und nach folgende Küchengeräte anschaffen:

Getreidemühle
Vollkorngetreide muß immer frisch gemahlen sein. Ohne Getreidemühle kommen Sie also nicht aus. Achten Sie darauf, daß das Mahlwerk aus Stein ist und langsam läuft. Nur so wird das Mahlgut nicht über 40 °C erwärmt.
Es gibt aber auch Getreidemühlen, deren Mahlwerk aus Stahl ist und die in der Mahltemperatur unter mancher Steinmühle bleiben. Diese Maschinen haben meist den Vorteil, daß sie zugleich Teil einer mehrteiligen Küchenmaschine sind.
Erkundigen Sie sich im Fachhandel.
Nicht jede Mühle eignet sich für alles Mahlgut. So mahlen manche Mühlen keinen Mais, andere keine Ölsaat (Leinsamen, Mohn).

Wärmeschrank zum Garen
Wenn Sie Ihr Backrohr auf 60 °C einstellen können, eignet es sich als Wärmeschrank. Zur Not behilft man sich bei Gasherden mit einer hitzebeständigen Platte über der kleinsten Flamme. Am besten geeignet sind die Bio-Töpfe (Edelstahltöpfe) der Serie »Romana« mit Spar-Gar-Box (in drei Größen lieferbar)[1].
Je nach Methode sind die Garzeiten anders: Sie müssen es ausprobieren!

Zehn-Liter-Topf, möglichst emailliert
Die Gemüsebrühe ist in diesem Kochbuch Grundlage vieler Gerichte. Zu ihrer Herstellung brauchen Sie einen großen Topf.

Schmortopf mit einem hitzefesten Deckel
Für manche Gemüse benötigen Sie einen Schmortopf. Bevorzugen Sie Gußeisen, denn es verteilt die Hitze gleichmäßig.

Pfannen verschiedener Größe
Vermeiden Sie Pfannen mit Teflonbeschichtung. Diese Schicht ist kratz-und hitzeempfindlich. Eine verletzte oder überhitzte Teflonschicht kann gesundheitsgefährdende Stoffe freisetzen.

Hitzebeständige Gefäße verschiedener Größe, mit Deckel
Falls Sie Keramikgefäße benutzen oder kaufen, sollten Sie sich garantieren lassen, daß die Glasur keine Schwermetalle an die Speisen abgibt. Jenaer Glas eignet sich besonders gut und ist absolut ungefährlich.

---

[1]Bezugsquellen:
Deutschland: Josef-Schulte-Ufer KG, Postfach 1429, D-59844 Sundern
Schweiz: TableTop Trading sagl., Via Guidino 20, CH-6900 Lugano-Paradiso
Österreich: Dr. H. & G. Soyka, Umwelt und Gesundheit, Alsegger Str. 37, A-1180 Wien

Herd
Falls Sie auf die Wahl des Herdes Einfluß haben, ziehen Sie einen Gasherd vor. Nur bei diesem Herd kann man die Hitze rasch verringern. Allerdings sollten Sie bei Gasherden für gute Lüftung des Raumes sorgen.

Keimgerät
Ein spezielles Keimgerät ist nicht unbedingt erforderlich. Sie können sich auch mit einer durchsichtigen Käseglocke behelfen. In diesem Fall legen Sie das Keimgut auf befeuchtetes Filterpapier und decken es mit der Käseglocke zu.
Jedes Gerät, das als Keimgerät verwendet wird, müssen Sie regelmäßig mit Essigwasser reinigen, sonst kann das Keimgut während des Keimens von Schimmel befallen werden.

Sorbetière
Wer selbst Sorbets herstellen möchte, kann dies am besten mit einer Sorbetière. (Allerdings ist dieses Gerät nicht überall zu beschaffen.) Wenn Sie Sorbets im Tiefkühlfach herstellen, sollten Sie öfter umrühren.

Grill (unter Vorbehalt)
Bei einem üblichen Holzkohlengrill tropft – falls Sie Fleisch grillen – Fett in die offene Flamme. Dies ist außerordentlich gesundheitsschädlich, denn dabei bilden sich krebserregende Substanzen, die im Wärmestrom aufsteigen und sich am Fleisch absetzen.
Es gibt auch Holzkohlengrills, bei denen Sie am Spieß neben einem senkrecht aufgeschichteten Feuer grillen können. Das abtropfende Fett wird aufgefangen. Aber auch diese Form des Grillens kann gefährlich sein. Die krebserregenden Substanzen bilden sich an der Oberseite des Fleisches auch dann, wenn Sie weniger als etwa 15 cm vom Feuer entfernt grillen. Diese Aussage gilt entsprechend für den Elektro- und Gasgrill.

Stahlhalbkugel fürs Wasserbad
Manche Saucen lassen sich ohne Risiko nur im Wasserbad herstellen. Besonders geeignet – aber schwer zu bekommen – ist hierzu eine Stahlhalbkugel, die genau auf den Wassertopf paßt. Hierbei kann sich kein Rührgut an den Rändern absetzen.

Weitere empfohlene Küchengeräte
Mixer, Rührstab, Gemüseraffel (aus Edelstahl), Wiegemesser, Arbeitsplatte (möglichst Marmor oder schnittfester Kunststoff), Mörser mit Stößel, Pfeffermühle, Muskatreibe, Haarsieb, Knoblauchpresse, Salatschleuder, Schneebesen, Kochlöffel (möglichst aus Holz), Schaumlöffel, Glasreibe.

Einkauf

Kochen beginnt mit dem Einkauf. Wenn die Zutaten von ausgezeichneter Qualität sind — und Sie nichts anbrennen lassen oder versalzen —, kann Ihre Speise nicht mehr völlig mißlingen.
Achten Sie beim Einkauf von Gemüse und Obst darauf, daß die Produkte möglichst frisch, weitgehend frei von Rückständen (also aus biologisch-organischem Anbau) und richtig gelagert sind. Auch frisch geerntetes Gemüse, das in der Sonne ausgebreitet zum Verkauf angeboten wird, hat einen Großteil seiner Vitamine bereits nach kurzer Zeit verloren. Obst oder Gemüse, das am Straßenrand den Abgasen der Kraftfahrzeuge ausgesetzt war, muß abgelehnt werden.
Achten Sie bei Obst auf den Reifegrad.
Kräuter und andere Gewürze sollten ebenfalls frisch sein. Getrocknete Kräuter verlieren in einem halben Jahr deutlich an Intensität der Würzkraft.
Kaufen Sie niemals tiefgefrorenes Geflügel. Es hat an Qualität bereits enorm verloren.
Kaufen Sie nur kalt gewalzte Getreideflocken. Sie enthalten alle Wirkstoffe des vollen Korns unverändert. Allerdings sind sie nicht lange haltbar.

Organisation des Kochvorganges

Stellen Sie alle Zutaten bereit (soweit sie sich nicht sowieso in Griffnähe befinden). Gekühlte Zutaten nehmen Sie rechtzeitig vorher aus dem Kühlschrank.
Planen Sie die Reihenfolge und Dauer Ihrer Arbeiten für den ganzen Garprozeß.
Beginnen Sie mit den Vorarbeiten frühzeitig; zerkleinern Sie aber Gemüse und Salate noch nicht!
Vermeiden Sie längeres Wässern, unnötig verlängerte Garzeiten sowie Warmhalten oder Aufwärmen.

Das festliche Menü

Eine festliche Mahlzeit muß in mehrfacher Hinsicht gut geplant sein:

1. Gästekreis: Anzahl und Übereinstimmung, Anlaß, Erwartungen, Diätwünsche, Vorlieben.
2. Leistungsfähigkeit der Küche: Kosten, Einrichtung, Zeitaufwand für Vor- und Zubereitung, Abfolge und Pausen. (In der Regel möchte die kochende Person ja mitessen.)
3. Angebot frischer Produkte, Prinzip der Vollwertkost.
4. Abwechslung in der Speisenfolge, möglichst keine Wiederholung der Produkte und Garverfahren, appetitanregende Farben, weise Beschränkung der Menge (vor allem bei mehreren Gängen und bei Abendmahlzeiten).
5. Getränkeauswahl und -abfolge, Übereinstimmung von Speisen und Getränken.

MENÜVORSCHLÄGE

(Das Sternchen bedeutet: Dieser Gang kann entfallen.)

Menü 1, vegetarisch

Speisenfolge	Beispiele	
Kalte Vorspeise	Rohkostplatte (S. 25)	Getreidesalat (S. 28)
*Suppe	Gemüsesuppe I (S. 46)	Kerbelsuppe (S. 47)
Hauptspeise	Reis-Quark-Auflauf (S. 60) mit Tomatensauce (S. 109)	Hirse-Pfanne (S. 65)
kalte Nachspeise	frisches Obst	Obstsalat (S. 211)
kalte Vorspeise	Salat aus grünen Bohnen (S.29) mit Keimlingen (S. 27)	Fenchel-Chicorée-Salat (S. 30)
*warme Vorspeise	Spinatsuppe (S. 48)	Spargelcremesuppe (S. 48)
Hauptspeise	Grünkernschrotauflauf (S. 62) mit einfacher Kräutersauce (S. 105)	Grießklößchen (S. 66)
*Sorbet	Tomaten-Sorbet (S. 224)	Rhabarber-Sorbet (S. 224)
Gemüse	gedünstete Broccoli I (S. 71), Paprikagemüse (S. 77)	delikates Mischgemüse (S. 69), Spinatpüree (S. 69)
warme Nachspeise	gedünstete Birnen (S. 212)	korsischer Zitronenkuchen (S. 197)

Menü 2, mit Fisch

Speisenfolge	Beispiele	
kalte Vorspeise	Rohkostplatte (S. 25)	Salat mit Weizenschrot auf Blattsalat (S. 27)
*Suppe	Broccolisuppe (S. 49)	Karottensuppe (S. 48)
Hauptspeise	Forelle Müllerin (S. 159) mit geschmolzenen Kartoffeln (S. 92)	pochierte Seezungenfilets (S. 160) mit Buttersauce II (S. 114) und Vollreis (S. 58)
kalte Nachspeise	frisches Obst	getrocknete Apfelschnitze (S. 214)
kalte Vorspeise	Wildkräutersalat (S. 28), Selleriesalat I (S. 29)	Selleriesalat IV (S. 29), Blattsalat
*warme Vorspeise	gebratene Tintenfische (S. 164)	garnierte Teigwaren (S. 142)
Hauptspeise	geschmorter Fisch (S. 156) und Kartoffelpüree mit Knoblauch (S. 96)	Fischauflauf (S. 157) mit Nußsauce (S. 115)
*Sorbet	Erdbeer-Sorbet (S. 224)	Kohlrabi-Sorbet (S. 224)
Gemüse	Gedünsteter Chicorée (S. 76), Mirepoix (S. 75)	gebratene Auberginen (S. 78), Buttererbsen (S. 73)
warme Nachspeise	Rhabarberkompott (S. 218)	Pfirsiche unter süßer Haut (S. 212)

Menü 3, mit Fleisch

Speisenfolge	Beispiele	
kalte Vorspeise	Rohkostplatte (S. 25)	Linsensalat (S. 27), Karottensalat (S. 28), Blattsalat
*Suppe	Gurkensuppe (S. 49)	Kartoffelsuppe (S. 47)
Hauptspeise	gef. Truthahnschnitzel (S. 169) mit Champignonsauce I (S. 109)	paniertes Schnitzel (S. 177) mit Apfelrösti (S. 92)
kalte Nachspeise	Mandeltorte (S. 198)	Hirse-Sesam-Plätzchen (S. 202)
kalte Vorspeise	Tomatensalat (S. 30), Selleriesalat III (S. 29)	Salat aus Bohnenkernen (S. 78) Blattsalat, Radieschen
*warme Vorspeise	Rührei, Variation 7 (S. 126)	Spiegelei, Variation 2 (S. 130)
Hauptspeise	Hühnerbeine in Essig (S. 168) mit Kartoffeln und Birnen (S. 94)	gegrillte Lammkoteletts (S.172) mit Gratin Dauphinois (S. 95)
*Sorbet	Gurken-Sorbet (S. 224)	Tomaten-Sorbet (S. 224)
Gemüse	Letscho (S. 77)	Ratatouille (S. 84)
warme Nachspeise	Zitronenschaum (S. 214)	Bratäpfel (S. 213)
Käse	Camembert, alter Gouda	Brie, Dolce latte

Menü 4, mit Fisch und Fleisch

Speisenfolge	Beispiele	
kalte Vorspeise	Rohkostplatte (S. 25)	Auberginen-Paprika-Salat (S. 31), Blattsalat
Suppe	Kerbelsuppe mit rohem Lachs (S. 48)	Fischsuppe (S. 53)
Hauptspeise	Hühnerbrust in Morchelsauce (S. 166, S. 110) mit Vollreis (S. 58)	Hasenkeulen (S. 188) mit gerösteten Kartoffeln (S. 92)
kalte Nachspeise	Mandelquark (S. 151)	frisches Obst
kalte Vorspeise	Fischsalat (S. 33) auf Blattsalat, Radieschen	Rote-Rüben-Salat I (S. 31), Blattsalat
*warme Vorspeise	Omelett, Variation 15 (S. 134)	Fischfilets in Zitronenbutter (S.158)
Hauptspeise	Estragonhuhn (S. 167) mit Vollreis (S. 58)	Kalbsherz (S. 178) mit Hirse (S.59)
*Sorbet	Sellerie-Sorbet (S. 224)	Apfel-Sorbet (S. 224)
Gemüse	gebratene Tomaten (S. 84), grüne Bohnen (S. 78)	drei Sorten Gemüsepüree S. 75
kalte Nachspeise	Melonenkaltschale (S. 212)	Maronendessert (S. 216)
*Käse	gewürzter Schafkäse (S. 151)	Vacherin, Gruyère

Rezeptteil

Ein ausführliches Stichwortverzeichnis befindet sich am Schluß des Buches.

MÜSLI

Müsli aus Flocken sind bekömmlicher als Müsli aus Getreide. Wenn Getreide verwendet wird, ist folgendes zu beachten:

Am Vorabend das Vollgetreide mild trocknen (siehe S. 55), erkalten lassen, mittelfein schroten.

Das Mahlgut in wenig Wasser guter Qualität (z. B. Mineralwasser) einweichen, etwas Zitronensaft hinzufügen und über Nacht bei Zimmertemperatur quellen lassen. (Der Zitronensaft verhindert, daß jene Bakterien sich stark vermehren, die zum Beispiel aus der Luft eingedrungen sind.)

Bircher-Müsli

Ein echtes Bircher-Müsli ist Obstspeise, Frischspeise und Vorspeise zugleich. Das heißt: Nehmen Sie nicht zuviel Haferflocken, nur frisches Obst, bereiten Sie das Müsli unmittelbar vor dem Genuß zu und bewahren Sie keine Reste auf. Servieren Sie das Müsli immer zu Beginn einer Mahlzeit.

Grundrezept für eine Person:

---

1 gestrichener El. Haferflocken
1 El. Zitronensaft
1 El. Joghurt
200 g Äpfel
etwas Honig
1 El. Haselnüsse,
gerieben oder fein gehackt

Die Haferflocken in 3 El. kaltem Wasser zusammen mit dem Zitronensaft 12 Std. bei Zimmertemperatur einweichen. (Wer eine gute Verdauung hat, kann auf das Einweichen verzichten.)
Die Nüsse fein reiben.
Die Flocken mit Joghurt und Honig mischen. Die Äpfel waschen und mit einem Tuch fest abreiben, Stiel und Blüte entfernen, mit der Schale um das Kernhaus herum auf der Apfelreibe frisch in die Mischung reiben, sofort umrühren und mit den Nüssen bestreuen. Sofort essen.

Abwandlungsmöglichkeiten:

andere Getreideflocken statt Haferflokken; Sauermilch statt Joghurt; Birnendicksaft, Ahornsirup oder Melasse statt Honig.

Mögliche Beigaben:

Trockenfrüchte (auch eingeweicht, Einweichwasser verwenden), beliebiges Frischobst (je nach Obstart leicht zerdrückt oder fein geschnitten), Hefeflocken, Mandelmus, Sanddornsaft.
Zum Darüberstreuen: Weizenkeime.

Budwig-Müsli

Magerquark
Leinsamen
wenig
Leinöl
Apfel
weiche Banane
Honig
Zitronensaft

Den Leinsamen mittelfein schroten, sofort verwenden. Den Boden einer Schüssel damit bedecken.
Die Banane zerdrücken, schaumigrühren, mit Quark, Leinöl, Honig und Zitronensaft mischen (nach Bedarf mit Milch verdünnen).
Den Apfel waschen und mit einem Tuch fest abreiben, Stiel und Blüte entfernen, mit der Schale um das Kernhaus herum mit der Apfelreibe auf den Leinschrot reiben, sofort mit der Quarkmasse bedecken.

Abwandlungsmöglichkeiten:

anderes Obst statt Apfel; mit geriebenen Nüssen bestreuen; etwas Vanille aus der Schote beigeben.

Kollath-Müsli

---

beliebiges Vollgetreide
Zitronensaft
Apfel
Trockenfrüchte
Nüsse und/oder Mandeln

Das Getreide am Vorabend mild trocknen (siehe S. 55), erkalten lassen, mittelfein schroten, in Wasser zusammen mit dem Zitronensaft 12 Std. bei Zimmertemperatur einweichen.
Die Trockenfrüchte am Vorabend in Wasser einweichen.

Das Einweichwasser zum Schrot schütten, die Trockenfrüchte fein schneiden, untermengen.
Die Nüsse reiben.
Den Apfel waschen und mit einem Tuch fest abreiben, Stiel und Blüte entfernen, mit der Schale um das Kernhaus herum mit der Apfelreibe in den Schrot reiben, sofort umrühren, mit den Nüssen bestreuen.

Abwandlungsmöglichkeiten:

Haferflocken und/oder Sahne beigeben; eine geschlagene Banane untermengen; frisch geschroteten Leinsamen darüberstreuen; mit Früchten garnieren.

Zwieback-Müsli

Vollkorn-Zwieback
weiche Banane
Milch
Honig
Weizenkeime

Den Zwieback zerbröseln.
Die Banane zerdrücken, schaumig rühren, mit Zwieback, Milch und Honig mischen.
Die Weizenkeime darüberstreuen.

Abwandlungsmöglichkeiten:

mit Früchten garnieren; Sahne statt Milch.

Hirse-Müsli

Hirseflocken
Haferflocken
Apfel,
fein geraspelt
Banane,
klein geschnitten
Rosinen
eingeweichte Aprikosen,
klein geschnitten
Mandelstifte
Milch
etwas Sahne

Die Hirseflocken in kalter Milch mindestens eine Stunde quellen lassen.
Hirseflocken, Haferflocken und alle Früchte mit der Einweichmilch und dem Einweichwasser der Aprikosen mischen.
Mit Mandelstiften bestreuen, mit Sahne übergießen.

Abwandlungsmöglichkeiten:

weitere Früchte beigeben; mit Zitronensaft würzen.

Warmer Frischkornbrei

Weizen
Honig
Schale von
ungespritzter Zitrone

Den Weizen trocknen (siehe S. 55), mittelfein schroten, mit Zitronenschale in Wasser aufkochen, Hitzezufuhr abdrehen, Honig beimengen, nachquellen lassen.

Abwandlungsmöglichkeit:

gemahlene Nüsse mitkochen.

Raum für eigene Variationen und persönliche Anmerkungen:

ROHKOST, SALATE

Am Beginn jedes Mittagsmahls sollte eine kleine Rohkostplatte stehen. Sie besteht am besten immer aus Grünblättern, Wurzelgemüse (z. B. Karotten, Sellerie, Petersilienwurzel – jeweils mit einem anderen Dressing) und einer kleinen Menge angekeimter Samen (siehe S. 27). Garniert wird sie möglichst mit frischen Kräutern.
Auch frisches Obst eignet sich zu einer Rohkostplatte.
Für Rohkost sind nur Gemüse und Obst allererster Qualität zu verwenden; darunter ist weniger das schöne Aussehen zu verstehen, sondern die Frische und bei Obst auch der Reifegrad. Nur so ist der Gehalt an Vital- und Mineralstoffen gesichert. Vor allem sollte darauf geachtet werden, daß die Produkte keine Rückstände von Schädlingsbekämpfungsmitteln sowie von Mineraldünger enthalten.
Es ist gesünder, bei Rohkost auf Salz ganz zu verzichten. Entsprechend sind die Dressings zu wählen.
Am verträglichsten sind zarte Salate, dann Wurzelgemüse und zuletzt Kohlarten (siehe »Bekömmlichkeit der Nahrung«, S. 252).

Besonders günstige Rohkostmischungen

Gemüse	kombiniert mit
Blumenkohl	Tomaten
Chicorée	Tomaten Äpfeln und/oder Grapefruit
Fenchel	Tomaten Roten Rüben Äpfeln
Gurken	Tomaten und/oder Paprikaschoten und/oder Sauerkraut
Karotten	Äpfeln und/oder Sellerie und/oder Sauerkraut Lauch und/oder grünen Paprikaschoten
Kohlarten	Tomaten
Lauch	Karotten und/oder Sellerie
Rote Rüben	Äpfeln Fenchel Orangen
Rettich	Äpfeln, Chinakohl
Sauerkraut	Äpfeln und/oder Karotten und/oder Sellerie Tomaten und/oder Gurken und/oder Paprikaschoten Grapefruit

Rohkost mit Dips

Zum Beispiel:

Staudensellerie
Karotten
Gurken
Paprikaschoten
Chicorée

Die Rohkostbestandteile ungefähr gleich lang schneiden, kühlen, dazu Dips reichen.
Zum Dippen eignen sich alle dicklichen Dressings (siehe S. 35 ff.) oder kalte Saucen (siehe S. 103 ff.) oder eine variierte Dip-Grundlage (siehe S. 41).

Salat mit Weizenschrot

Gemüsebrühe (siehe S. 44)
etwas Vollkornweizenschrot,
aus getrockneten Körnern
frisch geschrotet
(siehe S. 55)
Tomaten
Zitronensaft
etwas kalt gepreßtes Olivenöl
Petersilie
frische Pfefferminze
Salz

Den Schrot mit Gemüsebrühe bedekken und 2 Std. quellen lassen, in einem Tuch kräftig ausdrücken.
Die Tomaten grob zerkleinern, die Zwiebeln fein hacken, alles mit Zitronensaft und Salz mischen, mit dem Schrot gründlich vermengen.
Die Minze fein hacken, Minze und Öl untermengen.

Abwandlungsmöglichkeiten:

auf Salatblättern anrichten, die man vorher in Vinaigrette (siehe S. 38) getaucht hat.

Angekeimte Samen (Keimlinge)

Jedem Rohkostgericht sollte eine kleine Menge an angekeimten Samen beigegeben werden. Zum Keimen eignen sich z. B. Weizen, Roggen, Gerste, grüne Sojabohnen, Senfkörner, Luzernensamen (Alfalta), Kressesamen, Leinsamen, Sesamsamen, Rettichsamen, Linsen, Kichererbsen und Gartenerbsen.
Im Fachhandel gibt es spezielle Keimgeräte (siehe S. 15).
Vermeiden Sie auf alle Fälle Keimgut aus dem Samenhandel. Es könnte mit Insektiziden und Fungiziden präpariert sein, und diese Stoffe werden beim Keimvorgang nicht abgebaut.
Im Fachhandel (z. B. in Reformhäusern) gibt es spezielles Keimgut für die Sprossenzucht. Vor dem Verzehr müssen die Keimlinge gewaschen werden, Nicht gekeimte Samen sind zu entfernen. Keimlinge sollten nicht gekocht werden, sonst werden wichtige Vitamine und Fermente zerstört.

Linsensalat

Linsen (lange Quellzeit!)
Dressing nach Belieben (siehe S. 35 ff.)
Garnitur (z. B. Petersilie, Tomatenschnitze, Oliven, Zwiebelringe)

Die Linsen am Vorabend kurz aufkochen und im Kochwasser über Nacht quellen lassen.
Abtropfen lassen, mit dem Dressing mischen und ziehen lassen.

Abwandlungsmöglichkeiten:

Sellerieknolle und/oder Apfel hineinraspeln; Garnitur ändern (z. B. Kohlrabistreifen).

Das Gericht ist leichter verdaulich, wenn man die Linsen am Tag des Verzehrs noch einmal aufkocht und im Wärmeschrank (siehe S. 14) ziehen läßt.

Getreidesalat

Vollkorngetreide (lange Quellzeit!)
Karotten
Lauch
grüne Paprikaschoten
Äpfel
Dressing nach Belieben (siehe S. 35 ff.)

Das Getreide kochen und quellen lassen (siehe S. 55 ff.).
Den Lauch ganz dünn schneiden.
Paprikaschoten und Äpfel in kleine Würfel schneiden.
Die Karotten fein raspeln.
Alle Zutaten mit dem Dressing mischen und ziehen lassen.

Abwandlungsmöglichkeiten:

zusätzlich weitere Rohkost; mit Sonnenblumenkernen mischen; Garnitur (zum Beispiel Tomatenschnitze, Radieschenscheiben); Knoblauch in das Dressing pressen.

Wildkräutersalat

Wildkräuter (z. B. Löwenzahn, Gundelrebe, Sauerampfer, Schafgarbe, Vogelmiere, junge Birkenblätter, (siehe auch Tabelle »Wildkräuter« S. 273 f.)
Frühlingszwiebeln
Radieschen
Dressing nach Belieben (siehe S. 35 ff.)
Sesamkerne

Die Sesamkerne ohne Fett in der Pfanne rösten, erkalten lassen.
Die Wildkräuter waschen und gut trocknen (am besten in der Salatschleuder).
Die Frühlingszwiebeln in Ringe, die Radieschen in Stifte schneiden.
Kräuter, Zwiebeln und Radieschen mit dem Dressing locker mischen, Sesamkerne darüberstreuen.

Karottensalat

Karotten
Rettich
Äpfel
Dressing nach Belieben (siehe S. 35 ff.)

Zuerst das Dressing anrühren.
Karotten und Rettich reiben, sofort mit dem Dressing vermischen.
Die Äpfel schälen, vierteln, das Kernhaus entfernen, in den Salat reiben, sofort vermischen.

Abwandlungsmöglichkeit:

grob geschnittene Blutorangen statt Äpfeln.

Blumenkohlsalat

Gemüsebrühe (siehe S. 44)
Blumenkohl
Essig
Vinaigrette (siehe S. 38)
scharfer Senf
(bevorzugt Dijon-Senf)
Kerbel
Salz

Den Blumenkohl in Röschen zerteilen, 3 Min. in Essigwasser legen, 3 Min. in kräftig gesalzenem Wasser kochen (das Kochwasser weggießen), 6 Min. in ungesalzener Gemüsebrühe kochen (die Gemüsebrühe weiterverwenden), abtropfen und erkalten lassen.
Die Vinaigrette mit Senf und gehacktem Kerbel mischen, untermengen.

Abwandlungsmöglichkeiten:

etwas rohen Blumenkohl in nußgroßen Stückchen untermengen; Sahne und Tomatenmark statt Senf; viel Rosmarin im Salzwasser mitkochen; Broccoli statt Blumenkohl.

Selleriesalat I

Sellerieknolle
Äpfel
Walnüsse
Joghurt
Mayonnaise (siehe S. 116)

Joghurt und Mayonnaise zu einem Dressing rühren. Die Nüsse grob zerkleinern. Die Sellerieknolle fein raspeln. Die Äpfel reiben. Alle Zutaten sofort vermischen.

Abwandlungsmöglichkeit:

Birnenstückchen statt Äpfel.

Selleriesalat II

Sellerieknolle
Vinaigrette (siehe S. 38)

Die Sellerieknolle gut reinigen, in Alufolie wickeln, im warmen Backrohr etwa 1 Std. bei mittlerer Hitze garen, noch warm schälen, in Würfel oder Scheiben schneiden, mit Vinaigrette übergießen, ziehen lassen.

Abwandlungsmöglichkeit:

mit feingehackten Kräutern bestreuen.

Selleriesalat III

Sellerieknolle
Rosinen
Sahne
etwas Zitronensaft
Senf
wenig Salz, etwas Curry

Die Sahne mit Curry anrühren.
Die Sellerie reiben, sofort mit Zitronensaft mischen, Senf, Salz und Rosinen zufügen, die Currysahne darübergießen, durchmischen.
Etwas durchziehen lassen.

Selleriesalat IV
(süßsauer)

Sellerieknolle
Banane, reif (aber nicht zu weich)
etwas Zitronensaft
Joghurt
etwas Honig oder Ahornsirup
Nüsse
etwas Butter
wenig Salz

Die Nüsse grob hacken, in Butter leicht bräunen, erkalten lassen.
Joghurt, Honig oder Ahornsirup und Salz zu einem Dressing mischen.
Die Sellerieknolle reiben, sofort mit Zitronensaft mischen, das Dressing darübergießen, durchmischen.
Die Banane blättrig darüberschneiden.

Salat aus grünen Bohnen

grüne Bohnen
Tomaten
Champignons
Zitronensaft
Schalotten, Salz
Vinaigrette (siehe S. 38) oder
pikantsaures Dressing (siehe S. 37)

Die grünen Bohnen in Salzwasser 10 bis 15 Minuten knackig kochen (das Kochwasser weggießen; es enthält leicht giftige Stoffe!), in kaltem Wasser abschrecken, abtropfen lassen.
Die Tomaten schälen (siehe S. 68) und entkernen, in feine Streifen schneiden. (Reste verwertbar für eine Gemüsebrühe).

Die Champignons in hauchdünne Streifen schneiden, sofort mit wenig Zitronensaft beträufeln.
Die Schalotten fein hacken. Alle Zutaten vorsichtig mischen.

Abwandlungsmöglichkeiten:

mit feingehacktem Bohnenkraut bestreuen; Shrimps (aus der Salzlake) beigeben; mit Thunfisch (aus der Dose) bestreuen und mit schwarzen Oliven garnieren;
mit Keimlingen (siehe S. 27) mischen.

Salat aus Bohnenkernen

Siehe S. 78 unter Abwandlungsmöglichkeiten.

Reissalat mit Roten Rüben

---

gekochter Vollreis (siehe S. 58)
rote Rüben
Rotweinessig
kalt gepreßtes Olivenöl
Salz
Kerbel

Die roten Rüben gut reinigen, in Alufolie wickeln, im Backrohr etwa 1 Std. bei mittlerer Hitze garen (z. B. während des Backens von Brot oder Kuchen), noch warm schälen (die Schale der noch heißen Rüben läßt sich unter kaltem Wasser leicht mit der Hand abstreifen), in Würfel schneiden, mit Rotweinessig übergießen, mindestens 2 Std. ziehen lassen.
Mit Reis, Salz und Öl mischen, ziehen lassen, vor dem Servieren nachwürzen.

Abwandlungsmöglichkeiten:

grob zerkleinerte marinierte Heringe (siehe S. 161 f.) beigeben; mit feingehacktem Kerbel bestreuen.

Tomatensalat

Tomaten
Vinaigrette (siehe S. 38)
Estragon

Die Tomaten in Scheiben schneiden.
Den Estragon hacken, unter die Vinaigrette mischen.
Den Salat mit Vinaigrette beträufeln.

Abwandlungsmöglichkeiten:

den Essig weglassen, die Tomaten schälen (siehe S. 68) und entkernen; feingehacktes Basilikum und/oder Knoblauch statt Estragon;
mit gehackten Zwiebeln bestreuen, die in feingehackter Petersilie gewälzt worden sind.

Fenchel-Chicorée-Salat

Fenchel
Fenchelgrün
Chicorée
Äpfel
Orangen
Rosinen
Orangensaft, frisch gepreßt
Sauermilch
Zitronensaft
Schale von ungespritzter Zitrone, gerieben
etwas Ahornsirup

Den Fenchel ohne den Wurzelansatz grob zerkleinern, den Chicorée fein schneiden (Strunk vorher entfernen), den geschälten und entkernten Apfel in Scheiben schneiden, die Orange schälen und schnetzeln, dies alles mit den Rosinen mischen.
Sauermilch, Orangensaft, Zitronensaft und etwas geriebene Zitronenschale gut mischen, über den Salat geben, mit gehacktem Fenchelgrün bestreuen.

Abwandlungsmöglichkeiten:

halbierte und entkernte blaue Trauben dazugeben; geriebene Nüsse statt Fenchelgrün.

Auberginen-Paprika-Salat

dünne Aubergine
gelbe und rote Paprikaschoten
etwas Knoblauch
kalt gepreßtes Olivenöl
etwas Weinessig
Salz, frisch gemahlener Pfeffer

Aubergine mit Schale in 1/2 cm dicke Scheiben schneiden, vorbereiten (siehe S. 78).
Den Knoblauch grob zerkleinern, mit dem Olivenöl in einer Pfanne sanft erhitzen.
Die Auberginenscheiben und die Paprikastreifen im Knoblauchöl unbedeckt etwa 20 Min. dünsten, bis die Auberginenscheiben leicht braun sind.
Wenig Salz in Essig gut verrühren, zusammen mit dem Pfeffer in die Pfanne geben, behutsam mischen, erkalten lassen.
Paßt gut zu Lammkotelett.

Rote-Rüben-Salat I

rote Rüben,
gedünstet (siehe S. 30)
Zwiebel
Crème fraîche
Zitronensaft
scharfer Senf
(bevorzugt Dijon-Senf)

Die Zwiebeln in Folie packen, im Backrohr mit den roten Rüben mitdünsten, erkalten lassen, in feine Streifen schneiden.
Crème fraîche, Zitronensaft und Senf gut mischen, alle Zutaten gut vermengen, eventuell mit etwas Milch verdünnen.

Abwandlungsmöglichkeiten:

mit feingehackten Kräutern bestreuen; Apfelstücke beimengen.

Rote-Rüben-Salat II

rote Rüben, roh
Zwiebel
etwas Honig
Zitronensaft
etwas Meerrettich, Salz

Die Zwiebel fein hacken. Die roten Rüben schälen, fein raspeln. Den Meerrettich frisch raspeln. Alle Zutaten gut mischen, sofort essen.

Abwandlungsmöglichkeiten:

feingehackte Nüsse beigeben; mit geriebenen Birnen mischen.

Tsatsiki

Magerquark
Joghurt
Sahne oder Crème fraîche
Gurke (ungeschält)
Knoblauch
Dill, wenig Salz

Das Joghurt im Filterpapier abtropfen lassen.
Die Gurke in sehr kleine Würfel schneiden, den Knoblauch pressen, den Dill fein hacken. Alle Zutaten gut mischen.

Abwandlungsmöglichkeiten:

feingehackte frische Pfefferminze beigeben.

Nudelsalat

mit etwas Öl gekochte
Vollkornnudeln
(oder andere Vollkornteigwaren)
Tomaten, Lauch
Vinaigrette (siehe S. 38)

Die Tomaten schälen (siehe S. 68) und entkernen. (Reste verwertbar für eine Gemüsebrühe.)
Den Lauch klein schneiden und 1 Min. in Salzwasser kochen. (Brühe weiterverwertbar, auch als Getränk geeignet.)
Alle Zutaten gut mischen, ziehen lassen, vor dem Servieren nachwürzen.

Abwandlungsmöglichkeiten:

Paprikaschoten und/oder Kohlrabi beigeben; mit Friséesalat mischen; Tomaten-Vinaigrette (siehe S. 38, Vinaigrette/Abwandlungsmöglichkeiten); mit gehackten Kräutern bestreuen; Radieschenscheiben untermengen; mit Sonnenblumenkernen bestreuen; Keimlinge (siehe S. 27) untermengen.

Vollkornprodukte und Saures schmekken oft leicht bitter. Wer diesen Geschmack nicht liebt, mische ein Dressing aus z. B. Sahne, Ahornsirup und Weizenkeimöl.

Kartoffelsalat I[1]

Gemüsebrühe (siehe S. 44)
speckige Kartoffeln, roh
Schalotten
Vinaigrette (siehe S. 38)

Die Kartoffeln gut säubern, in gesalzener Gemüsebrühe kochen (Brühe weiterverwertbar).
Die Kartoffeln trocknen lassen, noch heiß schälen, in Scheiben schneiden, mit etwas Gemüsebrühe begießen, mit feingehackten Schalotten und Vinaigrette sofort anmachen, erkalten lassen.

Abwandlungsmöglichkeiten:

mit frischen Kräutern und Blüten von Gänseblümchen garnieren; dem kalten Salat kleingeschnittenen Endiviensalat beimengen; Gurkenscheiben beimengen; Quark und Sahne mischen, salzen, beimengen; Apfelwürfel und rohe Karottenstückchen oder Paprikastreifen oder geschälte und entkernte Tomaten (siehe S. 68) beigeben; Kapern untermengen.

Kartoffelsalat II[1]

speckige Kartoffeln, roh
herber Weißwein
1 Ei
etwas Weinessig
kalt gepreßtes Olivenöl
Salz, frisch gemahlener Pfeffer

Die Kartoffeln gut waschen, in Salzwasser kochen, schälen. (Wasser und Schalen verwertbar für eine Gemüsebrühe.)
Die Kartoffeln in Scheiben schneiden und im heißen Zustand mit Weißwein übergießen, erkalten lassen.
Das Ei 8 Min. kochen, das Eigelb durch ein Haarsieb streichen, mit Salz, Pfeffer, Essig und Öl zu einer Marinade rühren, unter die Kartoffeln mischen.
Mit dem gehackten Eiweiß bestreuen.

Abwandlungsmöglichkeiten:

mit feingehackten Kräutern bestreuen; gehackte Zwiebeln beigeben; mit Kümmel bestreuen; mit kleingeschnittenem Endiviensalat oder mit Ackersalat mischen; zu Fischgerichten: heißer Fischfond (siehe S. 155) statt Weißwein.

[1] Man beachte die allgemeinen Bemerkungen zu Kartoffeln auf S. 91.

Walnüsse

Bircher-Müsli

Müsli

Hafer

Sebastian Kneipp: »So sollt ihr leben«

»Wenn eine kräftigere Gesundheit erreicht werden soll, dann ist zu allererst notwendig, daß man ein gesundes, nahrhaftes und kräftiges Frühstück genießt.«

Fenchel-Chicorée-Salat

Sebastian Kneipp: »So sollt ihr leben«

»Da die Gemüse viel an Nährwert durch Kochen verlieren, ist es ratsam, dieselben, wenn möglich, in rohem Zustande zu genießen.«

Dillkraut

Rohkost und Salate

Gemüsesuppe (Minestrone)

Sellerie

Erbsen

Sebastian Kneipp: »So sollt ihr leben«

»Wenn die Kraftsuppe erkannt und benützt wird, kann man eine Anzahl unglücklicher Menschen beglücken.«

Suppen

Weizenschrotauflauf

Sebastian Kneipp: »So sollt ihr leben«

»Es gab eine Zeit, wo die Menschen die Körner aßen und dabei recht gesund blieben und das höchste Alter erreichten.«

Getreidelaibchen

Getreide

Fischsalat

pochierter Fisch (siehe S. 156)
Knoblauchmayonnaise (siehe S. 116)
Kräuter

Den Fisch klein portionieren, mit der Sauce garnieren, mit feingehackten Kräutern bestreuen.

Heringsalat

Salzheringe, vorbereitet und filetiert (siehe S. 161)
Äpfel
große Trauben
reichlich Zwiebel
viel saure Sahne
Salz, frisch gemahlener Pfeffer

Die Trauben halbieren und entkernen. Die Zwiebeln in Ringe schneiden. Die Sahne mit Salz, Pfeffer, Trauben und Zwiebeln mischen.
Die Heringe grob zerkleinern und untermengen.
Die ungeschälten Äpfel entkernen, in kleine Stücke schneiden, untermengen.

Käsesalat

Emmentaler oder Bergkäse
Eier
Sahne
Meerrettich
etwas Weinessig
Kümmel
Salz, frisch gemahlerner Pfeffer

Den Käse in Würfel schneiden. Die Eier 9 Min. kochen, abschrecken, schälen, klein hacken.
Eier und Käse mischen.
Sahne, Essig, Kümmel, Salz und Pfeffer mischen.
Nicht zuviel Meerrettich ganz frisch in die Sahne reiben, alle Zutaten gut mischen, sofort servieren.

Abwandlungsmöglichkeiten:

mit Radieschenscheiben garnieren; scharfer Senf (bevorzugt Dijon-Senf) statt Meerrettich; junge Staudensellerie kleingeschnitten beimengen; entsteinte schwarze Oliven, grob zerkleinerte grüne Paprikaschote und Zwiebelringe untermengen.

Gefüllte Avocados

pro Person
eine halbe Avocado
Rosinen
frisch gepreßter Orangensaft
etwas von einer scharfen (roten) Chilischote
Karotten
Zitronensaft
Salz

Die Rosinen in Orangensaft 30 Min. einweichen.
Die Chilischote fein (im Mörser) zerstoßen, mit Orangensaft und Salz verrühren.
Die Karotten raspeln, untermengen.
Die Avocados halbieren, entkernen, häuten, noch einmal teilen, sofort mit Zitronensaft einreiben.
Die Avocados mit der Karottenmasse füllen, Rosinen darüberstreuen, sofort essen.

Abwandlungsmöglichkeiten:

Ingwer in die Karottenmasse hineinreiben; mit frisch geriebenem Muskat und/oder Zimt würzen.

Raum für eigene Variationen und persönliche Anmerkungen:

DRESSINGS

Bereiten Sie Salat aus Wurzelgemüse zu, müssen Sie das Dressing vorbereiten, bevor Sie das Wurzelgemüse raffeln, damit das Gemüse nicht zu lange mit dem Sauerstoff in Berührung kommt.
Bei Dressings sollten Öl und Säuren (Zitronensaft, Essig) im Verhältnis 3 : 1 mit einer Gabel etwa eine Min. lang zu einer Emulsion aufgeschlagen werden (bei kräftigen Essigsorten empfiehlt sich sogar ein Verhältnis 4 : 1), bevor man die anderen Zutaten daruntermischt. Wird Salz verwendet, löst man das Salz zuerst im Zitronensaft und/oder Essig auf.
Ganz besonders kommt es auf die Qualität des Essigs und des Öls an. Verwenden Sie immer beste Qualität!
Sie können auch verschiedene Essigsorten mischen, auch jeweils mit Zitronensaft; das rundet den Geschmack ab.
Vorschläge für Essigsorten: Apfelessig (auch mit Kräutern und Knoblauch selbst angesetzt), Rotweinessig, Weißweinessig, Sherryessig, Balsamessig (auch mit anderen Essigsorten gemischt), Himbeeressig.
Vorschläge für Ölsorten (alle nur kalt gepreßt): Olivenöl, Sonnenblumenöl, Maiskeimöl, Distelöl, Leinsamenöl, Weizenkeimöl, Nußöl.
Es ist besser, Würzmischungen aus Kräutern (siehe S. 36 ff.) am Schluß über den Salat zu streuen, als die Kräuter mit dem Dressing zu vermischen. (Das Öl läßt die Kräuter zusammenfallen.)
Bei einem gemischten Salat werden die verwendeten Salatsorten mit **einem** *Dressing frisch angerichtet.*
Bei einer Salatplatte werden für die einzelnen Salate oder Salatmischungen **verschiedene** *Dressings verwendet. Das bedeutet zum Beispiel, daß die Grünblätter mit einem anderen Dressing angemacht werden als die Wurzelgemüse und die Keimlinge.*

Süßsaure Dressings

Erste Variante:

wenig Sahne
Joghurt oder Sauermilch
etwas Honig oder Ahornsirup
Zitronensaft, Sonnenblumenöl
Würzmischung (siehe Tabelle unten)

Abwandlungsmöglichkeit:

feingehackte Zwiebel beigeben.

Zweite Variante:

Joghurt oder Sauermilch
etwas Honig oder Ahornsirup
Zitronensaft, etwas Birnendicksaft
Würzmischung (siehe Tabelle unten)

Dritte Variante:

Joghurt
oder Sauermilch
etwas Quark
etwas Honig
oder Ahornsirup
Zitronensaft
Kapern
milchsauer eingelegte Gurken
Würzmischung
(siehe Tabelle unten)

Die Kapern abtropfen lassen, fein schneiden.
Die Gurken fein hacken.

Abwandlungsmöglichkeit:

feingehackte Zwiebel beigeben.

Würzmischungen für süßsaure Dressings

	Mischungsvorschläge	**zum Beispiel passend zu**
1	Petersilie, Thymian, Salbei, Rosmarin	Endivie, Chinakohl, Chicorée, Fenchel, Tomaten
2	Petersilie, Kerbel, Estragon, Basilikum Zwiebelrohr, frisch geriebener Muskat	Blattsalat, Ackersalat
3	Petersilie, Dill, Estragon, wenig Ingwer[1]	Blattsalat, Gurken, Tomaten, Fenchel
4	Petersilie, Kerbel, etwas Zitronenmelisse, Zwiebelrohr, Orangenwürfel, frisch geriebener Muskat	Blattsalat, Chicorée
5	Bohnenkraut, Majoran, frisch geriebener Meerrettich	Tomaten
6	Petersilie, Basilikum, Knoblauch	Tomaten
7	Bohnenkraut, Borretsch	Gurken
8	etwas Zitronenmelisse, Orangen-, Grapefruitwürfel, Apfelwürfel, frisch geriebener Muskat (ohne Zwiebel!)	Blattsalat, Chicorée

[1]Als Pulver oder frisch gerieben.

Pikantsaure Dressings

Erste Variante:

Gemüsebrühe, ungesalzen (S. 44)
Zitronensaft
etwas Hefeflocken, Sonnenblumenöl
Würzmischung (siehe Tabelle unten)

Abwandlungsmöglichkeiten:

Joghurt, Sauermilch oder Quark statt Gemüsebrühe; feingehackte Zwiebel beigeben.

Zweite Variante:

Mayonnaise (siehe S. 116)
Joghurt, Zitronensaft
etwas Hefeflocken
Würzmischung (siehe Tabelle unten)

Dritte Variante:

Gemüsebrühe
ungesalzen
(siehe S. 44)
Zitronensaft
etwas Hefeflocken
Knoblauch
Sonnenblumenöl
Würzmischung
(siehe Tabelle unten)

Abwandlungsmöglichkeiten:

Joghurt oder Sauermilch statt Gemüsebrühe;
Senf beigeben;
feingehackte Zwiebel beigeben.

Würzmischungen für pikantsaure Dressings

	Mischungsvorschläge	**zum Beispiel passend zu**
1	Petersilie, Schnittlauch, Kresse, Sauerampfer, Knoblauch, Senf, gemahlener Koriander, geriebene Radieschen	Blattsalat, Ackersalat Tomatensalat
2	Petersilie, Salbei, wenig Rosmarin, sehr wenig Liebstöckel, frisch geriebener Muskat, Löwenzahn	Endivie, Chicorée, Tomaten
3	Schnittlauch, Kresse, würfelig geschnittene Tomaten (ohne Haut und Kerne), kleingeschnittener roter Paprika, Knoblauch, Senf	Blattsalat
4	Majoran, Basilikum, Thymian, Knoblauch	Blattsalat, Chinakohl, Tomaten
5	Petersilie, Schnittlauch, wenig Bohnenkraut, Kapern (gut abgetropft), Basilikum, Senf, kleingeschnittener grüner Paprika	Radicchio, Endivie, Tomaten, Gurken

Vinaigrette

Essig
kalt gepreßtes Olivenöl
Salz
frisch gemahlener Pfeffer

Das Salz in Essig auflösen, Essig und Öl zu einer Emulsion schlagen, pfeffern.

Abwandlungsmöglichkeiten:

herben Weißwein beigeben; Tomaten pürieren und untermengen; Honig beigeben; Senf oder gepreßten Knoblauch daruntermischen; wenig Sahne beigeben; mit Hefeflocken würzen.

Kartoffeldressing

Gemüsebrühe (siehe S. 44)
wenig Kartoffelpüree (siehe S. 96)
Essig
kalt gepreßtes Olivenöl
Salz, frisch gemahlener Pfeffer

Gemüsebrühe, Kartoffelbrei, Essig, Salz und frisch gemahlenen Pfeffer gut mischen, eventuell mit Gemüsebrühe weiter verdünnen, nach und nach Öl unterschlagen.

Paßt z. B. zu Bohnensalat und Tomatensalat.

Variationen von Salatdressings

süße Sahne statt Öl;

saure Sahne statt Öl;

ein hartgekochtes Ei (8 Min.) hacken und untermischen;

ein rohes Eigelb hineinschlagen;

Vollkornbrotrinde zerbröseln, in Knoblauchbutter rösten, kalt untermischen;

mit Joghurt verdünnte Mayonnaise (siehe S. 116) statt Öl;

mit Schlagsahne vermischte Mayonnaise (siehe S. 116) statt Öl;

Chilisauce, Worcestersauce oder Tabascosauce beigeben.

Avocadodressing

eine weiche Avocado
junge
Spinatblätter
etwas Kresse
etwas Zitronensaft
etwas Salz
Mineralwasser

Das Avocadofleisch herausschälen, mit den anderen Zutaten im Mixer pürieren und mit Mineralwasser auf die gewünschte Konsistenz verdünnen.

Gemüsedressing

Karotten
Petersilienwurzel
Zucchini
Lauch
rote Paprikaschoten
etwas Weinessig
etwas
Zitronensaft
kalt gepreßtes Olivenöl
Salz
frisch gemahlener
Pfeffer

Das Gemüse ganz fein zerkleinern.

Salz, Essig und Zitronensaft verrühren, bis das Salz ganz aufgelöst ist, pfeffern, mit dem Öl etwa 1 Min. zu einer Emulsion aufschlagen, das zerkleinerte Gemüse damit mischen.

Paßt auch zu kaltem Fleisch oder Fisch.

Auberginendressing

dünne Aubergine
2 Eigelbe
kalt gepreßtes
Olivenöl
Zitronensaft
Salz
frisch gemahlener Pfeffer

Die ganze Aubergine im Backrohr 15 Min. bei 220 °C (Gasherd Stufe 4 1/2) garen, halbieren, das Fruchtfleisch mit dem Löffel herausschaben und durch ein Haarsieb passieren, erkalten lassen. Die Auberginenmasse mit den Eigelben, Zitronensaft, Salz und Pfeffer mit dem Schneebesen gut verrühren, Olivenöl tropfenweise hineinrühren, bis die Masse glattflüssig ist.

Paßt auch zu Schafkäse (dann mit Oliven garnieren).

Wildbeerendressing

Wildbeeren
z. B. Himbeeren, Brombeeren,
Heidelbeeren,
Preiselbeeren[1];
auch gemischt
Joghurt oder Kefir
Honig
Zitronensaft
Walnußöl
(oder ein anderes gutes Öl)
frisch gemahlener Pfeffer

Einige Beeren zum Garnieren zurückbehalten, alle anderen Zutaten im Mixer pürieren.

[1] Preiselbeeren vor der Verwendung mit kochendem Wasser überbrühen.

Berberitzendressing

Berberitzengelee
(siehe S. 222)
Mayonnaise
(siehe S. 116)
Meerrettich
Sahne
Zitronensaft
Senf

Die Sahne steif schlagen. Den Meerrettich frisch reiben. Alle Zutaten gut mischen.

Abwandlungsmöglichkeit:

Johannisbeergelee oder Apfelgelee statt Berberitzengelee.

Paßt gut zu Salaten mit Früchten.

Dressing mit hartgekochtem Ei

Essig
kalt gepreßtes Öl
2 Eier
Salz
frisch
gemahlener Pfeffer

Die Eier 8 Min. kochen, abschrecken, erkalten lassen, die Eigelbe herauslösen, durch ein Haarsieb passieren.
Die passierten Eigelbe, Essig, Salz und Pfeffer gut verrühren, nach und nach das Öl mit einer Gabel hineinschlagen. Das Eiweiß kleinhacken und über den Salat streuen.

Abwandlungsmöglichkeiten:

Senf oder Sahne beigeben; gehackte Sardellenfilets (gewässert) zusammen mit den Eigelben passieren; Tomatenmark und/oder Knoblauch beigeben.

Schwedisches Dressing

Mayonnaise
(siehe S. 116)
Apfelbrei
(siehe S. 218)
Sahne
Meerrettich
Paprikapulver

Die Sahne steif schlagen. Den Meerrettich frisch reiben. Alle Zutaten gut mischen.

Paßt gut zu z. B. Kartoffelsalat.

Spanisches Dressing

wenig Gemüsebrühe
(siehe S. 44)
wenig Magerquark
wenig Mayonnaise
(siehe S. 116)
Joghurt
Ei
eingelegte Gurken
schwarze Oliven
reichlich Zwiebeln
Knoblauch
grüne Paprikaschoten
Tomaten, geschält (siehe S. 68)
und entkernt
Lauch
Kümmel
Apfelessig
Senf
Hefeflocken

Das Ei 8 Min. kochen, abschrecken, erkalten lassen, das Eigelb durch ein Haarsieb passieren, das Eiweiß klein schneiden.
Den Quark durch ein Haarsieb passieren.
Die Oliven entsteinen und klein schneiden.
Zwiebelringe schneiden.
Den Knoblauch pressen.
Gurken, Paprikaschoten, Tomaten und Lauch klein schneiden.
Alle Zutaten gut mischen.

Dieses Dressing paßt auch zu Reis-, Kartoffel- und Käsesalat.

Dressing mit rohem Eigelb

Essig
Zitronensaft
Sahne
Senf
etwas Honig
4 Eigelbe
Salz, frisch gemahlener Pfeffer

Die Eigelbe im Wasserbad mit dem Schneebesen schaumig schlagen, mit Honig, Senf, Salz und Pfeffer weiterschlagen, Sahne, Essig und Zitronensaft beigeben und lange weiterschlagen, aus dem Wasserbad nehmen und noch einige Zeit weiterschlagen.

Dieses Dressing hält sich zugedeckt einige Tage im Kühlschrank. Falls es zu dick wird, kann man es mit Joghurt verdünnen.

Roquefortdressing

wenig Roquefort
Zitronensaft
Öl

Den Roquefort passieren, mit allen Zutaten gut mischen.

Abwandlungsmöglichkeiten:

Paprikapulver beigeben; Milch statt Zitronensaft und Öl; Gorgonzola statt Roquefort.

Dip-Grundlage

Frischkäse
Sahne
Joghurt

oder:

etwas Mayonnaise
Joghurt

oder:

Crème fraîche
Joghurt

Die Zutaten ohne Salz mischen.

Dip-Variationen

Mischungsvorschläge für eine der Dip-Grundlagen (siehe oben):

1. Zitronen- oder Orangensaft, eventuell mit geriebener ungespritzter Zitronenschale, frisch geriebener Meerrettich;
2. grüne, rote und gelbe Paprikaschoten, gewürfelt;
3. feingehackte Kräuter, eventuell Knoblauch;
4. gewürfelte Tomaten (eventuell gehäutet und entkernt);
5. hartgekochtes Ei (passiert), Schnittlauch;
6. Preiselbeeren, eventuell Cognac;
7. grob zerkleinerte Kapern;
8. zerdrückte grüne Pfefferkörner, eventuell Cognac.

Avocadodip

eine weiche Avocado
Milch
Knoblauch

Das Fruchtfleisch der Avocado herauslösen, mit Milch und Knoblauch im Mixer pürieren.

Salatgarnituren

Salate garniert man am besten mit anderen Salaten. Darüber hinaus eignen sich:

1. Blüten von: Gänseblümchen, Veilchen, Thymian, Borretsch, Schnittlauch, Zucchini, Kapuzinerkresse, Kürbis;
2. grob zerzupfte Kräuter;
3. gekochte Eier, in Achtel geteilt oder feingehackt (auch nur das Eiweiß);
4. Oliven;
5. Käse, bevorzugt Schafkäse;
6. Zwiebelringe;
7. grobgehackte Nüsse;
8. besonders gesund: Keimlinge (siehe S. 27)
9. frisch geriebener Meerrettich;
10. geröstete Nüsse;
11. gerösteter Sesam;
12. Streifen von festem Gemüse, z.B. Karotten, Sellerie, Rettich, Kohlrabi;
13. Streifen von festem Käse;
14. Streifen von in Butter gebratener Hühnerbrust (kann noch lauwarm sein).

Raum für eigene Variationen und persönliche Anmerkungen:

SUPPEN

Gemüsebrühe, das Fundament vieler Gerichte

Karotten
Sellerieknollen oder Staudensellerie, je mit ihrem Grün
Petersilienwurzel
reichlich Lauch
eventuell Spinat oder Mangold
beliebige andere Gemüse (auf Ausgewogenheit achten: kein Gemüse soll vorschmecken)
Gemüseabfälle (sorgfältig verlesen)

---

eventuell:

Kartoffeln mit Schale
Zwiebeln mit Schale
Knoblauch mit Schale
Weißkraut
Tomaten sowie Tomatenreste (Schalen und Kerne)
wenig Meerrettich
wenig Peperoni (wenn scharf gewünscht: mit Kernen)
Wacholderbeeren, Lorbeer, Koriander
Senfkörner, Majoran, Bohnenkraut
wenig Liebstöckel (oder eine Auswahl davon)

Wer eine rote Brühe wünscht, nehme Rotkraut oder rote Rüben dazu.

Das Gemüse sorgfältig waschen und bürsten, alle schlechten Stellen ausschneiden, Schalen und Würzelchen aber belassen.
Alles klein schneiden und in einen Topf geben, Gewürze dazu.
Den Topf so mit Wasser füllen, daß das Gemüse gerade bedeckt ist.
Kalt aufsetzen, aufkochen und mindestens zwei, besser vier Stunden köcheln lassen.
Durch ein Haarsieb abgießen, das Gemüse gut ausdrücken, wegwerfen. (Man kann das Wurzelgemüse heraussuchen, pürieren und zum Eindicken von Saucen verwenden.)
Die Brühe wird erst bei weiterer Verwendung gesalzen.

Im Kühlschrank hält sich Gemüsebrühe mindestens drei Tage, wenn man sie zwischendurch einmal aufkocht, etwa fünf Tage. Man kann sie auch tieffrieren. Zu Sirup eingekochte Gemüsebrühe hält sich länger.

Durch das langsame, lange Köcheln werden Mineralstoffe und Aromastoffe besonders gut in der Brühe gelöst. Die Mineralstoffe machen die Gemüsebrühe stark basisch — im Gegensatz zu Fleischbrühe (Vorteile siehe S. 243).

Bei dieser Zubereitungsart handelt man sich neben den Vorteilen auch einen Nachteil ein: Viele Vitamine werden zerstört. Bei der weiteren Verwendung sollte man also frische Kräuter oder rohes Gemüse beigeben (siehe z. B. das folgende Rezept).

Gemüsebrühe eignet sich hervorragend als Saucengrundlage, wenn man sie zu Sirup einkocht (siehe S. 104).

In der Schnellküche kann man auch Gemüsebrühewürfel verwenden, doch ist der Wohlgeschmack einer echten Gemüsebrühe unvergleichlich besser.

Im Handel gibt es auch gefriergetrocknete Gemüsebrühe[1]. Sie ist geschmacklich besser als die Gemüsebrühe aus Würfeln.

---

[1]Bezugsquelle: GEFRO-Reformversand Gebr. Frommlet, Postfach 1317, D-8940 Memmingen.

Gemüsesuppe I

Gemüsebrühe (siehe S. 44)
Karotten
Sellerieknolle, Lauch
Grünzeug (z. B. Selleriegrün, Spinat, Petersilie)
Salz, frisch geriebener Muskat, frische Kräuter

Einlage: Vollkornsuppennudeln (in der Brühe gekocht) oder gequollenes Getreide (siehe S. 55)

Die Karotten und die Sellerie fein raspeln. Den Lauch dünn schneiden. Das Grünzeug klein schneiden. Alles in die heiße Brühe geben, nicht mehr aufkochen.

Abwandlungsmöglichkeiten:

zusätzlich Kohlrabi oder dünne Kohlstreifen; Petersilienwurzel statt Sellerieknolle; mit Keimlingen (siehe S. 27) kurz vor dem Anrichten bestreuen; etwas Butter beigeben.

Gemüsesuppe II
(Minestrone)

---

gekochter Vollreis (siehe S. 58)
Gemüsebrühe (siehe S. 44)
speckige Kartoffeln, roh
Zucchini
Karotten
Staudensellerie
Lauch, Zwiebel, Tomaten
Butter
Salz, frisch gemahlener Pfeffer

Garnitur:
Parmesan
Knoblauch, Basilikum, Petersilie

Die Kartoffeln schälen, in Würfel schneiden. (Reste verwertbar für Gemüsebrühe.)

Die Tomaten schälen (siehe S. 68) und entkernen. (Reste verwertbar für Gemüsebrühe.)

Zucchini, Karotten, Staudensellerie, Lauch und Zwiebel zerkleinern, in Butter andünsten.

Alle Gemüse in der Gemüsebrühe 15 Min. kochen, den Reis beigeben, mit Salz und Pfeffer würzen.

Den Knoblauch fein hacken, mit den feingehackten Kräutern mischen, auf die Suppe streuen.

Dazu geriebenen Parmesan reichen.

Kalte Gemüsesuppe
(Gazpacho)

---

kalte Gemüsebrühe
(siehe S. 44)
Tomaten
Gurken
rote Paprikaschoten
Zwiebel
Knoblauch
kalt gepreßtes
Olivenöl
etwas Zitronensaft
frische Kräuter
Salz
frisch gemahlener
Pfeffer
Vollkornbrotwürfel
Butter

Die Tomaten schälen (siehe S. 68) und entkernen. (Reste verwertbar für eine Gemüsebrühe.)

Gurke, Paprika, Zwiebel und Knoblauch grob zerkleinern und mit etwas Gemüsebrühe im Mixer pürieren.

Mit kalter Gemüsebrühe zur gewünschten Konsistenz verdünnen.

Mit Öl, Zitronensaft, Salz und Pfeffer würzen.

Die Brotwürfel in Butter goldbraun braten und auf die Suppe geben.

Die Kräuter fein hacken und darüberstreuen.

Pikante Gemüsesuppe
(kalt)

Gemüsebrühe (siehe S. 44)
wenig Zitronensaft
scharfe Sauce
(z. B. Tabasco)
Eigelb
Petersilie

Die Brühe mit Zitronensaft und scharfer Sauce würzen, einen kleinen Schuß Eigelb daraufgießen, mit feingehackter Petersilie bestreuen.
Nicht salzen!

Kartoffelsuppe

Gemüsebrühe (siehe S. 44)
mehlige Kartoffeln, roh
Sahne
Butter
Salz
frisch gemahlener Pfeffer
Majoran

Die Kartoffeln schälen und in der Brühe fast bedeckt auf kleiner Hitze garen, pürieren.
Sahne steifschlagen und unterheben, würzen.

Abwandlungsmöglichkeiten:

statt Schlagsahne saure Sahne; geriebenen Hartkäse (bevorzugt Gruyère) mit dem Schneebesen unterrühren; feinen Weizenschrot mitkochen; mit feingehackten Kräutern bestreuen; Wurzelgemüse und glasig gedünstete Zwiebel mitkochen.

Diese Suppe ist – ohne Majoran – eine hervorragende Grundlage für Kerbelsuppe, Sauerampfersuppe, Kressesuppe, Brunnenkressesuppe, Wildkräutersuppe u.v.a. (siehe rechts).

Grundlage für gebundene Suppen

Gemüsebrühe
(siehe S. 44)
Weizenvollkornschrot, frisch aus getrockneten Körnern gemahlen
(siehe S. 55)
Sahne
Butter
wenig Zitronensaft
Salz

Den Schrot in Gemüsebrühe aufkochen, quellen lassen, mit Salz und Zitronensaft würzen, die Butter unterziehen.

Abwandlungsmöglichkeiten:

mit Eigelb legieren, mit Sojasauce würzen.

Diese Suppengrundlage eignet sich für Kerbelsuppe, Sauerampfersuppe, Kressesuppe, Brunnenkressesuppe, Wildkräutersuppe u.v.a. (siehe unten).

Kerbelsuppe

Kartoffelsuppe
(siehe links) oder
Grundlage für gebundene Suppen
(siehe oben)
viel Kerbel

Den Kerbel gut abzupfen, einige Blättchen beiseitelegen, die Hauptmassen fein schneiden und eine Minute (!) in der Suppe mitkochen, mit den ganzen Blättchen garnieren, sofort servieren.

Abwandlungsmöglichkeiten:

Sauerampfer, Kresse, Brunnenkresse oder gemischte Wildkräuter statt Kerbel.

Kerbelsuppe mit rohem Lachs

Gemüsebrühe (siehe S. 44)
reichlich Kerbel
Lachs
Salz

Den rohen Lachs in hauchdünne Streifen schneiden.
Den Kerbel fein hacken, die Gemüsebrühe leicht salzen, den Kerbel darin eine Minute (!) kochen, die Lachsstreifen in stark erhitzten Tellern ausbreiten, die Suppe darübergießen.

Spinatsuppe

Gemüsebrühe (siehe S. 44)
Spinatpüree (siehe S. 69)
Sahne

Das Spinatpüree mit Gemüsebrühe und Sahne auf die gewünschte Konsistenz verdünnen, nur kurz erhitzen.

Spinatsuppe mit Reis

Gemüsebrühe (siehe S. 44)
Spinat, vorbereitet (siehe S. 69)
gekochter Vollreis (siehe S. 58)
Crème fraîche
Knoblauch
Schnittlauch
Dill

Den Spinat in feine Streifen schneiden, in Gemüsebrühe kurz aufkochen, 10 Min. zugedeckt köcheln (nicht kochen!).
Den Reis beigeben, weitere 2 Min. ziehen lassen.
Schnittlauch und Dill fein hacken, mit gepreßtem Knoblauch mischen, unter die Crème fraîche rühren, in jeden Teller einen Löffel dieser Crème auf die Suppe geben.

Spargelcremesuppe

Spargelsud (siehe S. 72)
Grundlage für gebundene Suppe (siehe S. 47), aber statt Gemüsebrühe den Spargelsud nehmen
gekochter Spargel
Sahne

Der Suppe etwas Sahne beigeben, durch eine Haarsieb gießen.
Den gekochten Spargel in kleine Stücke schneiden und untermengen.

Karottensuppe

Gemüsebrühe (siehe S. 44)
Karotten, Zwiebel
Tomaten
Butter, Sahne
Majoran
Salz
frisch gemahlener (weißer) Pfeffer

Die Tomaten schälen (siehe S. 68) und entkernen, grob zerkleinern. (Reste verwertbar für eine Gemüsebrühe.)
Die Zwiebel grob zerkleinern, in leicht erhitzte Butter geben, glasig dünsten.
Die Karotten raspeln, kurz in der Butter mitdünsten, die Tomaten beigeben, wenig Gemüsebrühe beigeben, nicht zudecken, 30 Min. köcheln, mit dem Mixstab pürieren, mit Sahne und Gemüsebrühe auf die gewünschte Konsistenz verdünnen, abschmecken.
Im Teller mit wenig frisch geriebenen Karotten garnieren; einige Majoranblättchen auf die Suppe legen.

Tomatensuppe I

Gemüsebrühe
(siehe S. 44)
Tomatensauce
(siehe S. 109)
Salz

Die Tomatensauce mit Gemüsebrühe auf die gewünschte Konsistenz verdünnen, salzen.

Abwandlungsmöglichkeiten:

Mozzarella in sehr kleine Würfel schneiden und darüberstreuen; Basilikum- und Salbeistreifen darüberlegen; Basilikum, Knoblauch und kalt gepreßtes Olivenöl zu einer Paste verarbeiten und untermengen; mit steifgeschlagener Sahne garnieren; mit ganz wenig Zimt würzen.

Tomatensuppe II

Siehe Gurkensuppe unter Abwandlungsmöglichkeiten.

Gurkensuppe

Pro Person 1/2 dünne, dunkelgrüne Gurke
wenig
Weizenvollkornmehl
Sahne
Butter
Salz
frisch geriebener
Pfeffer

Die Gurke mit Schale grob schneiden und im Mixer pürieren, den Gurkensaft durch ein Haarsieb seihen. (Reste verwertbar für eine Gemüsebrühe.)

Wenig Vollkornmehl in Butter anschwitzen, mit etwas Gurkensaft glattrühren, quellen lassen.
Den restlichen Gurkensaft dazugeben, salzen, kurz aufkochen.
Die Sahne steifschlagen und unterziehen.

Abwandlungsmöglichkeiten:

hauchdünne Radieschenscheiben darauflegen; Borretschstreifen darüber legen; mit gerösteten Vollkornbrotwürfeln servieren; Tomaten statt Gurken.

Broccolisuppe

Gemüsebrühe (siehe S. 44)
Broccoli
Broccoligrün
Sahne
Salz
frisch geriebener Muskat
frische Kräuter

Die Broccoli zerkleinern und mit einigen kleingeschnittenen Broccoli-Blättern in wenig Gemüsebrühe weichkochen.
Mit wenig Brühe im Mixer pürieren, mit Gemüsebrühe auf die gewünschte Konsistenz verdünnen, noch einmal kurz erwärmen.
Die Sahne steifschlagen und unterziehen, die Suppe mit feingehackten Kräutern bestreuen.

Abwandlungsmöglichkeiten:

einige Broccoliröschen separat in Gemüsebrühe bißfest kochen und damit die Suppe garnieren; einige Spinatblätter mitkochen; anderes Gemüse, zum Beispiel Blumenkohl, Spinat, Karotten, Sellerie, Kohlrabi statt Broccoli.

Weniger Wasser nehmen, dann bekommt man statt einer Suppe ein wohlschmeckendes Gemüsepüree.

Rote-Rüben-Suppe mit Meerrettichklößchen

Gemüsebrühe
(siehe S. 44)
rote Rüben
wenig mehlige Kartoffeln, roh
Zwiebel
nicht zuviel Sahne
etwas Butter
Salz
frisch gemahlener schwarzer Pfeffer
frisch geriebener Muskat

Klößchen:

70 g Weizenvollkornschrot, aus getrockneten Körnern frisch geschrotet (siehe S. 55)
1 Ei
40 g Butter
20 g Meerrettich
Salz
frisch gemahlener schwarzer Pfeffer

Butter und Ei schaumig schlagen, salzen und pfeffern, den Meerrettich hineinreiben, die Masse mit dem Schrot vermischen, 40 Min. in den Kühlschrank geben.
Klößchen formen, in kochendes Salzwasser legen, kurz aufkochen, vom Herd nehmen, 10 Min. im heißen Wasser ziehen lassen, kurz in kaltes Wasser tauchen.

Suppe:

Die Zwiebel fein hacken, in leicht erhitzte Butter geben, glasig dünsten, die roten Rüben fein dazuraspeln, mit Gemüsebrühe auffüllen, 5 Min. kochen.

Die Kartoffeln schälen, in die Suppe fein hineinraspeln, weitere 10 Minuten kochen, mit dem Mixstab pürieren, mit Salz, Pfeffer und Muskat würzen.
Die Klößchen (siehe links) hineingeben, kurz aufkochen, mit Schlagsahne garnieren.
Die Menge der Kartoffeln hängt davon ab, wie sämig Sie die Suppe wünschen.

Abwandlungsmöglichkeiten:

Crème fraîche oder Sauerrahm statt Schlagsahne; mit feingehackter Petersilie bestreuen.

Gerstensuppe

Gemüsebrühe
(siehe S. 44)
Gerste
Zwiebel
Lauch
Butter
Salz
frisch gemahlener Muskat
viel Petersilie

Die Gerste am Vorabend waschen und mild trocknen (siehe S. 55), in Gemüsebrühe kurz aufkochen, über Nacht quellen lassen.
Die Zwiebel fein hacken, mit der Gerste in der Einweichbrühe 15 Min. kochen, im Wärmeschrank (siehe S. 14) 2 Std. quellen lassen.

Mit Gemüsebrühe zur gewünschten Konsistenz verdünnen, mit dem feingeschnittenen Lauch 2 Min. kochen.
Mit Butter, Salz und Muskat würzen, feingeschnittene Petersilie darüberstreuen.

Abwandlungsmöglichkeiten:

am Schluß weitere Gemüse geraspelt beigeben; mit saurer Sahne verfeinern, Schnittlauch statt Petersilie.

Gerstenschrotsuppe

Gemüsebrühe (siehe S. 44)
Gerstenschrot, aus getrockneten Körnern frisch geschrotet (siehe S. 55)
Zwiebel
Knoblauch
kalt gepreßtes Olivenöl
Salz, frisch geriebener Muskat
reichlich Schnittlauch

Zwiebel und Knoblauch fein hacken. Den Schrot im Öl mit Zwiebel und Knoblauch dünsten, mit Gemüsebrühe 10 Min. kochen, vom Herd nehmen und im Wärmeschrank (siehe S. 14) mindestens eine Stunde quellen lassen. Mit Gemüsebrühe zur gewünschten Konsistenz verdünnen, aufkochen. Mit Salz und Muskat würzen, feingeschnittenen Schnittlauch darüberstreuen.

Linsensuppe

Gemüsebrühe (siehe S. 44)
sehr weichgekochte Linsen (siehe S. 85)
Tomaten
Zwiebel, Knoblauch
Butter
Kümmel
Salz, frisch gemahlener Pfeffer

Die Tomaten schälen (siehe S. 68) und entkernen, grob hacken. (Reste verwertbar für Gemüsebrühe.)
Zwiebel und Knoblauch fein hacken, in leicht erhitzte Butter geben, glasig dünsten, mit den Tomatenstücken 10 Min. weiterdünsten, die Linsen beigeben, alles durch ein Haarsieb pürieren, mit Gemüsebrühe auf die gewünschte Konsistenz bringen, aufkochen, mit Kümmel, Salz und frisch gemahlenem Pfeffer würzen.

Zitronensuppe

Gemüsebrühe (siehe S. 44)
Fenchel, Fenchelgrün
Zwiebel
Eigelb
Sahne
herber Weißwein
kalt gepreßtes Olivenöl
ungespritzte Zitrone
Salz

Zwiebel und Fenchel in feine Streifen schneiden, im Öl 4 Min. dünsten, Wein und Gemüsebrühe beigeben, 15 Min. kochen, vom Herd nehmen.
Eigelb und Sahne mischen, etwas Suppe untermengen, in die Suppe rühren. Die Zitrone schälen, auspressen, die Schale in ganz feine Streifen schneiden. Die Suppe salzen, Zitronensaft beigeben, die Streifen der Zitronenschale und feingehacktes Fenchelgrün darüberstreuen.

Abwandlungsmöglichkeit:

steifen Eischnee mit dem Schneebesen unterrühren.

Käsesuppe

1/2 l Gemüsebrühe (siehe S. 44)
1/8 l Sahne
100 g Hartkäse (bevorzugt Gruyère)
etwas Parmesan
1 Eigelb
Salz, frisch gemahlener Pfeffer

Den Käse reiben, davon etwas Parmesan beiseite stellen. Den geriebenen Käse in der Gemüsebrühe aufkochen, Eigelb und Sahne gut verrühren, untermengen, würzen, in Tassen füllen, mit dem restlichen Parmesan bestreuen, im Backrohr oder unter dem Grill überbacken.

Zwiebelsuppe

reichlich Gemüsebrühe (siehe S. 44)
reichlich Zwiebeln
etwas herber Weißwein
Butter, Salz
Knoblauch, Petersilie

Die Zwiebeln in Ringe schneiden, in leicht erhitzte Butter geben, goldgelb dünsten.
Die Brühe mit Wein und Salz würzen, die Zwiebeln hineingeben, 20 Min. kochen.
Die Petersilie fein schneiden, den Knoblauch pressen, beides mischen und in einer kleinen Schale zum Bestreuen reichen.

Knoblauchsuppe

reichlich Gemüsebrühe (siehe S. 44)
reichlich Knoblauch
1 Nelke, ein Zweig Salbei
Salz, frisch gemahlener Pfeffer

Garnitur:

kleine, rautenförmig geschnittene
Vollkornbrotscheiben
(kein Sauerteigbrot!)
Gruyère
kalt gepreßtes Olivenöl

Die Gemüsebrühe auf die Hälfte einkochen.
Die Brotscheiben mit geriebenem Käse bestreuen, mit Öl beträufeln, im vorgeheizten Backrohr bei großer Hitze überbacken, in eine Suppenschüssel geben.
Den Knoblauch grob hacken, mit den Gewürzen 15 Min. in der Brühe kochen. Die Suppe durch ein Sieb über das Brot gießen.

Sauermilchsuppe
(kalt)

Sauermilch
rote Rüben
Karotten

Die Sauermilch mit einem Kochlöffel geschmeidig rühren, rote Rüben und Karotten ganz fein raspeln und unterrühren.

Grießklößchensuppe

Gemüsebrühe (siehe s. 44)
60 g Vollkorngrieß
40 g Butter, zimmerwarm
1 Ei
frische Kräuter
Salz, frisch gemahlener Muskat

Die Butter schaumig rühren, Ei, Grieß, Salz und Muskat unterrühren, 2 Std. kaltstellen.
Mit einem Teelöffel längliche Klößchen formen, in die kochende Brühe legen, 5 Min. kochen, 30 Min. ziehen lassen, mit feingehackten Kräutern bestreuen.

Riebelesuppe

Gemüsebrühe (siehe S. 44)
250 g Weizenvollkornmehl, aus
getrockneten Körnern frisch gemahlen
(siehe S. 55)
2 Eier, 1 Eigelb
Salz, frische Kräuter

Aus Mehl, Eiern und Salz einen festen Teig kneten, auf dem Reibeisen zu körnerförmigen Stückchen reiben, trocknen lassen, 5 Min. in der Brühe kochen, mit feingehackten Kräutern bestreuen.

Borschtsch

Gemüsebrühe (siehe S. 44)
Lauch
Karotten
Zwiebel
viel rote Rüben
etwas Honig
etwas Rotweinessig
Lorbeer
saure Sahne
Salz
frisch gemahlener Pfeffer

Die roten Rüben in Alufolie packen und in der Backröhre bei kleiner Hitze eine Stunde garen, erkalten lassen, schälen, in Würfel schneiden, in einer Schüssel mit Honig und Essig mischen, ziehen lassen.
Karotten und Zwiebeln fein schneiden und in der Gemüsebrühe mit dem Lorbeer 20 Min. köcheln, Lorbeer entfernen.
Den Essig von den roten Rüben abgießen (für ein Dressing verwendbar), die roten Rüben in der Suppe kurz aufkochen, die Suppe würzen, auf die Teller geben und mit je einem Löffel saurer Sahne garnieren.

Maronencremesuppe

Gemüsebrühe
(siehe S. 44)
Maronen
saure Sahne
Zwiebel
Salz
frisch geriebener Muskat

Die Maronen auf der Seite einritzen, 10 bis 15 Min. bei 200 °C (Gasherd Stufe 3 1/2) im Backrohr backen (bis die Schale springt), schälen.
Die Zwiebel grob hacken.
Maronen und Zwiebel in der gesalzenen Brühe 30 Min. leicht kochen, mit der Brühe im Mixer pürieren, durch ein Haarsieb passieren, Sahne beigeben, auf Eßwärme erhitzen.

Abwandlungsmöglichkeit:

mit gerösteten Mandelblättern bestreuen.

Fischsuppe

Gemüsebrühe
(siehe S. 44)
Seefischfilets
(z. B. Kabeljau, Schellfisch, Seelachs; auch gemischt)
etwas Karotten
etwas Lauch
Knoblauch
etwas Zitronensaft
Bohnenkraut, als Sträußchen gebunden
Salz
frisch im Mörser grob zerdrückte Pfefferkörner

Die Filets waschen, in kleine Stücke schneiden, mit wenig Zitronensaft beträufeln.
Den Lauch fein schneiden.
Die Gemüsebrühe mit dem Bohnenkraut kurz aufkochen, den Knoblauch hineinpressen, darin die Filets 8 Min. ziehen lassen (nicht kochen!), Bohnenkraut herausnehmen, den Lauch hineingeben, etwas Karotten hineinraspeln, 2 Min. ziehen lassen.

Abwandlungsmöglichkeiten:

Schalotten in herbem Weißwein kochen, eindicken lassen und untermischen; mit feingeschnittenem Dill oder Salbei bestreuen; Vollkornbrotwürfel (kein Sauerteigbrot!) mit Butter und Knoblauch rösten und darüberstreuen; Shrimps (aus der Salzlake) hinzugeben und 1 Min. ziehen lassen.

Brotsuppe

Gemüsebrühe
(siehe S. 44)
Vollkornbrot
(kein Sauerteigbrot!)
Zwiebel
Butter
frische Kräuter
Salz
Kümmel
frisch geriebener
Muskat

Die feingehackte Zwiebel in leicht erhitzte Butter geben, glasig dünsten, das zerkrümelte Brot mitrösten, in der Brühe kurz aufkochen, würzen, mit dem Schneebesen nicht ganz glatt rühren, mit frischen Kräutern bestreuen.

Abwandlungsmöglichkeit:

Eigelb und Sahne mischen, unter die Suppe ziehen.

Schwäbische Rahmsuppe

Gemüsebrühe
(siehe S. 44)
Vollkornbrot
(kein Sauerteigbrot!)
saure Sahne
Salz

Das Brot in ganz dünne Scheiben schneiden, mit kochender Gemüsebrühe übergießen, salzen, saure Sahne leicht unterrühren.

Abwandlungsmöglichkeiten:

mit feingehackter Petersilie bestreuen; in Butter gebräunte Zwiebeln darüberstreuen.

Pilzsuppe

Gemüsebrühe
(siehe S. 44)
Grundlage
für gebundene Suppen
(siehe S. 47)
oder
Kartoffelsuppe (siehe S. 47)
frische Pilze oder
getrocknete Steinpilze,
eingeweicht
Butter
Salz

Die Pilze zerteilen und etwa 10 Min. in wenig Butter zugedeckt dünsten. (Sollten Sie getrocknete Steinpilze verwenden, genügt ein kurzes Aufkochen in der Brühe, Einweichwasser mitverwenden.) Die Suppengrundlage erhitzen, salzen, die Pilze beigeben.

Abwandlungsmöglichkeiten:

mit feingehackter Petersilie bestreuen; mit etwas Rotwein würzen; geschmolzene Tomaten (siehe S. 81) beigeben.

Süße Suppe
(kalt)

beliebige Waldbeeren,
auch gemischt
Milch
Honig

Einge Beeren zum Garnieren beiseitelegen. Die restlichen Beeren mit etwas Milch pürieren, mit weiterer Milch verdünnen, mit Honig süßen, mit ganzen Beeren garnieren.

Abwandlungsmöglichkeit:

mit frischen Minzeblättern garnieren.

GETREIDEGERICHTE

Vor jeder Verwendung sollte Vollgetreide in einer warmen Pfanne ohne weitere Wärmezufuhr mild getrocknet werden. Auf diese Weise wird ein Teil der Stärke in Zucker verwandelt, und Vitamin B reichert sich an.
Wird Mehl oder Schrot verwendet, kann man auf das Trocknen der Körner vor dem Mahlvorgang verzichten. Dann aber sollte das Mehl oder der Schrot vor Verwendung in einer Pfanne auf kleinster Stufe gelindet werden.
Vollgetreidegerichte aus ganzen Körnern sind nur dann bekömmlich, wenn das Korn nach dem Ankochen lange gequollen hat. Nur so werden die äußersten Schichten aufgeschlossen. Zum Quellen stellt man das Gericht längere Zeit in einen Wärmeschrank (siehe S. 14).
Bei Süßspeisen kocht man das Getreide nur in Wasser statt in Gemüsebrühe. (In Milch gekochtes Getreide ist schwer bekömmlich.) Wird Milch verwendet, fügt man sie später hinzu.

REIS

Die Reihenfolge der Arbeitsschritte bei Ernte und Weiterverarbeitung des Reises sind:

1. *Abschneiden der Rispen*
2. *Gewinnen der Frucht durch Dreschen, Walzen, Austreten, Ausklopfen u.ä.*
3. *Nach dem Trocknen: Worfeln (= Schälen), damit die harten Deckspelzen (das sind die harten Hüllblätter um das Korn) ausgeblasen werden.*
4. *Schälen des Reises aus den Hüllen*
   a) durch Stampfen von Hand,
   b) mit Maschinen (dabei radikale Entfernung der eiweiß- und vitaminreichen äußeren Schichten).
5. *Eventuell nach dem maschinellen Schälen: Polieren (= Wegschleifen der Fruchtschale und der Samenschale, also der vitaminreichen Silberhaut samt eiweißreicher Aleuronschicht und Embryo), manchmal auch noch Färben (Bläuen).*

Niemand also ißt gänzlich »ungeschälten« Reis. Der sogenannte Naturreis ist unvollständig geschälter Reis, dem ein Teil der Spelzen verblieben ist.

Je mehr Spelzen ein Reiskorn umhüllen, desto länger braucht der Kochvorgang.

Der maschinell geschälte und dann polierte Reis enthält gegenüber dem manuell gestampften Reis um 20 % weniger Eiweiß und bis zu 80 % weniger Vitamine.

Das maschinelle Schälen geht allerdings schneller, bedarf weniger Arbeitskräfte, ist also billiger. Auch eignen sich die nährstoffreichen Spelzen, die abfallen, sehr gut zur Tierfütterung, vor allem zur Massentierhaltung (z. B. Geflügelhaltung).

Besonders Bauern, die unter Geldnot leiden, lassen also ihren Reis maschinell schälen.

Polierter Reis hat darüber hinaus eine sehr kurze Kochzeit und reinweißes Aussehen.

Es sind also vor allem finanzielle Gründe und — im Falle von poliertem Reis — Zeitgewinn, warum maschinell geschälter oder gar polierter Reis bevorzugt wird. Inzwischen ist weißer Reis sogar zur »Forderung des Marktes« geworden.

Diese Unsitte schadet der menschlichen Gesundheit vor allem dann, wenn Reis das Hauptnahrungsmittel ist, also der Mensch auf das Eiweiß und auf die Vitamine im Reis angewiesen ist.

Von Hand gestampfter Reis ist allerdings auch nicht so lange haltbar: Das Eiweiß in den Randschichten beginnt sich nach einigen Wochen zu zersetzen.

Beim Reis werden Kurz-, Mittel- und Langkornsorten unterschieden. Die Langkornsorten sind von besserer Qualität.

Dinkel, Grünkern

Dinkel ist eine anspruchslose, winterharte Weizenform, bei der die Spelzen fest mit dem Korn verwachsen sind. Früher wurde er vor allem im Siedlungsgebiet der Alemannen angebaut (Südwestdeutschland, Schweiz, Tirol).

Dinkel gedeiht am besten auf Böden, die nicht mit Mineraldünger gedüngt wurden. Das Korn enthält große Mengen an Magnesium, Phosphor und Kalium, die in dieser Kombination die Fettbildung im Körper hemmen.

Zum Backen ist Dinkel besonders geeignet, weil er einen besonders guten Kleber enthält.

Grünkern ist nicht ausgereifter Dinkel, der durch Dörren nachgereift wird. Dadurch entsteht der für Grünkern typische pikante Geschmack.

Grünkern regt die Tätigkeit der Verdauungsdrüsen besonders an.

Aus dunkelbraun geröstetem Dinkel kann man einen schmackhaften Kaffee zubereiten.

Vollreis

Gemüsebrühe (siehe S. 44)
Vollreis
Salz, Wacholder, wenig Lorbeer, Bohnenkraut, wenig Majoran (oder eine Auswahl davon)

Mengenverhältnis:
1 Tasse Reis, 2 1/2 Tassen Brühe

Den Reis waschen und in einer warmen Pfanne ohne weitere Wärmezufuhr mild trocknen.
Die Brühe würzen, den Reis je nach Sorte 5 bis 10 Min. (ausprobieren!) unbedeckt kochen, zudecken, 2 bis 3 Std. (ausprobieren!) im Wärmeschrank quellen lassen (siehe S. 14).

Reis (auch anderes Getreide) können Sie auf Vorrat kochen. Er hält sich im Kühlschrank mehrere Tage.
Bei Weiterverwendung erwärmen Sie den Reis mit oder ohne Fett in einer Pfanne, besser noch: Sie füllen ihn in ein leicht gebuttertes hitzebeständiges Gefäß, setzen eventuell Butterflöckchen auf, decken das Gefäß zu und stellen es für 20 Min. bei mittlerer Hitze ins Backrohr.

Vollreis, körnig

Gemüsebrühe (siehe S. 44)
Vollreis
Salz, Wacholder, wenig Lorbeer, Bohnenkraut, wenig Majoran (oder eine Auswahl davon)

Mengenverhältnis:
1 Tasse Reis, 2 1/2 Tassen Brühe

Den Reis waschen und in einer warmen Pfanne ohne weitere Wärmezufuhr mild trocknen.
Die Brühe würzen, den Reis je nach Sort 35 bis 45 Min. (ausprobieren!) unbedeckt kochen, in einem Haarsieb abtropfen lassen.
Falls der Reis nicht sofort weiterverwendet wird: abkühlen lassen, in den Kühlschrank stellen (hält sich mehrere Tage).
Den Reis in ein leicht gebuttertes hitzebeständiges Gefäß füllen, eventuell Butterflöckchen aufsetzen, das Gefäß zudecken und für 20 Min. bei mittlerer Hitze ins Backrohr stellen.

Variationen von Reis

1. Wenig Safran in etwas Gemüsebrühe einweichen, mit dem Reis aufkochen.
2. Fein gehackte Zwiebel in leicht erhitztes Fett geben (Butter oder Öl), glasig dünsten, den Reis beigeben und kurz mitdünsten, mit Gemüsebrühe aufgießen, würzen, kochen und quellen lassen wie oben.
3. Wurzelgemüse (z. B. Karotten, Sellerie, Petersilienwurzel ...) raspeln, Lauch fein schneiden, vor dem Quellvorgang etwa 1 Min. mitkochen.
4. Tiefgefrorene Erbsen in gesalzener Gemüsebrühe 5 Min. kochen (Brühe weiterverwendbar), unter den fertigen Reis mengen.
5. Geschmolzene Tomaten (siehe S. 81) unter den fertigen Reis mengen.
6. Shrimps (aus der Salzlake) waschen, abtropfen lassen, in Butter oder Fischfond (siehe S. 155) erwärmen, unter den fertigen Reis mengen.
7. Geröstete Mandelstifte oder Pinienkerne unter den fertigen Reis mengen.
8. In Butter geröstete Vollkornkrumen unter den fertigen Reis mengen.

Weizen, Roggen, Hafer, Gerste, Grünkern, Dinkel

Zubereitung wie Vollreis, aber die Körner am Vorabend in der Gemüsebrühe einmal kurz aufkochen und zugedeckt (aber nicht im Wärmeschrank) über Nacht stehenlassen, dann mit allen Zutaten erneut etwa 10 Min. (ausprobieren!) unbedeckt kochen, zudecken und 2 bis 3 Std. (ausprobieren!) im Wärmeschrank quellen lassen (siehe S. 14).

Hirse

Zubereitung wie Reis, aber zweimal warm waschen und nur 5 Min. kochen. Mit mehr Wacholder und Lorbeer würzen.
Quellzeit: 2 bis 3 Std.

Mengenverhältnis:
1 Tasse Hirse, 2 Tassen Brühe.

Buchweizen[1]

Zubereitung wie Vollreis (siehe S. 58), aber ohne Gemüse, nur mit Gemüsebrühe.
Den Buchweizen gut waschen.
Zu Beginn des Kochens einmal umrühren, dann nicht mehr.
Quellzeit: 1 Std.

Mengenverhältnis:
1 Tasse Buchweizen, 1 1/2 Tassen Brühe.

Abwandlungsmöglichkeit:

Mandelblättchen mitkochen.

[1]Buchweizen ist kein Getreide, sondern eine Mehlpflanze aus der Familie der Knöterichgewächse. Der Einfachheit halber lassen wir ihn unter den Getreidegerichten mitlaufen.

Salziger Reisauflauf

Gemüsebrühe (siehe S. 44)
Vollreis (lange Quellzeit!)
Zwiebel, Knoblauch
Blattspinat, vorbereitet (siehe S. 69)
Magerquark, Ei, Butter, Salz
Hefeflocken, viel frische Kräuter

Backen: 20 bis 30 Min. bei 200 °C (Gasherd Stufe 3 1/2)

Mengenverhältnis: 1 Tasse Reis, 2 1/2 Tassen Wasser, 1 Ei, 1/2 Tasse Quark

Den Reis waschen und mild trocknen (siehe S. 58). Zwiebel und Knoblauch fein hacken, in leicht erhitzte Butter geben, glasig dünsten.
Reis, Zwiebeln und Knoblauch mischen, in der Brühe kurz aufkochen, zudecken und 2 bis 3 Std. im Wärmeschrank (siehe S. 14) quellen lassen.
Das Eigelb mit wenig Butter schaumig rühren.
Den Quark durch ein Haarsieb passieren. Die Kräuter fein hacken.
Alle Zutaten – ausgenommen Eiweiß und Spinat – mischen.
Das Eiweiß steifschlagen und vorsichtig unterheben.
Die Hälfte der Masse in ein ausgebuttertes hitzebeständiges Gefäß füllen, eine Schicht Blattspinat darauflegen, den Rest der Masse darübergeben, Butterflöckchen aufsetzen, backen.

Abwandlungsmöglichkeiten:

Weizen statt Reis (die Körner am Vorabend in der Gemüsebrühe einmal kurz aufkochen und zugedeckt über Nacht stehenlassen, dann mit der Zwiebel-Knoblauch-Mischung erneut aufkochen, zudecken und mehrere Std. im Wärmeschrank quellen lassen); als Zwischenschicht statt Blattspinat anderes Gemüse (zum Beispiel enthäutete und entkernte Fleischtomaten, Pilze, Broccoli, blanchierten Kohl) oder Käsescheiben.

Reis-Quark-Auflauf

Gemüsebrühe (siehe S. 44)
Vollreis
Magerquark, Eier, Butter
Hefeflocken
Knoblauch
Petersilie, Pfefferminze, Majoran,
Basilikum, Salbei, Thymian,
Rosmarin (oder eine Auswahl davon)
Salz, frisch gemahlener Pfeffer

Mengenverhältnis: 1 Tasse Reis, 2 1/2 Tassen Brühe, 2 Eier, 1/2 Tasse Quark

Backen: 45 Min. bei 190 °C (Gasherd Stufe 3)

Den Reis in der Brühe kochen und quellen lassen wie auf S. 58 beschrieben, aber ohne Zwiebel, Lauch und Wurzelgemüse.
Die Eigelbe mit Butter schaumig rühren.
Den Quark durch ein Haarsieb passieren, mit den Eigelben vermengen und schaumigrühren.
Die Kräuter fein hacken, zusammen mit den Hefeflocken und Knoblauch untermengen.
Den kalten Reis unter die Masse mischen und würzen.
Das Eiweiß steifschlagen, vorsichtig unterheben.
In ein leicht gebuttertes hitzebeständiges Gefäß geben, im vorgeheizten Backrohr backen.

Abwandlungsmöglichkeiten:

Hirse (siehe S. 59) statt Reis; zwei Schichten Tomatenscheiben und vorgedünstete Zwiebelringe, auf die man jeweils frisch geriebenen Parmesan gestreut hat, in die Masse einbauen.

Dazu paßt ein kräftig gewürzter Salat (von dem Sie einen Teil als Vorspeise essen, siehe S. 251) und/oder Käsesauce (siehe S. 115), Gemüsesauce (siehe S. 112), Tomatensauce (siehe S. 109).

Reislaibchen

Gemüsebrühe (siehe S. 44)
Vollreis
Zwiebel, Sellerie
Karotten
Petersilienwurzel
Butter
Hefeflocken
Petersilie
Thymian
Salz, frisch gemahlener Pfeffer

Mengenverhältnis:
1 Tasse Reis, 2 1/2 Tassen Brühe

Etwas Reis in einem Tuch sauberreiben und fein mahlen.
Den restlichen Reis waschen und mild trocknen (siehe S. 58).
Die Zwiebel fein hacken, das Gemüse fein raspeln, beides in Butter andünsten, Reismehl und Reis sowie die Gemüsebrühe beigeben, etwa 15 Min. zugedeckt dünsten, im Wärmeschrank (siehe S. 14) 2 Std. quellen lassen.
Die Petersilie fein hacken, mit den Gewürzen unter die Masse mischen, diese erkalten lassen.
Mit nassen Händen Laibchen formen, mit Hefeflocken panieren.
Etwas Butter klären, etwas Öl beigeben.
Die Laibchen in dem Butter-Öl-Gemisch beidseitig goldgelb braten.

Wenn die Masse sehr weich ist, kann man sich mit nicht zu kleinen Ausstechformen behelfen: Man legt die Form in die heiße Pfanne, füllt die Masse mit einem Löffel ein, läßt sie anbacken und zieht dann die Form ab.

Abwandlungsmöglichkeit:

Grünkern oder anderes Getreide statt Reis.

Dazu paßt ein Salatteller (von dem Sie einen Teil als Vorspeise essen, siehe S. 251).

Zitronenreis

In Gemüsebrühe gekochter Reis
(siehe S. 58), aber ohne weitere
Gemüsezusätze und Gewürze,
nur gesalzen
Ei
Butter
etwas Zitronensaft
frisch geriebener Parmesan

Mengenverhältnis:
3 Tassen gekochter Reis, 1 Ei

Die Butter zerlassen, den noch warmen Reis beigeben.
Das Ei mit einer Gabel gut verrühren, Zitronensaft und Parmesan unterrühren, mit dem Reis vermischen, bei schwacher Hitze 5 Min. sanft rühren, sofort servieren.

Dazu paßt ein Salatteller (von dem Sie einen Teil als Vorspeise essen, siehe S. 251).

Weizenschrotauflauf I

Gemüsebrühe (siehe S. 44)
Weizenschrot, aus getrockneten Körnern frisch geschrotet (siehe S. 55)
Karotten
Petersilienwurzel
Sellerie
Ei
Butter
Hefeflocken
Weizenkeime
Knoblauch
Petersilie, Schnittlauch
Majoran
Salz

Mengenverhältnis: 1 Tasse Schrot, 2 1/2 Tassen Brühe, 2 Eier

Backen: 1 Std. bei 190 °C (Gasherd Stufe 3)

Das Wurzelgemüse fein raspeln, mit dem Schrot in der Gemüsebrühe aufkochen, im Wärmeschrank (siehe S. 14) 2 Std. quellen lassen, auskühlen lassen.
Die Kräuter fein hacken.
Die Eigelbe mit Butter schaumigrühren.
Alle Zutaten – ausgenommen das Eiweiß – leicht mischen.
Das Eiweiß steifschlagen, vorsichtig unterheben.
In ein leicht gebuttertes hitzebeständiges Gefäß geben, im vorgeheizten Backrohr backen.
Falls der Auflauf noch nicht braun ist: In den letzten 5 Min. die Hitze auf 250 °C (Gasherd Stufe 6) anheben.
Mit einer Stricknadel einstechen. Der Auflauf ist gar, wenn die Nadel beim Herausziehen trocken bleibt.

Abwandlungsmöglichkeit:

blättrig geschnittene Pilze untermengen.

Dazu paßt ein kräftig gewürzter Salat (von dem Sie einen Teil als Vorspeise essen, siehe S. 251) und/oder Käsesauce (siehe S. 115), Kräutersauce (siehe S. 105).

Weizenschrotauflauf II
(schnelle und einfache Zubereitung)

Weizenschrot, aus getrockneten
Körnern frisch geschrotet
(siehe S. 55)
Quark
Sahne, Ei, Milch
geriebener Hartkäse
Salz
reichlich Thymian

Mengenverhältnis: 1 1/2 Tassen Schrot, 1 Tasse Quark, 1 Ei, 1/2 Tasse Sahne

Backen: 1 Std. bei 190 °C (Gasherd Stufe 3)

Den Quark durch ein Haarsieb passieren.
Den Weizenschrot mit Sahne, Quark und dem geschlagenen Ei mischen, soviel Milch zufügen, daß es ein dickflüssiger Brei wird, im Wärmeschrank (siehe S. 14) 2 Std. quellen lassen.
Salz, reichlich Thymian und geriebenen Käse nach Geschmack zufügen.
In ein leicht gebuttertes, hitzebeständiges Gefäß geben, im vorgeheizten Backrohr backen.
Falls der Auflauf noch nicht braun ist: In den letzten 5 Min. die Hitze auf 250°C (Gasherd Stufe 6) anheben.
Mit einer Stricknadel einstechen. Der Auflauf ist gar, wenn die Nadel beim Herausziehen trocken bleibt.

Polenta

Gemüsebrühe (siehe S. 44)
Maisgrieß
kalt gepreßtes Olivenöl
Butter
Salz

Die Gemüsebrühe salzen und in einem nicht zu schmalen Topf sprudelnd aufkochen, den Maisgrieß ganz langsam in die kräftig weitersprudelnde Brühe schütten, ununterbrochen rühren, bis der Brei eindickt, diesen im Wärmeschrank (siehe S. 14) 2 Std. quellen lassen.
Den steifen Brei auf einen flachen Teller stürzen, erkalten lassen, in Portionen schneiden. Etwas Butter klären, etwas Öl beigeben.
Die Polenta in dem Butter-Öl-Gemisch beidseitig goldgelb braten.

Abwandlungsmöglichkeiten:

Erbsen oder Apfelstückchen im Maisbrei mitkochen; Ahornsirup über die gebratene Polenta träufeln; den Maisbrei mit Käsescheiben (Hartkäse, Mozzarella, Gorgonzola, Schafkäse) bedecken, mit Salz, frisch gemahlenem Pfeffer und Oregano würzen, mit kalt gepreßtem Olivenöl beträufeln, im Backrohr 30 Min. bei 210°C (Gasherd Stufe 4) überbacken.

Grünkernschrotauflauf

Gemüsebrühe (siehe S. 44)
Grünkernschrot, frisch geschrotet (siehe S. 55)
beliebiges Gemüse (Karotten, Sellerie, Lauch, Blumenkohl)
Zwiebel
Ei, Butter
Petersilie, Schnittlauch, Dill, wenig Liebstöckel
Salz

Mengenverhältnis: 1 1/2 Tassen Grünkernschrot, 2 1/2 Tassen Brühe, 2 Eier

Backen: 80 Min. bei 190°C (Gasherd Stufe 3)

Das Gemüse fein schneiden, die Zwiebel fein hacken, zusammen mit dem Schrot in Butter leicht andünsten, in der gesalzenen Brühe kurz aufkochen, zudecken und 2 bis 3 Std. im Wärmeschrank (siehe S. 14) quellen lassen, auskühlen lassen. (Man kann einen Teil des Gemüses auch zusammen mit den Kräutern erst beigeben.)
Die Eigelbe mit Butter schaumig rühren.
Die Kräuter fein hacken.
Alle Zutaten – ausgenommen das Eiweiß – leicht mischen.
Das Eiweiß steifschlagen, vorsichtig unterheben.
In ein leicht gebuttertes hitzebeständiges Gefäß geben, im vorgeheizten Backrohr backen.
Falls der Auflauf noch nicht braun ist: In den letzten 5 Min. die Hitze auf 250°C (Gasherd Stufe 6) anheben.
Mit einer Stricknadel einstechen. Der Auflauf ist gar, wenn die Nadel beim Herausziehen trocken bleibt.

Abwandlungsmöglichkeit:

eine Schicht dünner Champignonscheiben einfügen, auf die man mit gepreßtem Knoblauch vermischte feingeschnittene Petersilie gestreut hat.

Dazu passen verschiedene Gemüsebeilagen.

Gerstenschrotauflauf

Gemüsebrühe (siehe S. 44)
Gerste, frisch aus getrockneten Körnern geschrotet (siehe S. 55)
Magerquark
Ei, Butter
Knoblauch
wenig Rosmarin, Koriander
Salz

Mengenverhältnis:
1 1/2 Tassen Schrot, 2 1/2 Tassen Brühe, 1 Tasse Quark, 2 Eier

Backen: 1 Std. bei 190 °C (Gasherd Stufe 3)

Den Gerstenschrot am Vorabend in der Gemüsebrühe einweichen.
Den Schrot mit Salz und Koriander aufkochen, auskühlen lassen.
Den Quark durch ein Haarsieb passieren.
Die Eigelbe mit Butter schaumig rühren, mit dem Quark, gepreßtem Knoblauch und Rosmarin gut mischen.
Den Schrotbrei in die Quarkmasse untermengen.
Das Eiweiß steifschlagen, vorsichtig unterheben.
In ein leicht gebuttertes hitzebeständiges Gefäß geben, im vorgeheizten Backrohr backen.
Falls der Auflauf noch nicht braun ist: In den letzten 5 Min. die Hitze auf 250 °C (Gasherd Stufe 6) anheben.
Mit einer Stricknadel einstechen. Der Auflauf ist gar, wenn die Nadel beim Herausziehen trocken bleibt.

Abwandlungsmöglichkeit:

eine Schicht blanchierter (siehe S. 69), gut abgetropfter Spinatblätter einfügen, die man mit leichtgedünsteten Zwiebelringen bedeckt und mit geriebenem Parmesan sowie etwas frisch geriebenem Muskat bestreut.

Dazu paßt ein Salatteller (von dem Sie einen Teil als Vorspeise essen, siehe S. 251) und/oder Käsesauce (siehe S. 115).

Getreidelaibchen I

Weizenkörner, leicht angekeimt (siehe S. 27)
Zwiebeln
Hartkäse (bevorzugt Gouda)
einige Sonnenblumenkerne
Knoblauch
Ei
kalt gepreßtes Olivenöl
Butter
getrocknete Vollkornbrösel
Salz

Die Zwiebeln grob zerkleinern, in etwas Öl dünsten. Den Käse in Würfelchen schneiden. Den Knoblauch fein hacken.
Weizenkörner, Zwiebeln, Käse, Sonnenblumenkerne, Knoblauch und Ei zu einem dicken Teig vermischen. (Falls die Masse nicht geschmeidig ist, ein weiteres Ei nehmen.) Laibchen formen, in den Bröseln wenden.
Die Butter klären, etwas Öl beigeben. Die Laibchen in dem Butter-Öl-Gemisch braten.

Wenn die Masse sehr weich ist, kann man sich mit nicht zu kleinen Ausstechformen behelfen: Man legt die Form in die heiße Pfanne, füllt die Masse mit einem Löffel ein, läßt sie anbacken und zieht dann die Form ab.

Getreidelaibchen II

Gemüsebrühe
(siehe S. 44)
Weizenvollkornschrot,
aus getrockneten Körnern
frisch
geschrotet (siehe S. 55)
Quark
Zwiebeln
Knoblauch
Ei
kalt gepreßtes Olivenöl
Butter
getrocknete Vollkornbrösel
Salz

Mengenverhältnis: 1 1/2 Tassen Schrot, 1 1/2 Tassen Brühe, 1 Tasse Quark, 1 Ei

Aus Schrot und Brühe einen Brei rühren und 1 Std. quellen lassen.
Zwiebel und Knoblauch fein hacken, in leicht erhitzte Butter geben, glasig dünsten, auf Küchenkrepp legen.
Den Quark durch ein Haarsieb passieren.
Den Schrotbrei mit Quark, Zwiebeln, Knoblauch, Ei und Salz zu einem dikken Teig vermischen, Laibchen formen, in den Bröseln wenden.
Die Butter klären, etwas Öl beigeben.
Die Laibchen in dem Butter-Öl-Gemisch braten.

Wenn die Masse sehr weich ist, kann man sich mit nicht zu kleinen Ausstechformen behelfen: Man legt die Form in die heiße Pfanne, füllt die Masse mit einem Löffel ein, läßt sie anbacken und zieht dann die Form ab.

Abwandlungsmöglichkeit:

andere Getreidearten, auch gemischt; feingehackte Kräuter untermengen; Hefeflocken statt Vollkornbröseln.

Dazu paßt ein Salatteller (von dem Sie einen Teil als Vorspeise essen, siehe S. 251).

Hirselaibchen

Gemüsebrühe (siehe S. 44)
Hirse (lange Quellzeit, siehe S. 59)
Karotte, fein geraspelt
Zwiebel, Knoblauchzehe
Walnüsse, fein gehackt
Eier
kalt gepreßtes Olivenöl
Butter
Salz, frisch gemahlener Pfeffer,
frische Kräuter

Mengenverhältnis:
1 Tasse Hirse, 2 Tassen Brühe, 2 Eier

Die Hirse zweimal waschen, in der Brühe kochen, 2 Std. im Wärmeschrank (siehe S. 14) quellen lassen.

Zwiebel und Knoblauch fein hacken, in leicht erhitzte Butter geben, glasig dünsten, auf Küchenkrepp legen.
Alle Zutaten außer der Butter gut mischen, Laibchen formen.
Etwas Butter klären, etwas Öl beigeben.
Die Laibchen in dem Butter-Öl-Gemisch braten.

Wenn die Masse sehr weich ist, kann man sich mit nicht zu kleinen Ausstechformen behelfen: Man legt die Form in die heiße Pfanne, füllt die Masse mit einem Löffel ein, läßt sie anbacken und zieht dann die Form ab.

Abwandlungsmöglichkeiten:

weitere Wurzelgemüse, fein geraspelt, hinzufügen; Pinienkerne, Pistazien oder Mandeln statt Walnüsse; die Laibchen in Vollkornbröseln oder Hefeflokken wälzen; zwischen zwei Laibchen eine Scheibe Hartkäse legen, in der zugedeckten Pfanne ziehen lassen, bis der Käse schmilzt.

Dazu paßt ein Salatteller (von dem Sie einen Teil als Vorspeise essen, siehe S. 251).

Kräuterschiffchen
(als Suppeneinlage)

50 g Buchweizen, frisch gemahlen
2 Eier, Butter
Salz, feingehackte Kräuter

Backen: 12 Min. bei 200 °C (Gasherd Stufe 3 1/2)

Das Eiweiß steifschlagen, mit allen Zutaten mischen, auf einem gebutterten Blech etwa 1/2 cm dick ausbreiten, in der vorgeheizten Backröhre backen, in Rauten schneiden.

Hirse-Pfanne

Gemüsebrühe (siehe S. 44)
Hirse (lange Quellzeit, siehe S. 59)
reichlich Zwiebeln
Knoblauch
Zucchini
reichlich Tomaten
kalt gepreßtes Olivenöl
Weißwein, Nüsse
Salz, frisch geriebener Muskat
frisch gemahlener Pfeffer

Die Hirse zweimal waschen, in der Brühe kochen, 2 Std. im Wärmeschrank (siehe S. 14) quellen lassen.
Die Nüsse grob hacken, ohne Fett in einer Pfanne leicht bräunen, erkalten lassen.
Zwiebeln und Knoblauch feinhacken, in leicht erhitztes Öl geben, glasig dünsten.
Die Zucchini in Scheiben schneiden, hinzufügen. Die Tomaten schälen (siehe S. 68) und entkernen (Reste für eine Gemüsebrühe verwertbar), dazugeben, würzen, alles leicht dünsten.
Die Hirse in eine Pfanne geben, das Gemüse darüber verteilen, mit Nüssen bestreuen.

Abwandlungsmöglichkeiten:

weitere Gemüsesorten hinzufügen (zum Beispiel Auberginen, grüne Paprikaschoten); mit frischen Kräutern oder geriebenem Käse bestreuen; etwas Sojasauce beigeben; Pinienkerne statt Nüsse.

Dazu paßt ein Salatteller (von dem Sie einen Teil als Vorspeise essen, siehe S. 251).

Salziger Hirseauflauf

Gemüsebrühe (siehe S. 44)
Hirse (siehe S. 59)
Blattspinat,
vorbereitet (siehe S. 69)
Hartkäse
(bevorzugt Gruyère),
gerieben
Zwiebel, kalt gepreßtes Olivenöl
Butterflöckchen
Zitronensaft
Salz
frisch geriebener Muskat

Backen: 20 bis 30 Min. bei 200 °C (Gasherd Stufe 3 1/2)

Mengenverhältnis:
1 Tasse Hirse, 2 Tassen Brühe

Die Hirse zweimal waschen, in der Brühe mit Zwiebelringen und Olivenöl aufkochen, 2 Std. im Wärmeschrank (siehe S. 14) quellen lassen.
Spinat, Hirsebrei und Gemüse in ein leicht gebuttertes hitzebeständiges Gefäß einschichten, mit Käse bestreuen, Butterflöckchen aufsetzen, backen.

Abwandlungsmöglichkeiten:

Brühe mit wenig Liebstöckel und/oder Lorbeer würzen; junge Brennesseln oder Mangold statt Spinat.

Dazu passen verschiedene Gemüseeinlagen.

Grießklößchen

125 g Vollkorngrieß
1/2 l + 2 El. Milch, 2 Eigelbe
Butter, zimmerwarm
reichlich Hartkäse (bevorzugt Parmesan oder Gruyère), frisch gerieben
Salz, frisch geriebener Muskat
frisch gemahlener Pfeffer

Backen: 30 Min. bei 190 °C (Gasherd Stufe 3)

1/2 l Milch aufkochen, den Grieß unter kräftigem Rühren langsam einstreuen, würzen, 1 Std. im Wärmeschrank quellen lassen (siehe S. 14).
30 g warme Butter unterkneten, die Eigelbe mit 2 El. kalter Milch verrühren, unterkneten, 40 Min. im Kühlschrank ruhen lassen.
Mit feuchten Händen Klößchen formen, in geriebenem Käse wälzen, auf ein gebuttertes Backblech setzen, mit zerlassener Butter begießen, im vorgeheizten Backrohr goldgelb backen.

Abwandlungsmöglichkeiten:

Getreideschrot oder Maisgrieß statt Grieß; feingehackte Kräuter untermengen; die Klößchen unter dem Elektrogrill stärker nachbräunen.

Dazu paßt: Tomatensauce (siehe S. 109), Grüne Sauce (siehe S. 105 f.) oder Genueser Sauce (siehe S. 106).

Salziger Grießpudding
(kalt)

100 g Vollkorngrieß
Karotten, Petersilienwurzel, Sellerie
3 bis 4 Eiweiß, 1/2 l Milch, Salz

Die Milch mit dem Salz aufkochen, den Grieß unter kräftigem Rühren langsam einstreuen, 3 Min. kochen lassen. Das Wurzelgemüse fein raspeln, 1 Min. mitkochen.
Das Eiweiß steifschlagen, vorsichtig unterheben.
Den Pudding in eine gekühlte Schüssel oder Form geben, erkalten lassen, stürzen.

Abwandlungsmöglichkeiten:

feingehackte Kräuter zugleich mit dem Eiweiß beimengen; Knoblauch pressen und mitkochen; Laibchen formen und in Butter-Öl-Gemisch braten (siehe S. 63).

Salziger Grießauflauf

100 g Vollkorngrieß
Karotten, Petersilienwurzel
Sellerie, 30 g Butter
4 Eier, 1/2 l Milch
etwas Salz

Backen: 45 Min. bei 190 °C (Gasherd Stufe 3)

Die Milch mit Zucker und Salz aufkochen, den Grieß unter kräftigem Rühren langsam einstreuen, 3 Min. kochen lassen.
Das Wurzelgemüse fein raspeln, 1 Min. mitkochen.
Die Masse in eine Rührschüssel geben, leicht erkalten lassen, 4 Eigelbe gründlich unterrühren.
Das Eiweiß steifschlagen, vorsichtig unterheben.
In ein leicht gebuttertes hitzebeständiges Gefäß geben, im vorgeheizten Backrohr backen.
Wer den Auflauf gebräunt wünscht, muß zum Schluß die Hitze erhöhen.

Abwandlungsmöglichkeit:

Das Wurzelgemüse weglassen, dafür 100 g (oder weniger) Vollrohrzucker in der kochenden Milch auflösen.

GEMÜSE

Gemüse sollte möglichst frisch sein. Zerteilen Sie das Gemüse prinzipiell immer nach dem Waschen.

Mit süßen Früchten sollte Gemüse möglichst nicht kombiniert werden. (Ausnahme z. B. Rotkraut oder Sauerkraut mit Ananas oder Äpfeln).

Blanchieren von Gemüse

Der Blanchierprozeß besteht aus zwei gleich wichtigen Phasen:

1. *kurz in kochendes Wasser legen,*
2. *schockartig in sehr kaltem Wasser (Eiswürfel!) abkühlen.*

Das Kochwasser kann zu einer Gemüsebrühe verwendet werden. Im Eiswasser sollte das Gemüse nur ganz kurze Zeit liegen.

Man kann das Gemüse auch in der Gemüsebrühe (siehe S. 44) blanchieren.

Weißer Sud

geeignet als Kochbrühe für Schwarzwurzeln, Sellerieknolle, Mangold, Artischockenböden ...

---

1 El. Weizenvollkornmehl,
frisch gemahlen
Saft einer Zitrone
1 El. kalt
gepreßtes Olivenöl
Salz

Das Mehl mit wenig kaltem Wasser verrühren, mit Zitrone, Salz und Öl in etwa 1 l Wasser verrühren, aufkochen.
Das Gemüse im Sud kochen, den Sud weggießen.

Weißer Sud verhindert, daß das Gemüse sich beim Garprozeß verfärbt.

Tomaten schälen

Die Tomaten oben kreuzweise einschneiden, etwa 15 Sekunden ganz in kochendes Wasser tauchen, erkalten lassen, den Stielansatz großzügig herausschneiden, die Haut abziehen (Rest verwertbar für eine Gemüsebrühe).

Glaciertes Gemüse

---

etwas Gemüsebrühe
(siehe S. 44)
Gemüse,
auch gemischt
Butter
etwas Honig
Salz

Das Gemüse zerkleinern, Wurzelgemüse (z. B. Karotten, Sellerie, Petersilienwurzel) fein würfeln.

Gemüsebrühe, Butter und Salz erhitzen, das Gemüse darin zugedeckt etwa 10 Min. dünsten, nach 5 Min. umrühren, aufdecken, die Flüssigkeit stark einkochen, von der Wärmequelle nehmen, wenig Honig beigeben, umrühren.

Glacierte Karotten

---

reichlich Gemüsebrühe
(siehe S. 44)
Karotten
Honig
Butter
Salz

Die Gemüsebrühe auf die Hälfte einkochen.

Die Karotten in Streifen oder Würfel schneiden, in die gesalzene Brühe geben, zudecken, 10 Min. dünsten, aufdecken, etwas Butter unterrühren, 5 Min. weiterdünsten, bis fast alle Flüssigkeit verdampft ist, von der Wärmequelle nehmen, wenig Honig beigeben, umrühren.

Abwandlungsmöglichkeiten:

die Hälfte der Gemüsebrühe durch Crème fraîche ersetzen; mit feingehackter Petersilie bestreuen.

Delikates Mischgemüse

etwas Gemüsebrühe
(siehe S. 44)
Karotten
Staudensellerie
junges Selleriegrün
Tomaten
reichlich Schalotten
Butter
Salz
frisch gemahlener Pfeffer

Die Tomaten schälen (siehe S. 68) und entkernen. (Rest verwertbar für eine Gemüsebrühe.)
Die Schalotten in leicht erhitzte Butter geben, glasig dünsten, die Karotten und die Staudensellerie beigeben und zugedeckt 10 Min. dünsten.
Die Tomaten und die Gemüsebrühe beigeben und zugedeckt weiter 5 Min. dünsten.
Mit Salz und Pfeffer abschmecken, mit feingehacktem jungen Selleriegrün bestreuen.

Abwandlungsmöglichkeiten:

herber Weißwein zur/statt Gemüsebrühe; andere Gemüse beigeben.

Spinat vorbereiten

*Die Blätter sollen jung und frisch sein.
Man entfernt alle Stiele sowie die ganz groben Blattrispen.
Spinat muß vor jeder weiteren Verarbeitung blanchiert werden:
Man gibt ihn in eine reichliche Menge stark kochenden Wassers, das leicht gesalzen ist. Dann drückt man die Blätter ganz ins Wasser und stellt auf große Hitze, damit das Wasser möglichst bald wieder kocht. Kochzeit: 7 bis 10 Min. (Löffelprobe: Die Blätter müssen sich zerdrücken lassen).
Den Spinat abgießen und in kaltem Wasser abschrecken, abtropfen lassen.
Wünscht man Blattspinat, wird nicht abgeschreckt.
Wird der Spinat zerkleinert, drückt man ihn in einem Tuch aus, dreht ihn durch den Fleischwolf oder püriert ihn im Mixer und verwendet ihn je nach Rezept weiter.
Ein Spinatgericht darf niemals aufgewärmt werden!
(Spinat zersetzt sich rasch!)*

Blattspinat

vorbereiteter Spinat (siehe oben),
nicht abgeschreckt,
Blätter ganz lassen
Butter
ganz wenig Ahornsirup
Salz
frisch gemahlener Pfeffer

Die Butter mit dem Ahornsirup, Salz und frisch gemahlenem Pfeffer zerlassen, den Spinat ganz kurz darin dünsten.

Abwandlungsmöglichkeit:

wenig Knoblauch in die Butter pressen.

Spinatpüree

vorbereiteter Spinat (siehe oben),
abgeschreckt, püriert
Butter
Salz, frisch gemahlener Muskat
frisch gemahlener Pfeffer

Die Butter mit den Gewürzen zerlassen, den Spinat kurz darin dünsten.

Abwandlungsmöglichkeiten:

Sahne (besser noch Schlagsahne) untermengen; in das kalte Püree feingeschnittene Zwiebeln und Joghurt beigeben.

Spinatklößchen

750 g Spinat, gekocht und passiert (siehe S. 69)
100 g Quark, passiert
50 g Weizenvollkornmehl, frisch gemahlen
2 Eier
etwas Parmesan, frisch gerieben
Butter, Salz
frisch geriebener Muskat
frisch gemahlener Pfeffer

Den Spinat in Butter erhitzen, bis fast alle Flüssigkeit verdampft ist.
In einer Schüssel Spinat, Quark, Mehl, Eier, Parmesan und die Gewürze gut mischen, 40 Min. im Kühlschrank ruhen lassen, Klößchen formen.
In einem großen Topf Salzwasser zum Kochen bringen, darin die Klößchen etwa 7 Min. sieden lassen, die aufsteigenden Klößchen herausnehmen und abtropfen lassen.

Paßt gut zu Fleischgerichten.

Gebackene Spinatklößchen

Spinatklößchen (siehe oben)
Parmesan, frisch gerieben
Butter

Backen: 7 Min. bei 250 °C (Gasherd Stufe 6)

Ein hitzebeständiges Gefäß ausbuttern, die Klößchen nebeneinander ausbreiten, mit Parmesan bestreuen, mit zerlassener Butter begießen, im vorgeheizten Backrohr backen.

Abwandlungsmöglichkeiten:

die noch warmen Klößchen statt im Backrohr unter dem Elektrogrill überbacken; in die zerlassene Butter etwas Knoblauch pressen.

Dazu passen verschiedene Wurzelsalate (geriebene Karotten u. a.).

Gestockter Spinat

etwa 250 g Spinatpüree (siehe S. 69)
1 Ei
1 Eigelb
etwas Sahne
etwas Milch
Butter
Salz
frisch gemahlener Pfeffer

Den Spinat in Butter leicht dünsten, abkühlen lassen.
Milch, Sahne, Ei und Eigelb mit Salz und Pfeffer würzen, gut verrühren, mit dem Spinat gut vermischen.
Kleine Förmchen oder Tassen gut ausbuttern, mit der Masse füllen, im Wasserbad bei 150 °C (Gasherd Stufe 1) 30 Min. stocken lassen.
Vor dem Stürzen prüfen, ob die Masse gestockt ist!

Abwandlungsmöglichkeiten:

z. B. Püree aus Mangold, Brennesseln, Broccoli, Karotten, Sellerie statt aus Spinat.

Mangold

Gemüsebrühe (siehe S. 44)
Mangold
Butter
Salz

Die Stiele von den Blättern trennen, die Blätter wie Spinat zubereiten (siehe S. 69), getrennt servieren.

Die Stiele in wenig Gemüsebrühe mit etwas Butter und Salz zugedeckt etwa 15 Min. dünsten (Bißprobe), herausnehmen und warmstellen, die Gemüsebrühe zu Sirup einkochen und über die Stiele gießen.

Abwandlungsmöglichkeiten:

die gedünsteten Stiele mit geriebenem Käse bestreuen und unter dem Elektrogrill überbacken; gepreßten Knoblauch in die Brühe geben.

Spinatröllchen

etwas Gemüsebrühe (siehe S. 44)
große Spinatblätter
Vollkornbrot
1 Ei, Butter, Zwiebel, Petersilie
Salz, frisch gemahlener Pfeffer
frisch geriebener Muskat

Die Spinatblätter in Gemüsebrühe blanchieren (siehe S. 68), in dieser Brühe das Vollkornbrot einweichen.
Die Zwiebel fein hacken und in Butter glasig dünsten.
Brot, Zwiebel, Ei, feingehackte Petersilie und die Gewürze gut mischen.
Je zwei Spinatblätter aufeinanderlegen, einen Eßlöffel Fülle daraufgeben, zusammenrollen.
Die Röllchen in heißer Butter kurz anbraten, etwas Gemüsebrühe beigeben, zudecken, 20 Min. dünsten.

Gedünstete Broccoli I

Gemüsebrühe (siehe S. 44)
Broccoli, Broccoligrün
Butter, Knoblauch, Zitronensaft
Salz, frisch gemahlener Pfeffer

Die Broccoli in Röschen teilen, feste Stiele schälen, halbieren und kreuzweise einschneiden.

Die Broccoli blanchieren (siehe S. 68), abtropfen lassen.
Den Knoblauch fein hacken, in Butter goldgelb braten, mit der Gemüsebrühe ablöschen, stark einkochen, würzen.

Die Broccoli in die Sauce geben, mehrmals wenden, zugedeckt 4 Min. dünsten.

Das Grün der Broccoli in feine Streifen schneiden, beigeben, 1 Min. weiterdünsten.

Abwandlungsmöglichkeiten:

herben Weißwein zur Gemüsebrühe; mit geröstetem Sesam bestreuen.

Gedünstete Broccoli II

Gemüsebrühe
(siehe S. 44)
Broccoli
Broccoligrün
herber Weißwein
kalt
gepreßtes Olivenöl
Knoblauch
Salz
frisch
gemahlener Pfeffer

Die Gemüsebrühe zu Sirup einkochen; beiseitestellen.

In einer Pfanne den feingehackten Knoblauch im Olivenöl leicht bräunen, die Broccoli ohne das Grün darin wälzen, Wein und Gewürze beigeben, zudecken, 15 Min. dünsten, das feingehackte Broccoligrün und den Gemüsebrühesirup beigeben, zudecken, 3 Min. dünsten.

Die Broccoli und das Grün auf eine vorgewärmte Platte geben, die restliche Brühe einkochen, über die Broccoli gießen.

Zucchi-Fächer

pro Person:

---

1 kleiner Zucchino
1/2 Fleischtomate
1 junge weiße Zwiebel
Butter
kalt gepreßtes Olivenöl
Salz, frisch gemahlener Pfeffer

Die Tomaten schälen (siehe S. 68) und entkernen, nach Möglichkeit in Scheiben schneiden. (Rest verwertbar für eine Gemüsebrühe.)
Die Zwiebel in dünne Scheiben schneiden, in leicht erhitzte Butter geben, glasig dünsten.
Die Zucchini längs dreimal so einschneiden, daß sie sich als Fächer mit vier schmalen Teilen legen lassen.
Die Zucchini aufgefächert in eine geölte Pfanne legen, die Zwiebel und Tomaten zwischen die Fächerteile stecken, mit Salz und Pfeffer würzen.
Kurz anbraten, gut zudecken und – je nach Dicke der Zucchini-Fächer-Teile – höchstens 25 Min. dünsten. (Eventuell etwas Gemüsebrühe beigeben.)

Abwandlungsmöglichkeiten:

Gemüsebrühe so stark einkochen, daß sie dickflüssig wird, und über das Gericht gießen; etwas Ahornsirup dem Olivenöl beigeben; gepreßten Knoblauch in das Olivenöl mischen; frisches Basilikum und/oder andere Kräuter feingehackt darüberstreuen.

Spargel

Spargel sollte möglichst frisch gestochen sein. Sie erkennen seine Frische am bläulich-schillernden Glanz.

Spargel (möglichst gleichmäßig dick)
wenig kalt gepreßtes Olivenöl, Honig, Salz

Kochzeit: 12 bis 15 Min. (je nach Dicke)

Den Spargel gut waschen, großzügig schälen, auf gleiche Länge schneiden. (Alle Spargelabfälle im Sud mitkochen.)

10 bis 12 Stangen zusammenbinden, die Bündel in einem nicht zu großen Topf so in kochendes Salzwasser stellen, daß die Spitzen aus dem Wasser herausragen, etwas Olivenöl hineinspritzen, ein wenig Honig hineinträufeln, köcheln. (Man kann den Spargel auch einfach ins kochende Wasser legen, dann werden die Spitzen aber sehr weich.)

Den (noch bißfesten) Spargel herausnehmen, kurz in einen anderen Topf mit kochendem Salzwasser tauchen.

Den Spargelsud für eine Spargelcremesuppe (siehe S. 48) verwenden oder zu einer Gemüsebrühe geben.

Wenn der Spargel kalt gegessen werden soll, wickelt man ihn in ein zusammengelegtes Geschirrtuch und legt ihn so bis zum Anrichten auf eine Platte.

Zum kalten Spargel paßt: Vinaigrette (siehe S. 38) oder Kräuter-Hollandaise (mit Kerbel oder Sauerampfer oder Brunnenkresse, siehe S. 117).

Erbsen

Erbsen sollten erntefrisch gegessen werden (denn sie zersetzen sich noch in den Hülsen sehr rasch).

In diesen Genuß kommt nur, wer einen eigenen Garten hat. Andernfalls sollte man ausnahmsweise nur tiefgefrorene Erbsen verwenden; denn diese sind garantiert erntefrisch verarbeitet worden.

Tiefgefrorene Erbsen sind bereits blanchiert. Frische Erbsen sollte man vor der Verwendung blanchieren (siehe S. 68).

Buttererbsen

Gemüsebrühe
(siehe S. 44)
Erbsen
Butter
Salz

Die Erbsen in gesalzener Gemüsebrühe mit Butter etwa 15 Min. unbedeckt kochen (Bißprobe); dabei soll die Brühe fast ganz einkochen.

Abwandlungsmöglichkeiten:

mit frischen Pfefferminzblättern mischen; mit feingehacktem Bohnenkraut oder Fenchelgrün bestreuen.

Gebratener Fenchel

wenig Gemüsebrühe
(siehe S. 44)
Fenchelknolle
Fenchelgrün
Zwiebel
etwas Schale einer
ungespritzten Zitrone
Butter
Salz

Die Zwiebel feinhacken, in leicht erhitzte Butter geben, andünsten, herausnehmen.
Den Fenchel in dünne Scheiben schneiden und in der Butter auf jeder Seite leicht anbräunen, vorsichtig herausnehmen, salzen.
Die Brühe zur Butter geben, stark einkochen, über den Fenchel gießen, die Zwiebel beigeben, mit gehacktem Fenchelgrün bestreuen.

Abwandlungsmöglichkeit:

herber Weißwein zur/statt Gemüsebrühe.

Überbackener Fenchel

Gemüsebrühe
(siehe S. 44)
Fenchelknolle
Fenchelgrün
Zwiebel
Knoblauch
Tomaten
Mozzarella
etwas Ahornsirup
kalt gepreßtes Olivenöl
Salz
frisch
gemahlener Pfeffer
Pinienkerne

Überbacken: 8 Min. bei 200 °C (Gasherd Stufe 3 1/2)

Den Fenchel halbieren, in gesalzener Gemüsebrühe 4 Min. kochen. (Brühe weiterverwertbar, auch als Getränk geeignet.)

Zwiebel und Knoblauch grob hacken, in leicht erhitztes Öl geben, glasig dünsten.

Die Tomaten grob hacken, durch ein Haarsieb zu dem Zwiebel-Knoblauch-Gemisch passieren, Ahornsirup unterrühren, salzen und pfeffern, den Fenchel hineingeben, alles 20 Min. dünsten, nach 10 Min. den Fenchel wenden.

Den Fenchel in ein hitzebeständiges Gefäß geben, die Sauce eindicken, um den Fenchel gießen, Mozzarellascheiben auf den Fenchel legen, mit Pfeffer bestreuen, mit Öl beträufeln, im vorgeheizten Backrohr überbacken.

Die Pinienkerne ohne Fett rösten, über das Gericht geben, mit gehacktem Fenchelgrün bestreuen.

Abwandlungsmöglichkeit:

etwas Rotwein in der Sauce mit einkochen.

Gedünsteter Lauch

Gemüsebrühe
(siehe S. 44)
Lauch
Butter
etwas Salz

Die Gemüsebrühe stark einkochen.
Die Lauchstangen in etwa 3 cm lange Stücke schneiden, der Länge nach halbieren, auseinandernehmen, in Butter 10 Min. bedeckt dünsten, salzen.
Die Gemüsebrühe beigeben, 3 Min. unbedeckt weiterdünsten.

Lauch mit Oliven

Lauch
Tomaten
schwarze Oliven
Zitronensaft
Schale von
ungespritzten
Zitronen
kalt gepreßtes Olivenöl
Salz
frisch gemahlener
Pfeffer

Den Lauch in Ringe schneiden, in Öl 3 Min. zugedeckt dünsten.
Die Tomaten schälen (siehe S. 68) und entkernen (Rest verwertbar für eine Gemüsebrühe), grob hacken, zum Lauch geben, 5 Min. unbedeckt weiterdünsten.
Die Oliven entsteinen, grob hacken, beigeben, mit Zitronensaft, Zitronenschale, Salz und Pfeffer würzen, 2 Min. weiterdünsten.
Warm oder kalt servieren.

Abwandlungsmöglichkeiten:

Knoblauch hineinpressen; mit gerösteten Pinienkernen bestreuen.

Überbackener Lauch

Lauch
Sahne
Gruyère (oder anderer Hartkäse),
gerieben
Salz

Den Lauch kleinschneiden und in wenig Salzwasser 2 Min. kochen, abtropfen lassen (Kochwasser weiterverwertbar, auch als Getränk geeignet).

Die Sahne mit wenig geriebenem Käse mischen und erwärmen, unter den Lauch ziehen, alles in ein hitzebeständiges Gefäß geben, mit geriebenem Käse bestreuen, im vorgeheizten Backrohr oder unter dem Elektrogrill überbacken.

Abwandlungsmöglichkeiten:

Butter statt Käse und am Schluß mit gerösteten Pinienkernen oder gerösteten Mandelblättchen bestreuen.

Gebratener Rosenkohl

Gemüsebrühe (siehe S. 44)
Rosenkohl
reichlich Butter, Petersilie
Salz, frisch geriebener Muskat,
frisch gemahlener Pfeffer

Den Rosenkohl in gesalzener Gemüsebrühe 10 Min. kochen, abtropfen lassen (Brühe weiterverwertbar, auch als Getränk geeignet).
Etwas Gemüsebrühe mit viel Butter zu Sirup einkochen, den Rosenkohl, Muskat und Pfeffer beigeben, ohne Deckel etwa 5 Min. hellbraun braten, mit feingehackter Petersilie bestreuen.

Abwandlungsmöglichkeit:

etwas Ahornsirup beigeben.

Überbackener Rosenkohl

Gemüsebrühe, (siehe S. 44)
Rosenkohl
Butter
Hartkäse (bevorzugt Gruyère), gerieben
Salz
altbackenes Vollkornbrot

Überbacken: 15 bis 20 Min. bei 220 °C (Gasherd Stufe 4 1/2)

Den Rosenkohl in gesalzener Gemüsebrühe 8 Min. kochen (Brühe weiterverwertbar, auch als Getränk geeignet). Das Vollkornbrot zerbröseln, mit dem geriebenen Käse mischen.
Den Rosenkohl in eine hitzebeständige Form geben, mit dem Käse-Brot-Gemisch bestreuen, Butterflöckchen aufsetzen, im vorgeheizten Backrohr überbacken.

Abwandlungsmöglichkeit:

das Käse-Brot-Gemisch mit Sahne mischen.

Mirepoix

Wurzelgemüse (z. B. Karotten, Sellerie, Petersilienwurzel)
Butter, Salz

Das Gemüse sehr fein würfeln, salzen, langsam in Butter bißfest dünsten.

Abwandlungsmöglichkeit:

4 Min. vor der Garzeit kleingeschnittenen Lauch beigeben.

Mirepoix eignet sich als Beigabe, aber auch zum Verfeinern von Saucen.

Gemüsepüree

Siehe Broccolisuppe unter Abwandlungsmöglichkeiten (S. 49).

Abwandlungsmöglichkeiten:

etwas rohes Gemüsepüree daruntermischen, ganz kurz erhitzen; mit Eigelb legieren, dann Eischnee locker daruntermengen und in gut gebutterten Förmchen mindestens 30 Min. im Wasserbad stocken.

Gemüsepürees schmecken besonders intensiv und sind leicht verdaulich. Sie eignen sich als Beigabe anstelle von Gemüse.

Gekochte Artischocken

Artischocken
reichlich Zitronensaft
Salz

Den Stiel so knapp wie möglich abschneiden, die braunen Spitzen der Blätter mit einer Schere entfernen, die Artischocken waschen, in einem Topf mit kochendem Wasser übergießen und 10 Min. stehenlassen, herausnehmen.
Salzwasser mit viel Zitronensaft oder weißem Sud (siehe S. 68) zum Kochen bringen, darin die Artischocken kochen – je nach Größe 10 bis 15 Min. – auf den Kopf gestellt gut abtropfen lassen, warm oder kalt servieren.

Dazu passen verschiedene Saucen, z. B. Vinaigrette (siehe S. 38), Mayonnaise (siehe S. 116), Remouladensauce (siehe S. 118), zu warmen Artischocken auch Hollandaise (siehe S. 116): Man löst die Blätter ab, taucht sie in die Sauce und lutscht das Fruchtfleisch am unteren Ende ab. Den Blütenboden säubert man mit einem Messer.

Gedünsteter Chicorée

etwas Gemüsebrühe
(siehe S. 44)
pro Person 1 Chicoréestange
Butter, etwas Zitronensaft
Salz

Dünsten: 45 Min. bei 180 °C (Gasherd Stufe 2 1/2)

Die Chicoréestangen nur ganz kurz waschen (sonst werden sie bitter), den Strunk mit einer Messerspitze herauslösen.
Ein hitzebeständiges Gefäß gut ausbuttern, den Boden mit Gemüsebrühe bedecken, die Chicoréestangen nebeneinanderlegen, leicht salzen. Mit Zitronensaft beträufeln, zudecken, im vorgeheizten Backrohr dünsten.
Nach 30 Min. den Deckel entfernen, Butterflöckchen aufsetzen, weiterdünsten.

Abwandlungsmöglichkeiten:

nach dem Herausnehmen der Stangen den Rückstand im Gefäß mit Sahne lösen, stark einkochen, etwas Butter beigeben, über die Stangen gießen; die Stangen nach dem Dünsten in brauner Butter anbraten.

Gebackene Paprika

Zum Schälen eignen sich am besten gelbe Paprikaschoten, auch noch rote. Grüne Paprikaschoten lassen sich meist nur sehr schlecht schälen.

gelbe und/oder rote Paprikaschoten

Backen: 10 bis 15 Min. bei 250 °C (Gasherd Stufe 6)

Die Paprikaschoten waschen, trocknen, halbieren, Stiel und Kerne entfernen. (Rest verwertbar für eine Gemüsebrühe.)
Ein Kuchenblech mit Alufolie ausschlagen, die Schoten mit der Hautseite nach oben darauflegen, im vorgeheizten Ofen braten, bis die Haut braune Blasen zieht.
Sofort nach dem Herausnehmen alle Hautteile mit einem feuchten Tuch pressen, erkalten lassen, Haut abziehen.

Abwandlungsmöglichkeit:

Die Schoten als Ganzes braten, schälen, dann zerteilen und den Saft im Inneren zur weiteren Verwendung auffangen.

Geeignet als Teil einer Vorspeisenplatte.

Gedünstete Paprika

Gemüsebrühe (siehe S. 44)
grüne und rote Paprikaschoten
Tomaten, Zwiebeln
kalt gepreßtes Olivenöl
wenig Rotweinessig
Salz, frisch gemahlener Pfeffer

Die Gemüsebrühe zu Sirup einkochen.
Die Paprikaschoten braten und schälen (siehe links), in Streifen schneiden.
Die Tomaten schälen (siehe S. 68) und entkernen, grob zerkleinern. (Reste verwertbar für eine Gemüsebrühe.)
Die Zwiebeln fein hacken, in leicht erhitztes Öl geben, glasig dünsten, die Paprikaschoten dazugeben, zudecken, 10 Min. dünsten.
Tomaten, Gemüsebrühesirup, Essig und Gewürze beigeben, zudecken, 3 Min. dünsten, aufdecken, stark einkochen.

Abwandlungsmöglichkeit:

ganz klein geschnittene rohe Kartoffelwürfelchen den Zwiebeln beigeben.

Paprikagemüse

Paprikaschoten, gebacken und geschält (siehe S. 76)
Butter, Salz

Die Schoten zu kleinen Rauten schneiden und in Butter mit wenig Salz anwärmen.

Abwandlungsmöglichkeiten:

ohne Salz zubereiten; die zerkleinerten Schoten nach dem Schälen in ganz wenig Gemüsebrühe kurz dünsten.

Gefüllte Paprika

etwas Gemüsebrühe (siehe S. 44)
Paprikaschoten
Vollreis, gedünstet (siehe S. 58)
Zwiebel
Hartkäse (bevorzugt Gruyère), frisch gerieben
Sonnenblumenöl, Butter

Schmoren: 20 Min. bei 220 °C (Gasherd Stufe 4 1/2)

Von den Schoten Deckel abschneiden, das Innere säubern.
Die Zwiebel fein hacken, in leicht erhitztes Öl geben, glasig dünsten, mit dem Reis mischen, mit Käse würzen.
Die Schoten mit der Masse füllen, den Paprikadeckel aufsetzen, in einen gebutterten Schmortopf geben, etwas Gemüsebrühe beigeben, eventuell nach 10 Min. Gemüsebrühe ergänzen, im vorgeheizten Backrohr zugedeckt schmoren.

Abwandlungsmöglichkeiten:

feingehackte Kräuter untermengen; anderes Getreide statt Reis.

Dazu paßt Meerrettichsauce (siehe S. 115).

Paprika in Knoblauch

geschälte Paprikaschoten, als Ganzes gebacken (siehe S. 76 unter Abwandlungsmöglichkeiten)
Knoblauch
kalt gepreßtes Olivenöl

Die Schoten in lange Streifen schneiden und auf einer Platte sternförmig anordnen.
Den Saft aus dem Inneren mit dem Knoblauch zu einer Paste verarbeiten, mit dem Olivenöl mischen, über die Schoten gießen, ziehen lassen.

Letscho

Gemüsebrühe (siehe S. 44)
Zwiebel
gelbe und rote Paprikaschoten
wenig grüne Peperoni, entkernt
Tomaten
Knoblauch
edelsüßes Paprikapulver
kalt gepreßtes Olivenöl
Salz

Die Tomaten schälen (siehe S. 68) und entkernen. (Reste verwertbar für eine Gemüsebrühe.)
Die Zwiebel und den Knoblauch grob schneiden, in leicht erhitztes Öl geben, glasig dünsten.
Paprikaschoten und Peperoni grob schneiden, mitdünsten.
Die Tomaten grob zerkleinern, beigeben, salzen, wenig Brühe dazugießen, zudecken, 10 Min. köcheln, Paprikapulver beigeben, gut umrühren, unbedeckt weitere 5 Min. köcheln.

Paßt gut zu Bratkartoffeln.

Grüne Bohnen

grüne Bohnen
(auch gelbe)
Butter
Salz

Die Bohnen in Salzwasser 10 bis 15 Min. knackig kochen (das Kochwasser weggießen!), abtropfen lassen, in einen Topf geben, leicht salzen, kleine Butterstückchen daraufsetzen, den Topf rütteln, bis sich die Butter verteilt hat.

Abwandlungsmöglichkeiten:

mit feingehacktem Bohnenkraut bestreuen; Sahne beigeben und stark einkochen; von der Feuerstelle nehmen und ein Gemisch aus Sahne und Eigelb unterziehen.

Bohnenkerne

Die getrockneten Bohnenkerne sollten von der letzten Ernte sein, nicht älter!

Gemüsebrühe
(siehe S. 44)
Bohnenkerne
Butter
Petersilie
Salz
frisch gemahlener
Pfeffer

Die Bohnen gut verlesen und waschen, in Wasser 10 Min. kochen, mindestens 2 Std. im Kochwasser liegen lassen, abgießen, abtropfen lassen, mit Gemüsebrühe bedecken, salzen und pfeffern, kochen. (Die Kochzeit schwankt bei Bohnenkernen zwischen 40 Min. und 2 Std.!: Bißprobe!)

Die Brühe stark einkochen, Butter beigeben, mit feingehackter Petersilie bestreuen.

Abwandlungsmöglichkeiten:

gedünstete Zwiebel mit herbem Weißwein einkochen und beigeben; geschmolzene Tomaten beigeben (siehe S. 81); mit gepreßtem Knoblauch und feingehacktem Salbei würzen; ohne Butterbeigabe erkalten lassen, abtropfen lassen und mit Zwiebelringen als Salat anmachen.

Linsen können entsprechend zubereitet werden.

Auberginen vorbereiten

Vor jeder weiteren Verwendung müssen Auberginen nach dem Schneiden oder Würfeln kräftig gesalzen werden, damit sie Wasser ziehen. Man gibt sie dazu in eine Schüssel, bestreut sie mit Salz und wendet sie mehrmals. Danach müssen sie mit einem Tuch gut abgerieben und getrocknet werden.

Gebratene Auberginen

vorbereitete Auberginen
(siehe oben)
1/2 cm dick, ohne Schale
Weizenvollkornmehl, frisch gemahlen
kalt gepreßtes Olivenöl
Butter
frisch gemahlener Pfeffer

Die Auberginen pfeffern (gesalzen sind sie bereits genug), in Mehl wenden, überflüssiges Mehl abschütteln, in einer Mischung aus Öl und Butter auf beiden Seiten braun braten.

Abwandlungsmöglichkeiten:

den Pfeffer mit gepreßtem Knoblauch mischen, damit die Scheiben einreiben; jede Scheibe mit Mozzarellascheiben bedecken, mit Parmesan bestreuen, bei großer Hitze überbacken.

Auberginenpüree

kleine Auberginen
Zwiebel
Knoblauch
Zitronensaft
kalt gepreßtes Olivenöl
Petersilie
Salz

Die ganzen Auberginen im Backrohr bei 190 °C (Gasherd Stufe 2) 1 1/2 Std. backen, halbieren, das weiche Fruchtfleisch herauslösen, zu einem Püree zerdrücken.
Zwiebel, Knoblauch und Petersilie fein hacken, mit den restlichen Zutaten unter das Püree mengen.

Paßt gut zu Bratkartoffeln.

Gedünstete Auberginen

vorbereitete Auberginen (siehe S. 78),
etwa 2 cm Kantenlänge,
ohne Schale
wenig Weizenvollkornmehl,
frisch gemahlen
Zwiebel, Tomaten
Knoblauch
kalt gepreßtes Olivenöl
Petersilie
Salz, frisch gemahlener Pfeffer

Die Tomaten schälen (siehe S. 68) und entkernen, grob zerkleinern. (Reste verwertbar für eine Gemüsebrühe.)
Die Zwiebel grob zerkleinern, in eine Pfanne zu leicht erhitztem Öl geben, glasig dünsten.
Die Auberginen in die Pfanne geben, pfeffern, mit Mehl bestäuben, mehrmals umrühren.
Tomaten und den gepreßten Knoblauch in die Pfanne geben, vorsichtig umrühren, zudecken, 5 Min. dünsten, aufdecken, 30 Min. weiterdünsten, vorsichtig salzen, mit feingehackter Petersilie bestreuen.

Abwandlungsmöglichkeiten:

Sahne zugleich mit den Tomaten beigeben und unbedeckt stark einkochen; Kerbel statt Petersilie.

Gefüllte Auberginen

pro Person 1/2 Aubergine
Zwiebeln
Tomaten
Gruyère
Eier
kalt gepreßtes Olivenöl
Thymian
Salz, frisch gemahlener Pfeffer

Backen: 15 Min. bei 200 °C (Gasherd Stufe 3 1/2)

Die Zwiebeln grob hacken, in leicht erhitztes Öl geben, glasig dünsten.
Die Auberginen längs halbieren und aushöhlen, das Fruchtfleisch zu den Zwiebeln geben, weiterdünsten.
Die ausgehöhlten Auberginen vorbereiten (siehe S. 78).
Wenn das Fruchtfleisch der Auberginen leicht bräunt, die Tomaten dazugeben, zudecken, 10 Min. dünsten, erkalten lassen.
Den Gruyère reiben, mit den Eiern, Thymian, wenig Salz und Pfeffer mischen, unter die Zwiebel-Auberginen-Masse rühren, die ausgehöhlten Auberginenhälften damit füllen, mit Öl beträufeln, im vorgeheizten Backrohr backen.

Abwandlungsmöglichkeiten:

gepreßten Knoblauch zu den Zwiebeln; feingehacktes Basilikum in die Mischung.

Auberginenpfann-kuchen

Auberginenpüree (siehe S. 79)
Eigelb, Butter

Das Eigelb unter das Püree mischen, in einer gebutterten Pfanne ausbreiten und beidseitig bräunen.

Gedünsteter Kürbis

etwas Gemüsebrühe (siehe S. 44)
Kürbis, Zwiebel, Knoblauch, Butter
wenig saure Sahne, Petersilie, Dill
Salz, frisch gemahlener Pfeffer

Den Kürbis in nicht zu große Würfel schneiden.
Zwiebel und Knoblauch grob hacken, mit dem Kürbis in Butter dünsten, Gemüsebrühe beigeben, zudecken, weichdünsten.
Saure Sahne, Salz und Pfeffer beigeben, aufkochen, mit den feingehackten Kräutern mischen, sofort servieren.

Abwandlungsmöglichkeiten:

wenig Essig statt saurer Sahne; Salbei statt Petersilie und Dill.

Gefüllte Zwiebeln

Gemüsebrühe (siehe S. 44)
große Zwiebeln
Buchweizen, gedünstet (siehe S. 59)
Apfel, Salz, Majoran

Backen: 10 Min. bei 230 °C (Gasherd Stufe 5)

Die Zwiebeln schälen, 2 Min. in gesalzener Gemüsebrühe kochen, aushöhlen. (Brühe weiterverwertbar, auch als Getränk geeignet.)
Die ausgelösten Zwiebelteile fein hakken, den Apfel grob hacken, mit Salz und Majoran würzen, mit dem Buchweizen mischen, die Zwiebeln mit der Masse füllen, in ein leicht gebuttertes hitzebeständiges Gefäß setzen, Butterflöckchen aufsetzen, im vorgeheizten Backrohr goldbraun backen.

Abwandlungsmöglichkeit:

Getreide statt Buchweizen.

Gefüllte Kohlrabi

etwas Gemüsebrühe (siehe S. 44)
Kohlrabi
etwas Grünkernschrot, frisch geschrotet
Zwiebel, Sonnenblumenöl
Butter, Salz, Petersilie, Thymian

Schmoren: 60 Min. bei 210 °C (Gasherd Stufe 4)

Die Kohlrabi schälen, einen Deckel abschneiden, aushöhlen. (Reste verwertbar für eine Gemüsebrühe.)
Die Zwiebel hacken, in leicht erhitztes Öl geben, glasig dünsten, den Schrot beigeben und kurz weiterdünsten, mit Gemüsebrühe auffüllen, mit Salz und Kräutern würzen, den Schrot dick kochen, 15 Min. quellen lassen.
Die Kohlrabi mit der Masse füllen, den Kohlrabideckel aufsetzen, Butterflöckchen in einen gebutterten Schmortopf geben, etwas Gemüsebrühe beigeben, im vorgewärmten Backrohr zugedeckt schmoren.

Abwandlungsmöglichkeiten:

anderes Getreide statt Grünkern; andere Kräuter statt Petersilie.

Dazu paßt Knoblauchsauce (siehe S. 111) oder Estragon-Gemüse-Sauce (siehe S. 108).

Gedünstete Gurken

Gemüsebrühe (siehe S. 44)
Gurken
etwas Crème fraîche
Butter
Salz
frisch gemahlener Pfeffer

Die ungeschälten Gurken entkernen, in Würfel schneiden, in der Gemüsebrühe 5 Min. kochen, abtropfen lassen. (Brühe weiterverwertbar, auch als Getränk geeignet.)
Die Gurkenwürfel in leicht gebräunter Butter 3 Min. dünsten, salzen und pfeffern, Crème fraîche beigeben, zu einer dicklichen Sauce einkochen, mit Butter verfeinern.

Abwandlungsmöglichkeiten:

Zucchini statt Gurken; mit viel Dill würzen.

Gefüllte Gurken

Gemüsebrühe (siehe S. 44)
Gurken
etwas Gerstenschrot,
frisch geschrotet
Zwiebel
etwas Sonnenblumenöl
Butter
Tomatenmark
Salz

Backen: 10 Min. bei 250 °C (Gasherd Stufe 6)

Die Gurken schälen, rohrartig aushöhlen, 5 cm lange Rohrstücke schneiden. (Reste verwertbar für eine Gemüsebrühe.)
Die Gurkenstücke 2 Min. in gesalzener Gemüsebrühe kochen. (Brühe weiterverwertbar, auch als Getränk geeignet.)
Die Zwiebel fein hacken, in leicht erhitztes Öl geben, glasig dünsten, den Schrot beigeben, kurz weiterdünsten, Gemüsebrühe beigeben, mit Tomatenmark und Salz würzen, den Schrot dick kochen, 15 Min. quellen lassen.
Die Gurken in eine gebutterte Auflaufform legen, mit der Masse füllen, Butterflöckchen aufsetzen, im vorgeheizten Backrohr goldbraun backen.

Abwandlungsmöglichkeiten:

anderes Getreide statt Gerste; mit geriebenem Käse bestreuen; Zucchini statt Gurken.

Dazu paßt Tomatensauce (siehe S. 109).

Geschmolzene Tomaten

Tomaten
kalt gepreßtes Olivenöl
wenig Honig
Salz
frisch gemahlener Pfeffer
wenig
Schnittlauch

Die Tomaten schälen (siehe S. 68) und entkernen. (Rest verwertbar für eine Gemüsebrühe.) Das Tomatenfleisch grob zerkleinern.
Das Öl erwärmen, die Tomaten hineingeben, würzen und umrühren.
Bei geringer Hitze ohne umzurühren zugedeckt so lange dünsten, bis das Tomatenfleisch fast zerfällt.
Von der Wärmequelle nehmen, wenig Honig beimengen.
Den Schnittlauch schneiden und darüberstreuen.

Abwandlungsmöglichkeiten:

zum Schluß etwas Tomatenmark vorsichtig unterrühren; Knoblauch hineinpressen; zerkleinerte schwarze Oliven beigeben; Basilikum statt Schnittlauch.

Gefüllte Tomaten I
(warm)

große Tomaten
Hirse, gedünstet (siehe S. 59)
Pilze
Butter, Salz

Schmoren: 30 Min. bei 250 °C (Gasherd Stufe 6)

Von den Tomaten einen Deckel abschneiden, die Tomaten aushöhlen, innen leicht salzen.
Die ausgelösten Tomatenteile durch ein Haarsieb passieren, mit Butter, Salz und Pilzen 5 Min. dünsten, die Hirse untermischen.
Die Tomaten mit der Masse füllen, den Tomatendeckel aufsetzen, in einen gebutterten Schmortopf geben, im vorgewärmten Backrohr zugedeckt schmoren.

Abwandlungsmöglichkeit:

feingehackte Kräuter untermengen; anderes Getreide statt Hirse.

Gefüllte Tomaten II
(warm)

Tomaten
Butter, zimmerwarm
Schalotten und/oder Frühlingszwiebeln, Knoblauch
Petersilie
Salz, frisch gemahlener Pfeffer
viel Vollkornbrösel

Backen: 30 Min. bei 250 °C (Gasherd Stufe 6)

Von den Tomaten einen Deckel abschneiden, die Tomaten aushöhlen. (Reste verwertbar für eine Gemüsebrühe.)
Schalotten, Knoblauch und Petersilie fein hacken, zusammen mit der Butter zu einem Brei schlagen, mit Salz und Pfeffer würzen, die Brösel untermengen und mit dieser Masse die Tomaten füllen.
Im vorgeheizten Backrohr backen.

Abwandlungsmöglichkeit:

herben Weißwein untermengen, Basilikum und/oder Thymian beigeben.

Gefüllte Tomaten III
(warm oder kalt)

Tomaten
Zwiebeln
Knoblauch
Sardellenfilets (aus der Dose)
Thunfisch (aus der Dose)
Kapern
schwarze Oliven
Parmesan, frisch gerieben
Vollkornkrumen, getrocknet
kalt gepreßtes Olivenöl
Petersilie

Backen: 20 bis 30 Min. bei 170 °C (Gasherd Stufe 2)

Die Stielseite der Tomaten abschneiden, aushöhlen, innen salzen, mit der Höhlung nach unten auf Küchenkrepp stellen. (Reste verwertbar für eine Gemüsebrühe.)
Die Sardellen wässern, abtropfen lassen, fein hacken.
Den Thunfisch abtropfen lassen, in kleine Stücke teilen.
Die Kapern waschen, abtropfen lassen.
Die Oliven entsteinen, fein hacken.
Die Petersilie fein hacken.
Zwiebeln und Knoblauch fein hacken, in leicht erhitztes Öl geben, glasig dünsten, Sardellen, Thunfisch, Kapern, Vollkornkrumen und Petersilie beigeben, umrühren, 2 Min. weiterdünsten, die Tomaten mit der Masse füllen.

Ein hitzebeständiges Gefäß einölen, die Tomaten mit der Öffnung nach oben hineinsetzen, mit Parmesan bestreuen, mit Öl beträufeln, im vorgeheizten Backrohr backen, mit feingehackter Petersilie bestreuen, warm oder kalt servieren.

Abwandlungsmöglichkeit:

Paprikaschoten statt Tomaten.

Gefüllte Tomaten IV
(kalt)

Tomaten
Schafkäse
grüne Paprikaschoten
Frühlingszwiebeln
Knoblauch
Sauerampfer
Borretsch
Pimpinelle
Petersilie
Kresse (oder eine Auswahl davon)
wenig Zitronensaft
kalt gepreßtes
Olivenöl
Salz

Die gewaschenen Tomaten abtrocknen, den Stielansatz vorsichtig herausschneiden, auf der gegenüberliegenden Seite einen Deckel abschneiden, aushöhlen, innen salzen. (Reste verwertbar für eine Gemüsebrühe.)
Den Schafkäse zerbröseln.
Die Frühlingszwiebeln und die Paprikaschoten fein schneiden.
Die gewaschenen Kräuter in der Salatschleuder gut trocknen, fein hacken.
Käse, Zwiebeln, Paprikaschoten und Kräuter mit Zitronensaft, Salz und Öl gut mischen, in die Tomaten füllen.

Abwandlungsmöglichkeiten:

Quark statt Schafkäse; andere oder zusätzliche Kräuter; Sahne statt Öl.

Variationen von gefüllten Tomaten
(kalt)

Einen Deckel abschneiden, entkernen, das Innere salzen oder mit Vinaigrette (siehe S. 38) einreiben, eventuell vorher schälen (siehe S. 68). Anregungen für die Fülle:

1. Kleingeschnittener Thunfisch, vermischt mit hartgekochtem Ei und feingehackten Kräutern, eventuell gebunden mit Mayonnaise (siehe S. 116).

2. Püree aus rohen Tomaten, gewürzt mit Salz, Pfeffer, garniert mit Paprika-Schlagsahne.

3. Hartgekochte Eier, Stangensellerie, Sardellen, Oliven, Kapern, gebunden mit Mayonnaise (siehe S. 116), ein Nußkern in der Mitte.

4. Hühnerfleisch, gehackte Haselnüsse, gebunden mit Chantilly-Mayonnaise (siehe S. 117).
   Gekochte Sellerieknolle gewürfelt, Schalotten, Kerbel, Schnittlauch, Vinaigrette (siehe S. 38).

6. Kleingeschnittene marinierte Heringe (siehe S. 161), gebunden mit Mayonnaise (siehe S. 116).

7. Püree aus rohen Tomaten mit Schlagsahne, gewürzt mit Salz und frisch gemahlenem Pfeffer.

8. Gekochter Reis mit gewürfelten Paprikaschoten und geschälten Tomatenstreifen (siehe S. 68) in Butter gedünstet, mit Salz und frisch gemahlenem Pfeffer gewürzt (erkalten lassen).

9. Champignonpüree (siehe S. 101)

10. Grapefruitstücke, Crème fraîche, Cognac.

Gebratene Tomaten

Fleischtomaten
kalt gepreßtes Olivenöl
Butter
Salz
frisch gemahlener
Pfeffer

Die Tomaten schälen (siehe S. 68) und entkernen, flachdrücken. (Reste verwertbar für eine Gemüsebrühe.)

Öl, Butter, Salz und Pfeffer erhitzen, die Tomaten auf jeder Seite 3 Min. bräunen.

Eingelegte Tomaten

kleine Tomaten
(bevorzugt Pelati[1])
reichlich Knoblauch
Lorbeerblätter
(möglichst frisch)
kalt gepreßtes Olivenöl

Die Tomaten je nach Größe halbieren oder vierteln, mit einem Dörrgerät oder bei offenem Backrohr sehr gut trocknen.
Die getrockneten Tomaten abwechselnd mit ganzen Knoblauchzehen und Lorbeerblättern in ein verschließbares Einmachglas geben, mit Olivenöl auffüllen, bis alles bedeckt ist.
Mindestens 4 Monate ziehen lassen.
In größeren Abständen das Glas kurz öffnen und wieder schließen, damit Gase entweichen können, die sich vielleicht gebildet haben.

Nach Entnahme von Tomaten, Knoblauch und Lorbeerblättern kann das Öl zum Würzen verwendet werden, zum Beispiel von Schafkäse.

[1]längliche Tomaten

Ratatouille

reichlich Fleischtomaten
Auberginen
Zucchini
grüne Paprikaschoten
Zwiebeln
reichlich Petersilie
reichlich Basilikum
Knoblauch, fein gehackt
kalt gepreßtes Olivenöl
Zitronensaft
Salz, frisch gemahlener Pfeffer

Die Auberginen schälen, in 2 cm dicke Scheiben schneiden, kräftig salzen, 20 Min. ziehen lassen, unter fließendem Wasser abspülen, abtrocknen, mit Zitronensaft beträufeln.
Die Tomaten schälen (siehe S. 68), vierteln, das innere Fruchtfleisch und die Kerne entfernen, in Streifen schneiden, auf Küchenkrepp abtropfen lassen. (Reste verwertbar für eine Gemüsebrühe.)
Die Zucchini mit der Schale in 1 cm dikke Scheiben schneiden, in Öl anbraten, auf Küchenkrepp abtropfen lassen.
Die Paprikaschoten entkernen, in grobe Stücke schneiden, in Öl anbraten, auf Küchenkrepp abtropfen lassen.
Die Zwiebeln in Ringe schneiden, in leicht erhitztes Öl geben, glasig dünsten.
Die Kräuter fein hacken und mit dem Knoblauch mischen.
In einen großen Topf eine dünne Schicht Öl geben, die Gemüse abwechselnd einschichten, jede Schicht mit frisch gemahlenem Pfeffer und Salz würzen und mit der Kräuter-Knoblauch-Mischung bestreuen.

Die Gemüse bedeckt zum Kochen bringen, bei kleiner Hitze 25 Min. dünsten, alle 5 Min. den Saft abgießen und in einer Pfanne auffangen.
Den aufgefangenen Saft stark einkochen und in den Topf zurückgießen.
Warm oder kalt servieren.

Marinierte Gemüse

vielerlei feste Gemüse (z. B. Zwiebeln, Karotten, Zucchini, Paprikaschoten, Lauch, grüne Bohnen, Champignons, usw.)

Marinade:

---

reichlich Gemüsebrühe (siehe S. 44)
herber Weißwein
kalt gepreßtes Olivenöl
reichlich Zitronensaft
Petersilie
Knoblauch
Thymian
Salz, Pfefferkörner

Alle Zutaten zur Marinade in einen Topf aus rostfreiem Material geben und 1 Std. köcheln, durch ein Haarsieb gießen, nachsalzen.
Die Gemüse je nach Art zerkleinern, jede Sorte einzeln in der Marinade so kochen, daß sie noch bißfest sind.
Alle Gemüse in eine große Schüssel geben, die Marinade darübergießen, mit Alufolie bedecken, erkalten lassen, für 4 bis 12 Std. in den Kühlschrank stellen.
Die Gemüse mit einem Schaumlöffel herausnehmen, auf einer Platte anrichten, mit etwas Marinade beträufeln.

Gekochte Linsen

Gemüsebrühe (siehe S. 44)
Linsen
Salz
Thymian
Lorbeer

Die Linsen gut verlesen, mit Thymian und Lorbeer in Wasser 6 Std. einweichen.
Die gequollenen Linsen in ungesalzener Gemüsebrühe ganz langsam erhitzen, kochen. (Je nach Größe und Lagerzeit schwankt die Garzeit zwischen 20 und 60 Min.)
Salz erst beigeben, wenn die Linsen weich sind.

Abwandlungsmöglichkeiten:

andere Gewürze (gepreßter Knoblauch, Salbei oder Majoran) ins Einweichwasser; etwas Essig beigeben.

Gebackener Knoblauch

Dieses Gericht gelingt nur mit ganz jungem, noch weißem Frühlingsknoblauch.

---

ganz junger Knoblauch
Butter
Salz
frisch gemahlener Pfeffer

Backen: 30 Min. bei 190 °C (Gasherd Stufe 3), 2 Std. bei 150 °C (Gasherd Stufe 1).

Die Knoblauchzwiebeln unten und oben abschneiden, rund um die Mitte einen feinen Schnitt machen, in der oberen Hälfte möglichst alle Häute entfernen, die Knoblauchzehen etwas auseinanderziehen und im unteren Teil die Häute so gut es geht entfernen.
Die Butter mit wenig Salz und wenig frisch gemahlenem Pfeffer weichkneten und zwischen den Knoblauchzehen verteilen.
Ein feuerfestes Gefäß ausbuttern und leicht mit Salz und frisch gemahlenem Pfeffer bestreuen, die Knoblauchzwiebeln hineinsetzen und im vorgeheizten Backrohr erst bei großer, dann bei mittlerer Hitze backen.
Zwischendurch die angesammelte Flüssigkeit über den Knoblauch gießen.

Dazu paßt Schafkäse.

Linsenpüree
(kalt)

sehr weich
gekochte Linsen
(siehe S. 85)
schwarze Oliven, entsteint
Kapern
kalt gepreßtes
Olivenöl
Salz

Alle Zutaten im Mixer pürieren.

Abwandlungsmöglichkeiten:

Knoblauch, Zitronensaft und Salz statt Oliven und Kapern; Sahne beigeben.

Paßt gut zu Bratkartoffeln.

Gefüllte Wirsingblätter

Gemüsebrühe
(siehe S. 44)
Wirsing
150 g Roggenschrot,
frisch aus getrockneten
Körnern geschrotet
(siehe S. 55)
125 g Magerquark
Salz
etwas Liebstöckel

Backen: 30 Min. bei 210 °C (Gasherd Stufe 4)

Die äußeren Blätter des Wirsingkopfes vorsichtig ablösen, dicke Mittelrippen mit einem scharfen Messer dünner schneiden, 2 Min. in gesalzener Gemüsebrühe kochen, abtropfen lassen. (Brühe weiterverwertbar, auch als Getränk geeignet.)
Den Schrot in Gemüsebrühe mit Salz und Liebstöckel dick kochen, 15 Min. quellen lassen, erkalten lassen.
Den Quark durch ein Haarsieb passieren, untermengen. Die Blätter mit der Masse füllen, fest zusammenrollen, in ein ausgebuttertes hitzebeständiges Gefäß schichten, Butterflöckchen aufsetzen, im vorgeheizten Backrohr goldbraun backen.

Abwandlungsmöglichkeiten:

Mangold oder Weißkraut statt Wirsing; anderes Getreide statt Roggen.

Süßsaures Weißkraut

Weißkraut
Zwiebeln
Tomaten
etwas Honig
etwas Weißweinessig
kalt gepreßtes
Olivenöl
Salz
frisch gemahlener (weißer)
Pfeffer

Das Kraut vierteln, den Strunk und grobe Blattrispen entfernen, das Kraut fein hobeln.
Die Tomaten schälen (siehe S. 68) und entkernen. (Reste verwertbar für eine Gemüsebrühe.)

Die Zwiebeln in Ringe schneiden, in leicht erhitztes Öl geben, glasig dünsten, Kraut, Tomaten, Essig und die Gewürze beigeben, umrühren, zudekken, 5 Min. dünsten, aufdecken, 20 Min. köcheln, von der Wärmequelle nehmen, den Saft mit Honig mischen, über das Kraut gießen.

Abwandlungsmöglichkeiten:

feingehackte, scharfe Peperoni mitdünsten; mit Kümmel würzen.

Sauerkraut

etwas Gemüsebrühe
(siehe S. 44)
Sauerkraut
Äpfel
Zwiebeln
etwas Honig
etwas herber Weißwein
kalt gepreßtes Olivenöl
Wacholderbeeren
Salz
Kümmel
frisch gemahlener Pfeffer

Die Zwiebeln grob hacken, in leicht erhitztes Öl geben, glasig dünsten, alle anderen Zutaten (außer Honig) beigeben, 1 1/2 Std. zugedeckt dünsten, von der Wärmequelle nehmen, wenig Honig beigeben, umrühren.

Wer das Sauerkraut knackig wünscht, dünste es nur 30 Min.

Gefüllter Krautkopf

Gemüsebrühe
(siehe S. 44)
Weißkraut
125 g Weizenschrot,
aus getrockneten Körnern
frisch geschrotet
(siehe S. 55)
1 Ei
etwas Sonnenblumenöl
Salz
Kümmel

Den Krautkopf aushöhlen, das herausgelöste Kraut fein hacken, in Öl und etwas Wasser weichdünsten.
Den Schrot mit etwas Wasser mischen, 30 Min. quellen lassen, mit Salz und Kümmel würzen, das Ei darunterrühren.
Die Masse in den Krautkopf füllen, alles in eine Serviette einbinden, in der Brühe 1 Std. kochen (Brühe weiterverwertbar).

Abwandlungsmöglichkeit:

feingehackte Kräuter in die Fülle mischen.

Dazu paßt: Tomatensauce (siehe S. 109) oder Kräutersauce (siehe S. 105).

Gedünstetes Rotkraut

Gemüsebrühe
(siehe S. 44)
Rotkraut
Äpfel
etwas Rotweinessig
etwas Honig
Butter
Salz
frisch gemahlener
Pfeffer

Dünsten: 2 1/2 Std. bei 190 °C (Gasherd Stufe 3)

Das Kraut vierteln, Strunk und große Blattrippen entfernen, das Kraut fein hobeln. (Reste verwertbar für eine Gemüsebrühe.)
Ein hitzebeständiges Gefäß gut ausbuttern, den Boden dünn mit Gemüsebrühe bedecken, das Kraut hineingeben, schichtweise mit Salz und frisch gemahlenem Pfeffer würzen sowie mit Essig beträufeln, gut verschließen, im vorgeheizten Backrohr dünsten.
Nach 2 Std. die Äpfel schälen, vierteln, entkernen, gleichmäßig im Kraut verteilen, 10 Min. weiterdünsten, von der Wärmequelle nehmen, wenig Honig beigeben, umrühren.

Abwandlungsmöglichkeit:

geschälte Maronen mitdünsten.

Grünkohlauflauf

Grünkohl
etwa halb soviel mehlige Kartoffeln
reichlich Zwiebeln
wenig Rosinen
kalt gepreßtes Olivenöl
Butter
Salz, frisch gemahlener Pfeffer,
frisch geriebener Muskat

Backen: 30 Min. bei 220 °C (Gasherd Stufe 4 1/2)

Den Grünkohl zerkleinern, ein Drittel der Zwiebeln hacken, die Rosinen stark zerkleinern, würzen, alles zusammen in Olivenöl zugedeckt 45 Min. dünsten.
Die restlichen Zwiebeln in Ringe schneiden, das Brot zerbröseln, beides salzen und in Butter leicht dünsten. Die Kartoffeln schälen und in dünne Scheiben schneiden. (Schalen verwertbar für eine Gemüsebrühe.)
Die Kartoffelscheiben in Salzwasser 10 Min. kochen. (Wasser verwertbar für eine Gemüsebrühe.)
In ein gebuttertes hitzebeständiges Gefäß zuerst die Kartoffeln geben, dann den Grünkohl, zuletzt die Zwiebeln mit den Bröseln, Butterflöckchen aufsetzen, backen.

Gemüseauflauf I

Gemüsebrühe (siehe S. 44)
1 Tasse Weizenschrot, aus getrockneten Körnern frisch gemahlen (siehe S. 55)
etwa 1/2 kg Gemüse, z. B. Karotten, grüne Bohnen, Blumenkohl, Kohlrabi
3 Eier, Butter
Parmesan, frisch gerieben
Thymian, frisch gemahlener Pfeffer

Backen: 30 bis 40 Min. bei 190 °C (Gasherd Stufe 3)

Den Weizenschrot mit 2 Tassen Gemüsebrühe 2 Std. quellen lassen.
Das Gemüse grob zerkleinern, in etwas Gemüsebrühe halb garen. (Brühe verwertbar, auch als Getränk geeignet.)
Schrot, Gemüse, Eier, Thymian, Salz und Pfeffer mischen, zusammen mit dem Gemüse in ein ausgebuttertes hitzebeständiges Gefäß geben, im vorgeheizten Backrohr backen, herausnehmen, die Hitze vergrößern, den Auflauf mit Parmesan bestreuen, weitere 5 Min. ins Backrohr geben.

Abwandlungsmöglichkeiten:

vor dem Backen Thunfisch (aus der Dose) zerkleinert untermengen; nach dem Backen mit feingehackten Kräutern, die mit gepreßtem Knoblauch gemischt sind, bestreuen.

Gemüseauflauf II

etwas Gemüsebrühe (siehe S. 44)
gekochter Naturreis (siehe S. 58)
vorbereitete Auberginenscheiben mit Schale (siehe S. 78)
Tomaten
Zwiebeln, Knoblauch
Eigelb
Joghurt
etwas Zitronensaft
kalt gepreßtes Olivenöl
Butter
Hartkäse (bevorzugt Gruyère)
frische Kräuter
Salz, frisch gemahlener Pfeffer

Backen: 35 Min. bei 210 °C (Gasherd Stufe 4)

Die Gemüsebrühe zu Sirup einkochen.
Die Auberginenscheiben gut abtrocknen, in etwas Öl braun anbraten, auf Küchenkrepp abtropfen lassen.
Die Tomaten schälen (siehe S. 68) und entkernen. (Reste verwertbar für eine Gemüsebrühe.)

Zwiebeln und Knoblauch grob zerkleinern, in leicht erhitztes Öl geben, glasig dünsten, auf Küchenkrepp abtropfen lassen.
Den Reis auf dem Boden eines ausgebutterten hitzebeständigen Gefäßes verteilen, Tomaten, Zwiebeln, Auberginen und Knoblauch daraufgeben, salzen und pfeffern.
Eigelb, Joghurt und Zitronensaft sanft mischen, gleichmäßig über den Auflauf gießen, mit geriebenem Käse bestreuen, im vorgeheizten Backrohr backen. Kurz vor dem Servieren mit feingehackten Kräutern bestreuen.

Gebratene Schwarzwurzeln

---

weißer Sud
(siehe S. 68)
Schwarzwurzeln
Butter
Zitronensaft
Petersilie
Salz
frisch gemahlener
Pfeffer

Die Schwarzwurzeln dünn schälen, sofort in mit Zitronensaft stark gesäuertes Wasser legen, in Stücke von etwa 5 cm Länge schneiden, im Sud etwa 2 Std. zugedeckt bei kleiner Hitze kochen (Bißprobe!); herausnehmen, abtropfen lassen, abtrocknen.
In einer Pfanne Butter ganz leicht bräunen, die Schwarzwurzeln hineingeben, salzen, pfeffern, goldbraun anbraten, mit frisch gehackter Petersilie bestreuen.

Abwandlungsmöglichkeiten:

die Petersilie mit gepreßtem Knoblauch mischen; in Butter hellbraun gebratene Zwiebelringe untermengen; zu Sirup eingedickte Gemüsebrühe darübergeben; Sahne beigeben und stark eindicken.

Gegrilltes Gemüse

Vorschläge zum Grillen unter dem Elektrogrill (nach der halben Garzeit wenden und die zweite Seite erst dann würzen):

1. Zwiebeln in Scheiben schneiden, mit Vollkornweizen bestäuben, mit kalt gepreßtem Olivenöl beträufeln.
2. Zucchini und vorbereitete Auberginen (siehe S. 78) in Scheiben schneiden, mit Zitronensaft beträufeln, pfeffern, mit Vollkornweizenmehl bestäuben, mit kalt gepreßtem Olivenöl beträufeln.
3. Paprikaschoten in Streifen schneiden, grillen, die Haut abziehen, mit Salz und frisch gemahlenem Pfeffer würzen.
4. Schalotten schälen, mit kochendem Wasser überbrühen, abtrocknen.
5. Blätter von Radiccio, nach dem Waschen abtrocknen, mit Öl beträufeln, mehrmals wenden, ganz zum Schluß salzen.
6. Kürbis entkernen und schälen, in 2 cm dicke Scheiben schneiden, mit einer Mischung aus zerlassener Butter und Salz bestreuen.
7. Junge Maiskolben in Salzwasser etwa 15 Min. kochen, abtrocknen, mit zerlassener Butter bestreichen, mehrmals wenden, ganz zuletzt mit Salz und Pfeffer würzen.
8. Steinpilze in 5 mm dicke Scheiben schneiden, mit einer Mischung aus zerlassener Butter und Salz bestreichen.
9. Kartoffeln schälen, in Scheiben schneiden, mit Butter bestreichen, salzen, mit Thymian bestreuen.

Rohe Kartoffeln kann man auch in der Schale an den Rand eines niedergebrannten Feuers legen, zuerst mit heißer Asche, dann mit Glut bedecken. Nach 25 Min. mit einer Stricknadel prüfen, ob sie gar sind. Die Kartoffeln aufspießen, die Asche mit Küchenkrepp abwischen, halbieren, salzen, mit Butterstückchen belegen.

Gebackenes Gemüse

speckige Kartoffeln, roh
Sellerieknolle
beliebiges Gemüse
Butter
Salz

Backen: 1 Std. bei 190 °C (Gasherd Stufe 3)

Die Kartoffeln und die Sellerieknolle schälen (Reste verwertbar für eine Gemüsebrühe), in Scheiben etwa gleicher Größe von 4 mm Dicke schneiden, zugedeckt in Butter kurz dünsten. Das Gemüse stark zerkleinern.
Ein hitzebeständiges Gefäß ausbuttern, die Gemüseteile sowie die Kartoffel- und Selleriescheiben abwechselnd hineinschichten, jede Schicht leicht salzen, mit Kartoffeln abschließen, Butterflöckchen aufsetzen, im vorgeheizten Backrohr backen.

Abwandlungsmöglichkeiten:

vor dem Ausbuttern die Form mit gepreßtem Knoblauch ausreiben; eine Schicht Apfel- oder Birnenscheiben einfügen; leicht gedünstete Paprikastreifen dazwischenlegen.

Glacierte Maronen

Gemüsebrühe (siehe S. 44)
Maronen
Butter
etwas Honig

Backen: 10 bis 15 Min. bei 200 °C (Gasherd Stufe 3 1/2); in die Backrohrtür einen Gabelstiel klemmen, damit die Tür nicht ganz schließt.

Die Maronen mehrmals kreuzweise einschneiden, auf ein befeuchtetes Backblech legen, im Backrohr backen (bis die Schale springt), die Schale und die braune Haut entfernen[1].
Butter in einer Pfanne erwärmen, die Maronen darin 2 Min. dünsten, Brühe zugießen, bis die Maronen gerade bedeckt sind, zudecken, 15 Min. kochen, aufdecken, etwa 15 Min. weiterkochen, bis fast alle Flüssigkeit verdampft ist, von der Wärmequelle nehmen, wenig Honig beigeben, umrühren.

Andere Möglichkeit: Die eingeschnittenen Maronen 10 Min. in Wasser kochen, dann die Schale und die braune Haut entfernen. Weitere Verarbeitung wie oben.

Abwandlungsmöglichkeit:

für Süßspeisen herben Wein statt Gemüsebrühe.

Maronenpüree

glacierte Maronen
(siehe links)
Butter,
zimmerwarm
Sahne

Die Maronen durch ein Haarsieb streichen (eventuell vorher durch die Kartoffelpresse drücken), mit Butter durchkneten, mit Sahne verdünnen.

Abwandlungsmöglichkeit:

Als Süßspeise (in Österreich Kastanienreis genannt):
mit Wein statt Gemüsebrühe (siehe oben), etwas Honig (und eventuell weißen Rum) untermengen, mit Schlagsahne garnieren.

[1] Wer diese Mühe scheut, kann fertig gebratene Maronen beim Maronenverkäufer erwerben. Diese lassen sich in der Regel leicht schälen.

KARTOFFELN

In Kartoffeln, die zu keimen begonnen haben, bilden sich giftige Stoffe. Wenn die Keime länger als 5 mm sind, sollten die Kartoffeln nicht mehr verwendet werden.

Kartoffeln mit grünen Stellen (Konzentration von Blattgrün) sollten aus demselben Grund weggeworfen werden.

Man verwende niemals Kartoffeln, die bereits am Vortag gekocht oder geschält worden sind. Auch bewahre man Kartoffelgerichte nicht bis zum nächsten Tag auf. Die gekochte Kartoffel ist ein hervorragender Nährboden für gefährliche Bakterien. Deren Zersetzungsprozesse können zu einer Lebensmittelvergiftung führen!

Geschmolzene Kartoffeln

speckige Kartoffeln, roh
Butter
Salz

Die Kartoffeln schälen, in 2 mm dicke Scheiben schneiden, abspülen, mit einem Tuch abtrocknen.
In einer sehr großen Pfanne Butter zerlassen, die Scheiben nebeneinander hineinlegen, salzen, zudecken, 30 Min. bei geringer Hitze dünsten, umdrehen, salzen, zudecken, weitere 30 Min. dünsten.
Während der ganzen Garzeit den Deckel nur einmal zum Umdrehen öffnen!

Apfelrösti

mehlige Kartoffeln, roh
etwa halb soviel Äpfel
Schalotten
kalt gepreßtes Olivenöl
Salz
frisch gemahlener Pfeffer

Die Kartoffeln schälen, in Würfel schneiden, abspülen, blanchieren (siehe S. 68). (Schalen verwertbar für eine Gemüsebrühe.)
Die Schalotten grob zerkleinern, mit den Kartoffelwürfeln in Öl goldgelb braten, mit Salz und Pfeffer würzen.
Die Äpfel schälen und entkernen, in kleine Würfel schneiden, den Kartoffeln beigeben und etwa 3 Min. mitbraten.

Abwandlungsmöglichkeiten:

mit feingehackter Petersilie bestreuen; etwas verschiedenfarbige Paprikaschoten fein hacken, blanchieren (siehe S. 68) und zum Schluß untermengen.

Geröstete Kartoffeln

speckige Kartoffeln,
roh oder gekocht
Zwiebeln
kalt gepreßtes Olivenöl
Petersilie
Salz

Die Kartoffeln schälen und in Scheiben schneiden.
Die Zwiebeln in Ringe schneiden, in leicht erhitztes Öl geben, glasig dünsten, die Kartoffeln beigeben, salzen, braun rösten, mit feingehackter Petersilie bestreuen.

Abwandlungsmöglichkeit:

gepreßten Knoblauch beigeben.

Brühkartoffeln

Gemüsebrühe (siehe S. 44)
mehlige Kartoffeln, roh
Karotten
Lauch, Sellerie
Petersilienwurzel
Grünzeug
(z. B. Selleriegrün, Spinat, Grünkohl)
Butter
Salz, frisch gemahlener Muskat
wenig Liebstöckel, frische Kräuter

Die Kartoffeln gut bürsten, die Augen herausschneiden, mit der Schale grob teilen und in der mit Salz und Muskat gewürzten Brühe fast bedeckt auf kleiner Hitze bißfest garen.
Karotten, Lauch, Sellerie und Grünzeug sehr fein schneiden und nach 15 Min. dazugeben, 5 Min. weitergaren.

Abwandlungsmöglichkeiten:

ein Lorbeerblatt und/oder Pfefferkörner mitkochen; mit Kümmel bestreuen.

Schweizer Rösti

mehlige Kartoffeln, roh
kalt gepreßtes Olivenöl
Salz
frisch gemahlener
Pfeffer

Nachbraten: 50 Min. bei 200 °C (Gasherd Stufe 3 1/2)

Die Kartoffeln schälen, zu dünnen Stiften raspeln, abspülen, mit einem Tuch abtrocknen. (Schalen verwertbar für eine Gemüsebrühe.)
Die Kartoffeln in etwas Öl mit Salz und frisch gemahlenem Pfeffer in einer Pfanne 2 Min. anbraten, wenden und 2 Min. weiterbraten, in einem feuerfesten Gefäß im Backrohr nachbraten.

Kartoffelgulasch

Gemüsebrühe (siehe S. 44)
speckige Kartoffeln, roh
Staudensellerie
rote und grüne Paprikaschoten
Zwiebeln, Butter
etwas Kapern
etwas Kümmel
scharfes Rosenpaprikapulver
Majoran
Salz, frisch gemahlener Pfeffer

Die Kartoffeln schälen, in Würfel schneiden und mit Kümmel in Gemüsebrühe zugedeckt 10 Min. kochen. (Schale verwertbar für eine Gemüsebrühe.)
Sellerie und Paprikaschoten fein schneiden, beigeben, weitere 10 Min. zugedeckt kochen.
Die Zwiebeln in Ringe schneiden, in leicht erhitzte Butter geben, leicht bräunen.
Die Kapern waschen, abtropfen lassen, fein hacken, beigeben.
Mit Rosenpaprikapulver, Salz und Pfeffer würzen.
Die Zwiebeln beigeben, mit feingeschnittenem Majoran bestreuen.

Saure Kartoffeln

Gemüsebrühe (siehe S. 44)
mehlige Kartoffeln, roh
speckige Kartoffeln, roh
(zu gleichen Teilen)
etwas Essig
Lorbeer
etwas Liebstöckel
Salz

Die mehligen Kartoffeln gut reinigen und samt Schale in Gemüsebrühe kochen, schälen, grob zerteilen, mit dem Rührstab in der Brühe pürieren.
Die speckigen Kartoffeln schälen (Schale verwertbar für eine Gemüsebrühe), grob zerteilen, mit dem Essig und den Gewürzen in der eingedickten Brühe weichkochen, das Lorbeerblatt entfernen.

Abwandlungsmöglichkeiten:

fein geraspelte Karotten mitkochen; mit gebräunten Zwiebeln oder feingehackten Kräutern bestreuen.

Kartoffeln mit Champignons

speckige Kartoffeln, roh
frische Zuchtchampignons
Butter
Zitronensaft
Salz
frisch gemahlener Pfeffer

Backen: 60 bis 80 Min. (je nach Dicke der Kartoffelscheiben auch mehr) bei 170 °C (Gasherd Stufe 2)

Die Champignons in dünne Scheiben schneiden, mit etwas Zitronensaft einreiben.
Die Kartoffeln schälen, in ganz dünne Scheiben schneiden, abspülen, mit einem Tuch abtrocknen. In einem ausgebutterten hitzebeständigen Gefäß abwechselnd Kartoffeln und Pilze aufschichten, mit Kartoffeln beginnen und abschließen, jede Lage Kartoffeln salzen und pfeffern, mit zerlassener Butter übergießen, im vorgeheizten Backrohr backen.

Abwandlungsmöglichkeit:

andere Pilze statt Champignons.

Kartoffeln und Birnen

Gemüsebrühe
(siehe S. 44)
kleine, speckige Kartoffeln
halb soviel kleine Zwiebeln
feste Birnen
Knoblauch
kalt gepreßtes Olivenöl
Rosmarin
Thymian
Salz
frisch gemahlener Pfeffer

Schmoren: 1 Std. bei 200 °C (Gasherd Stufe 3 1/2)

Die Gemüsebrühe stark einkochen.
Die Kartoffeln schälen, grob zerteilen, kleine Kartoffeln ganz lassen.
Die Zwiebeln schälen, ganz lassen.
Die Birnen schälen, vierteln, entkernen, alle harten Stellen entfernen.

Die Zwiebeln und Kartoffeln in Öl bräunen, die geschälten Knoblauchzehen unzerkleinert hineingeben, Birnen, Rosmarin und Thymian untermischen, mit Salz und frisch gemahlenem Pfeffer würzen, die Gemüsebrühe beigeben, in einem hitzebeständigen Gefäß im Backrohr zugedeckt dünsten, mehrmals umrühren.

Abwandlungsmöglichkeit:

mit Majoran bestreuen; Äpfel statt Birnen.

Kartoffelklößchen

700 g mehlige Kartoffeln, roh
125 g Weizenvollkornmehl, aus getrocknetem Getreide, frisch gemahlen (siehe S. 55)
25 g Gruyère oder Emmentaler, frisch gerieben
25 g Butter, zimmerwarm
1 Ei
1 Eigelb
Salz, frisch geriebener Muskat
frisch gemahlener Pfeffer

Die Kartoffeln gut waschen, in Gemüsebrühe kochen oder in Folie wickeln und im Backrohr garen, im heißen Zustand schälen, durch eine Kartoffelpresse drücken, mit Ei, Eigelb, Butter, Käse, Mehl und den Gewürzen zu einem glatten Teig kneten, abkühlen lassen, Klößchen formen.
In einem großen Topf Salzwasser zum Kochen bringen, darin die Klößchen 15 Min. sieden lassen, die aufsteigenden Klößchen herausnehmen und abtropfen lassen.

Gebackene Kartoffelklößchen

Kartoffelklößchen (siehe oben)
Gruyère, frisch gerieben
Butter

Backen: 7 Min. bei 250 °C (Gasherd Stufe 6)

Ein hitzebeständiges Gefäß ausbuttern, eine Schicht Klößchen hineingeben, Käse daraufstreuen, eine zweite Schicht

Klößchen darüberlegen, wieder mit Käse bestreuen, Butterflöckchen aufsetzen, im vorgeheizten Backrohr backen.

Abwandlungsmöglichkeiten:

braune Butter statt Butterflöckchen; das Gefäß mit gepreßtem Knoblauch und Butter ausreiben.

Gratin Dauphinois

Wählen Sie ein weites Gefäß, denn Gratins dürfen nicht sehr hoch sein.

---

1 kg speckige Kartoffeln, roh
etwas Butter
1 l Milch
Salz

Backen: 2 Std. bei 150 °C (Gasherd Stufe 1)

Die Kartoffeln schälen und in Wasser legen.
Die Butter in einem hitzebeständigen Gefäß im Backrohr bei 180 °C (Gasherd Stufe 2 1/2) 6 bis 7 Min. hellbraun werden lassen, das Gefäß herausnehmen, die Hitze auf 150 °C (Gasherd Stufe 1) reduzieren.
Die Kartoffeln in dünne Scheiben schneiden und möglichst dachziegelartig in die braune Butter legen, schichtweise kräftig salzen.
Milch darübergießen, bis die Kartoffeln gerade bedeckt sind, im Backrohr garen.

Abwandlungsmöglichkeiten:

eine Mittelschicht aus geriebenem Hartkäse (bevorzugt Gruyère) einfügen; eine Mittelschicht aus feingeriebenem getrocknetem Thymian einfügen; ein Viertel der Milch durch Sahne ersetzen; die Milch durch Gemüsebrühe ersetzen; getrocknete Steinpilze 2 Std. wässern und als Mittelschicht einziehen.

Gratin Savoyard

Wählen Sie ein weites Gefäß, denn Gratins dürfen nicht sehr hoch sein.

---

1 kg speckige Kartoffeln, roh
1/4 l Milch
1/8 l Sahne
2 Eier
200 g Gruyère
Knoblauch
Butter
Salz
frisch geriebener Muskat,
frisch gemahlener Pfeffer

Backen: 70 bis 80 Min. bei 180 °C (Gasherd Stufe 2 1/2)

Die Kartoffeln schälen und in Wasser legen.
Ein hitzebeständiges Gefäß mit gepreßtem Knoblauch ausreiben, ausbuttern.
Den Gruyère reiben.
Milch, Sahne, Eier, Salz und frisch gemahlenen Pfeffer gut verrühren.
Die Kartoffeln in dünne Scheiben schneiden.
Eine Schicht Kartoffeln in das Gefäß geben, kräftig salzen, mit frisch geriebenem Muskat und frisch gemahlenem Pfeffer bestreuen, eine Schicht Käse darüberstreuen, abwechselnd Kartoffeln und Käse ebenso weiterschichten, mit Käse abschließen.
Die Milch-Sahne-Eier-Mischung darübergießen, bis die obere Schicht Karoffeln gerade erreicht, aber nicht bedeckt ist.
Butterflöckchen aufsetzen, im vorgeheizten Backrohr backen, nach 30 Min. mit Alufolie bedecken.
Falls das Gratin nicht braun genug ist, in den letzten 10 Min. die Alufolie wieder entfernen.

Abwandlungsmöglichkeit:

die Hälfte des Gruyère durch geriebenen Parmesan ersetzen.

Gratinierte Kartoffeln mit Trüffeln

mehlige Kartoffeln, roh
schwarze Trüffel
(Stückchen aus der Dose)
1 Tasse Milch, 1 Tasse Sahne
Butter, Salz, frisch gemahlener Pfeffer

Gratinieren: 50 bis 60 Min. bei 200 °C (Gasherd Stufe 3 1/2)

Die geschälten Kartoffeln in dünne Scheiben hobeln. (Schalen verwertbar für eine Gemüsebrühe.)
Ein hitzebeständiges Gefäß ausbuttern, Kartoffeln und Trüffeln abwechselnd einlegen, die Kartoffelscheiben gut salzen und pfeffern.
Den Trüffelsaft aus der Dose mit Milch und Sahne vermischen, salzen, über die Kartoffeln gießen (sie sollten fast bedeckt sein), Butterflöckchen aufsetzen, im vorgeheizten Backrohr gratinieren (in der Endphase mit Alufolie bedecken).

Kartoffelpüree

mehlige Kartoffeln, roh
heiße Milch, Butter, nicht zuwenig Salz

Die Kartoffeln in einer Gemüsebrühe mitkochen, schälen, mit einem Handstampfer zerdrücken oder durch eine Kartoffelpresse drücken (keinesfalls rühren!), alle anderen Zutaten vorsichtig mit dem Kochlöffel untermengen.

Abwandlungsmöglichkeiten:

einen Teil der Milch durch Sahne ersetzen; die Milch durch Gemüsebrühe und saure Sahne ersetzen; mit frisch geriebenem Muskat würzen; etwas rohe Karotten raspeln und untermengen.

Kartoffelpüree mit Knoblauch

Kartoffelpüree (siehe links), erkaltet
Knoblauch, gepreßt
Eigelb
kalt gepreßtes Olivenöl
Zitronensaft
Salz, frisch gemahlener Pfeffer

Alle Zutaten ohne das Öl gut vermengen, nach und nach das Öl hineinarbeiten, bis das Püree geschmeidig ist.
Paßt gut zu gebratenem Fisch oder zu Salaten.

Kartoffellaibchen

mehlige Kartoffeln, roh
etwa halb soviel Quark
etwas Grieß, Ei
Rosinen
Mandeln, grob zerhackt
kalt gepreßtes Olivenöl
Butter, Salz

Die Kartoffeln in Salzwasser kochen, schälen und zerstampfen, auskühlen lassen.
Alle Zutaten – ausgenommen Butter und Öl – gut mischen, Laibchen formen.
Etwas Butter klären, etwas Öl beigeben.
Die Laibchen in dem Butter-Öl-Gemisch beidseitig goldgelb braten.

Wenn die Masse sehr weich ist, kann man sich mit nicht zu kleinen Ausstechformen behelfen: Man legt die Form in die heiße Pfanne, füllt die Masse mit einem Löffel ein, läßt sie anbacken und zieht dann die Form ab.

Dazu paßt Apfelmarmelade (siehe S. 221, eventuell weniger gesüßt).

Kartoffelsuppe

Tomaten

Sebastian Kneipp: »So sollt ihr leben«

»Wer aber ihren Wert erkennt und sich zunutze zu machen weiß, wird sie gewiß nicht gering achten.«

Gemüse Kartoffeln

Buschbohnen

Speisekartoffeln

Geschmorte Pilze

Pfifferlinge

Steinpilze

Sebastian Kneipp: »So sollt ihr leben«

»Wer die ganze Schöpfung recht betrachtet, dessen Bewunderung wird sich immer mehr steigern. Er wird aber auch klar erkennen, daß alles in der Schöpfung die Bestimmung hat, dem Menschen zu dienen.«

Pilze

Variationen von gefüllten Eiern

Eierspeisen

Freilebende Landhühner

Das Ei ist zwar ein hochwertiges Nahrungsmittel, hat aber leider auch einen sehr hohen Cholesteringehalt (ca. 270 mg/Ei). Das sollten vor allem Menschen mit einem erhöhten Cholesterinspiegel beachten!

Sebastian Kneipp: »So sollt ihr leben«

»In Betreff der aus Eiern bereiteten Kost sind die Ansichten geteilt.«

Pizza alla marinara

Artischoke

Thymian

Sebastian Kneipp: »So sollt ihr leben«

»Je nahrhafter die Kost ist, um so kleiner die Portion. Man vermeide endlich, was der Natur nicht gut ist, dann darf man auf Gesundheit, Kraft und Ausdauer rechnen.«

Pizza con il tonno

Pizza

Kartoffelküchlein

Kartoffelpüree (siehe S. 96)
nicht zuwenig Weizenvollkornmehl,
aus getrocknetem Getreide
frisch gemahlen (siehe S. 55)
Sahne
Eier
kalt gepreßtes Olivenöl
Butter
Salz, frisch geriebener Muskat
frisch gemahlener Pfeffer

Aus allen Zutaten – ausgenommen Butter und Öl – vorsichtig einen Teig rühren, 2 Std. ruhen lassen, Küchlein formen.
Etwas Butter klären, etwas Öl beigeben.
Die Küchlein in dem Butter-Öl-Gemisch beidseitig goldgelb braten.

Wenn die Masse sehr weich ist, kann man sich mit nicht zu kleinen Ausstechformen behelfen: Man legt die Form in die heiße Pfanne, füllt die Masse mit einem Löffel ein, läßt sie anbacken und zieht dann die Form ab.

Abwandlungsmöglichkeiten:

feingehackte Kräuter untermengen; etwas Knoblauch in die Butter pressen; in getrockneten Vollkornbröseln oder Hefeflocken wenden.

Folienkartoffeln

gleich große Kartoffeln, roh
kalt gepreßtes Olivenöl
Rosmarin
Thymian
scharfes Rosenpaprikapulver
Salz

Backen: 40 bis 45 Min. bei 260 °C (Gasherd Stufe 6 1/2)

Die Kartoffeln gründlich abbürsten, alle Augen ausstechen, mit einem Zahnstocher mehrmals einstechen.
Die anderen Zutaten mischen, die Kartoffeln damit einreiben, nicht zu fest in Folie wickeln, im vorgeheizten Backrohr backen.
Die Kartoffeln auswickeln, oben kreuzweise einschneiden und etwas auseinanderziehen.

Vorschläge zum Füllen:

1. saure Sahne mit Schnittlauch;
2. Eigelb und Sahne mit einem Teil der noch heißen Kartoffelmasse gut mischen, leicht salzen;
3. Magerquark mit viel Kümmel;
4. Würzbutter (siehe S. 121 ff.).

Gefüllte Kartoffeln

Folienkartoffeln (siehe links)
Magerquark
Sahne, Eigelb
Knoblauch, Schnittlauch
Kümmel
Salz, frisch gemahlener Pfeffer

Überbacken: 15 Min. bei 250 °C (Gasherd Stufe 6)

Die Kartoffeln bis auf einen Rand von 1/2 cm aushöhlen, innen salzen und pfeffern, mit Kümmel bestreuen.
Die beim Aushöhlen gewonnene Kartoffelmasse mit Quark, Sahne, Eigelb, gepreßtem Knoblauch und feingeschnittenem Schnittlauch zu einem Teig kneten, damit die Kartoffeln füllen (mit einem Spritzbeutel sieht es schöner aus), im vorgeheizten Backrohr überbacken.

Abwandlungsmöglichkeiten:

Mirepoix (siehe S. 75) untermischen; andere Kräuter statt Schnittlauch.

Anchoviskartoffeln

speckige Kartoffeln, roh
Anchovisfilets (aus der Dose)
Zwiebeln
Sahne
Milch
Butter
getrocknetes Vollkornbrot
Salz, frisch gemahlener Pfeffer

Backen: 40 Min. bei 250 °C (Gasherd Stufe 6)

Die Kartoffeln schälen und in Wasser legen.
Die Zwiebeln fein schneiden, in leicht erhitzte Butter geben, glasig dünsten, in ein hitzebeständiges Gefäß geben.
Die Filets unter fließendem Wasser abspülen, abtropfen lassen, grob schneiden, auf den Zwiebeln verteilen.
Die Kartoffeln in hauchdünne Scheiben schneiden, auf die Filets legen, schichtweise salzen und pfeffern.
Die Sahne mit etwas Milch verdünnen, so über die Kartoffeln gießen, daß sie nicht ganz bedeckt sind.
Das Vollkornbrot zerkrümeln, darüberstreuen, Butterflöckchen aufsetzen, im vorgeheizten Backrohr goldgelb backen.

Schupfnudeln

500 g mehlige Kartoffeln, roh
500 g Weizenvollkornmehl, aus getrockneten Körnern frisch gemahlen (siehe s. 55)
1 Ei
Salz, frisch geriebener Muskat

Die Kartoffeln kochen, schälen und durch eine Kartoffelpresse drücken, dann alle Zutaten zu einem festen Teig kneten, auf einer bemehlten Arbeitsfläche fingerlange und finderdicke Würstchen formen, in kochendes Salzwasser geben, nach dem Aufschwimmen mit dem Schaumlöffel herausnehmen und zum Trocknen auslegen.
Man kann die Schupfnudeln »nackt« verwenden oder in einem Butter-Öl-Gemisch braun anbraten.

Abwandlungsmöglichkeiten:

mit feingehackter Petersilie bestreuen; frisch zerdrückte Mohnkörner sowie Vollrohrzucker untermengen und mit leicht gebräunter Butter übergießen.

Kartoffelgemüse

Gemüsebrühe (siehe S. 44)
mehlige Kartoffeln, gekocht
Weizenschrot, frisch geschrotet (siehe S. 55)
saure Sahne
Butter
viel Petersilie
Salz
frisch gemahlener Pfeffer
frisch geriebener Muskat

Den Weizenschrot in Butter leicht anrösten, mit etwas kalter Gemüsebrühe ablöschen, glattrühren, mit Gemüsebrühe zu einer leicht dicklichen Sauce aufgießen.
Die Kartoffel schälen, in dünne Scheiben schneiden, in der Sauce kurz aufkochen, würzen.
Die saure Sahne hineinrühren, aber nicht mehr aufkochen. Mit feingehackter Petersilie bestreuen.

Abwandlungsmöglichkeit:

etwas Essig beigeben; den Weizenschrot bis zum Bräunen anrösten.

Kartoffelsalat

Siehe S. 32.

PILZE

Alle Pilze haben die unangenehme Eigenschaft, sich mit Schwermetallen (auch mit radioaktiven!) anzureichern – vor allem mit dem gefährlichen Cadmium. Deshalb sollte man keinesfalls mehr als ein Pilzgericht in der Woche essen.

Auffallend wenig Schwermetalle befinden sich in Zuchtchampignons und in gezüchteten Austernpilzen. Diese sind also die gesündesten Pilze.
Wer selbst Pilze sammelt, sollte sich eisern an ein paar Regeln halten:

1. *Sammeln Sie nur Pilze, die Sie ganz sicher kennen!*
2. *Verzichten Sie auf die wildwachsenden Champignons, wenn Sie sie nicht ganz sicher von Knollenblätterpilzen unterscheiden können.*
3. *Röhrenpilze sind fast alle eßbar. Die zwei wichtigsten Ausnahmen müssen Sie sich merken:*
   Der Satanspilz ist giftig, den sollten Sie kennen!
   Der Bitterröhrling (Bitterling) ist zwar nicht giftig, aber er verdirbt Ihnen jedes Pilzgericht. Man erkennt ihn durch Bißprobe an seinem bitteren Geschmack.
4. *Lassen Sie alle alten Pilze stehen.*
5. *Schneiden Sie die Pilze mit einem Messer ab.*
6. *Säubern Sie Ihre Ernte bereits im Wald. Es ist wichtig, alle madigen Stellen sofort zu entfernen, sonst fressen sich die Maden weiter durch.*
7. *Transportieren Sie die Pilze locker gelagert in einem Korb, keinesfalls in einem Plastiksack.*
8. *Waschen Sie die Pilze nur ganz kurz (oder wenn möglich gar nicht); sie saugen sonst viel Wasser auf.*
9. *Essen Sie die Pilze am Tag des Sammelns.*
10. *Pilzgerichte dürfen niemals aufbewahrt und dann wieder aufgewärmt werden. (Das Eiweiß zersetzt sich allzu rasch!)*

Gebratene Pilze

Pilze
Butter
Petersilie, Salz

Die Pilze säubern und zähe Stiele entfernen. Die Pilze zerkleinern, in einer möglichst großen Pfanne in wenig Butter andünsten, zugedeckt weiterdünsten (etwa 15 Min.), bis sie fast weich sind, salzen.
Den Deckel entfernen und die Hitze vergrößern, damit alle Flüssigkeit verdunstet und die Pilze in der Butter braun anbraten.
Mit feingehackter Petersilie bestreuen.

Abwandlungsmöglichkeiten:

mit Zitronensaft leicht säuern, in der Bräunungsphase ein Ei hineinrühren; kleingeschnittene Zwiebeln und/oder Knoblauch mitdünsten; statt Petersilie z. B. frische Thymianblättchen; statt Kräutern etwas wilde Peperoni mitdünsten.

Geschmorte Pilze

Pilze
Butter oder
kalt gepreßtes Öl
Knoblauch
Sahne oder Crème fraîche
frische Kräuter
Salz
frisch gemahlener Pfeffer

Die Pilze säubern und zähe Stiele entfernen, zerkleinern. In einer möglichst großen Pfanne in etwas Fett andünsten, zugedeckt weiterdünsten, bis sie Wasser gezogen haben, salzen, pfeffern. Sahne oder Crème fraîche untermischen, zugedeckt weiterdünsten (etwa 15 Min.), bis die Pilze fast weich sind.
Den Deckel entfernen und die Hitze vergrößern, damit die Sauce etwas eindickt, mit feingehackten Kräutern bestreuen.

Abwandlungsmöglichkeiten:

etwas Cognac beigeben; zusammen mit Gemüse schmoren (zum Beispiel Auberginen, Lauch, geschälte und entkernte Tomaten (siehe S. 68).

Panierte Pilze

Parasolpilze
Ei
Vollkornbrösel
kalt gepreßtes Olivenöl
Butter
Salz, frisch gemahlener Pfeffer

Die Pilze säubern, Stiele entfernen.
Ei mit Salz und Pfeffer mit dem Schneebesen schlagen, die Pilze darin eintauchen und in den Vollkornbröseln wälzen.
Etwas Butter klären, etwas Öl beigeben.
Die Pilze in dem Butter-Öl-Gemisch beidseitig braun braten.

Champignonauflauf

500 g frische Zuchtchampignons
150 g Gruyère
2 Eier
1/4 l Sahne
Schalotten
Butter
Zitronensaft
Salz
frisch geriebener Muskat,
frisch gemahlener Pfeffer

Backen: 40 Min. bei 200 °C (Gasherd Stufe 3 1/2)

Die Schalotten ganz fein hacken, in Butter glasig dünsten.
Die Champignons in 2 mm dicke Scheiben schneiden, mit den Schalotten, Zitronensaft, Salz und Pfeffer 10 Min. zugedeckt dünsten, aufdecken, 5 Min. weiterdünsten.
Den Gruyère reiben, mit Sahne, Eiern, Pfeffer und Muskat gut mischen.
Die Champignons in ein ausgebuttertes hitzebeständiges Gefäß geben, mit der Käsemischung übergießen, Butterflöckchen aufsetzen, im vorgeheizten Backrohr backen.

Abwandlungsmöglichkeiten:

andere Pilze statt Champignons; wenig milde Peperoni mitdünsten.

Variationen von Champignons

1. In einer Marinade aus Gemüsebrühe (siehe S. 44), Essig, kalt gepreßtem Olivenöl, Knoblauch, Lorbeer und Thymian 10 Min. kochen, im Sud auskühlen lassen, den Sud durch ein Haarsieb seihen, über die Champignons gießen.
2. Große Köpfe dünsten oder in Gemüsebrühe (siehe S. 44) kochen, mit Thunfischsauce (siehe S. 115) füllen, mit Vinaigrette (siehe S. 38) übergießen.
3. Gedünstete Köpfe mit Rührei füllen (siehe S. 126).
4. In Butter und Zitronensaft dünsten, mit Salz und frisch gemahlenem Pfeffer würzen.
5. Auf dem Rost im Backrohr braten, mit Salz und frisch gemahlenem Pfeffer würzen.

Champignonpüree
(Duxelles)

---

frische Zuchtchampignons
Schalotten
reichlich Butter
etwas Tomatenmark
etwas Zitronensaft
Salz, frisch gemahlener Pfeffer

Die Champignons im Fleischwolf stark zerkleinern, in einem Küchentuch kräftig auspressen.
Die Schalotten fein hacken, in leicht erhitzte Butter geben, glasig dünsten, die Champignons mitdünsten (eventuell weitere Butter beigeben), bei etwas größerer Hitze 5 Min. braten, mit Tomatenmark, Zitronensaft, Salz und Pfeffer würzen.

Mit Champignonpüree können Sie auch Saucen verfeinern.

Champignonsauce

Siehe S. 109 f.

Morchelsauce

Siehe S. 110.

Trüffelsauce

Siehe S. 111

Raum für eigene Variationen und persönliche Anmerkungen:

SAUCEN

Wie kann man Saucen eindicken?

1. Das Geheimnis aller guten Saucen ist das starke **Einkochen** (Reduzieren). Sie kochen die Sauce am besten in einer großen, flachen Pfanne lange bei großer Hitze ein.
   Frische Kräuter geben Sie prinzipiell nach dem Einkochen in die Sauce und kochen sie höchstens 1 Minute mit.
2. Einen besonderen Wohlgeschmack verleihen Sie der Sauce, wenn Sie nicht zuwenig Gemüsebrühe (siehe S. 44) – am besten in einem weiten Gefäß – zu Sirup einkochen und zur reduzierten Sauce geben.
3. Wem der Fettgehalt nichts ausmacht, der kann ungewöhnlich gute Saucen durch Beigabe von Sahne erhalten. Nehmen Sie etwa gleich viel Sahne wie Saucengrundlage; geben Sie die Sahne aber in kleinen Portionen bei und reduzieren Sie die Sauce jeweils dazwischen.
   Statt Sahne können Sie je nach Sauce auch saure Sahne oder Crème fraîche verwenden. Sahne und Crème fraîche lassen sich auch gut mischen.
   Kurz vor dem Servieren können Sie eine Sauce mit steifgeschlagener Schlagsahne krönen, die Sie mit dem Schneebesen ganz leicht unterheben (nicht mehr erhitzen!).
4. Besonders sämig wird eine bereits reduzierte Sauce, wenn Sie im Wasserbad nach und nach gefrorene Stücken von Butter mit dem Schneebesen hineinschlagen.
5. Saucen könen Sie auch mit **Eigelb** binden (legieren): Nehmen Sie die Sauce vom Herd, verrühren Sie eine kleine Menge separat mit dem Eigelb und rühren Sie die Mischung mit dem Schneebesen in die Sauce.
   Sie können das Eigelb auch vorher mit etwas Sahne mischen.
6. Saucen lassen sich auch sehr gut mit Gemüsepüree eindicken. Kochen Sie das Gemüsepüree separat (siehe S. 75) und geben Sie es zum Schluß in die reduzierte Sauce. Besonders geeignet ist Püree aus Schalotten oder Zwiebeln, die in etwas Gemüsebrühe gedünstet wurden.
   Man kann zum Gemüsepüree auch das Wurzelgemüse verwenden, das in einer Gemüsebrühe mitgekocht worden ist.
7. Bei vielen Saucen eignen sich auch geriebene Nüsse oder mit etwas Sahne pürierte Pinienkerne zum Eindicken.
8. Man könnte Saucen auch mit Mehlschwitze (aus vollem Korn), Reismehl oder Maisgrieß eindicken. Nach meiner Meinung sind die auf diese Weise eingedickten Saucen allen anderen im Geschmack weit unterlegen.

Wenn nicht anders angegeben, passen alle in diesem Kochbuch angeführten Saucen zu Getreide- und Kartoffelgerichten – ausgenommen die süßen Saucen.

Leichte Sauce
(warm)

Gemüsebrühe
(siehe S. 44)
ganz wenig Sahne
und/oder Crème fraîche
etwas Eigelb
Salz

Die Gemüsebrühe stark einkochen, bis fast keine Flüssigkeit mehr da ist, Sahne und/oder Crème fraîche beigeben, wieder stark einkochen, vom Herd nehmen, das Eigelb vorsichtig unterrühren, leicht salzen, sofort servieren.

Abwandlungsmöglichkeiten:

etwas herben Wein mit einkochen, wenig Gemüsepüree beigeben.

Wird die Sauce zu Fisch gereicht: rohen Fisch mit Sahne pürieren und kurze Zeit miterhitzen.

Einfache Kräutersauce
(warm)

Gemüsebrühe
(siehe S. 44)
etwas Sahne
reichlich frische Kräuter
Salz
frisch gemahlener
Pfeffer

Brühe und Sahne mit Salz und frisch gemahlenem Pfeffer stark einkochen, die Kräuter zum Schluß 1 Min. mitkochen.

Abwandlungsmöglichkeiten:

etwas Butter statt Sahne unterziehen; mit etwas Zitronensaft würzen.

Grüne Sauce I (kalt)

Magerquark
Joghurt, Eigelb
Zitronensaft
Sonnenblumenöl
viel frische Kräuter
(z. B. Schnittlauch, Petersilie, Dill,
Estragon, Borretsch, Kerbel,
Sauerampfer, Gänsefingerkraut,
Brunnenkresse, Löwenzahn ...)

Den Quark durch ein Haarsieb passieren, die Kräuter fein hacken.
Alle Zutaten gut mischen.

Grüne Sauce II (kalt)

reichlich Brunnenkresse
Crème fraîche
Sahne
etwas Zitronensaft
Salz, frisch gemahlener Pfeffer

Einige Blätter der Kresse beiseite stellen.
Die Brunnenkresse grob zerkleinern, kurz blanchieren (siehe S. 68), mit etwas Wasser (oder Gemüsebrühe, siehe S. 44) zusammen mit den zur Seite gestellten unblanchierten Blättern im Mixer pürieren, durch ein Haarsieb passieren. (Reste verwertbar für eine Gemüsebrühe.)
Das Püree erneut in ein Haarsieb gießen, und was im Sieb bleibt, mit Crème fraîche, Zitronensaft, Salz und frisch gemahlenem Pfeffer vermischen. (Saft verwertbar für eine Gemüsebrühe.)
Die Sahne steifschlagen und vorsichtig unterheben.

Abwandlungsmöglichkeiten:

Sauerampfer und/oder Löwenzahn statt Brunnenkresse; mit Brunnenkresseblättern garnieren.

Grüne Sauce III (kalt)

reichlich Petersilie, reichlich Brunnenkresse
1 Eigelb, zimmerwarm
etwas Balsamessig (oder anderer vorzüglicher Essig)
etwas scharfer Senf (bevorzugt Dijon-Senf)
reichlich kalt gepreßtes Olivenöl

Die Kräuter fein hacken, im Mixer pürieren, in einem Tuch ausdrücken. (Reste verwertbar für eine Gemüsebrühe.)
Eigelb, Essig und Senf im Mixer schaumigschlagen, das Öl tropfenweise dazugeben, bis die Masse dick wird, dann den Saft daruntermixen.

Abwandlungsmöglichkeit:

junge Brennesseln oder Spinat statt Petersilie.

Paßt gut zu Spargel oder zu kaltem, pochiertem Fischfilet.

Grüne Sauce IV (kalt)

etwas Gemüsebrühe (siehe S. 44)
frische Kräuter (z. B. Borretsch, Kerbel, Basilikum, Petersilie ...)
Knoblauch
getrocknetes Vollkornbrot
1 bis 2 Sardellen
Salz
frisch gemahlener Pfeffer

Die Sardellen wässern, abtropfen lassen.
Die Kräuter fein hacken.
Das Vollkornbrot ohne Rinde reiben.
Alle Zutaten im Mixer pürieren.

Kräutersauce zu pochiertem Fisch (warm)

frische Kräuter (z. B. Borretsch, Kerbel, Basilikum, Petersilie ...)
Spinat
300 g Joghurt
200 g Butter
3 Eier
etwas Fischfond (siehe S. 155)
Salz, frisch gemahlener Pfeffer, Zitronensaft

Die Butter klären, erkalten lassen.
Kräuter und Spinat fein hacken.
Alle Zutaten – ausgenommen die Butter – im Mixer pürieren, durch ein Haarsieb passieren. Die Sauce im Wasserbad aufschlagen, in kleinen Portionen die zerlassene Butter hinzugeben.

Genueser Sauce (kalt)

reichlich frisches Basilikum
Parmesan
Knoblauch
nicht zuviel Pinienkerne
kalt gepreßtes Olivenöl
Salz, frisch gemahlener Pfeffer

Das Basilikum grob hacken, alle Zutaten im Mixer gut mischen.
Die Sauce soll dickflüssig sein: eventuell mit Öl verdünnen oder mit Parmesan eindicken.

Abwandlungsmöglichkeiten:

zur Not das Basilikum bis zur Hälfte durch Petersilie ersetzen; grob zerkleinerte Walnüsse oder geschälte Mandeln statt Pinienkerne.

Paßt gut zu Teigwaren, Kartoffelklößchen oder Grießklößchen, auch zu Polenta und Reis.

Dillsauce (kalt)

etwas scharfer Senf (bevorzugt Dijon-Senf)
etwas Honig
etwas Weinessig
kalt gepreßtes Olivenöl
reichlich Dill
Salz, frisch gemahlener Pfeffer

Senf, Honig und Essig gut verrühren, das Öl in kleinen Portionen beigeben und jeweils kräftig schlagen, mit Salz und frisch gemahlenem Pfeffer würzen, den Dill fein hacken und untermischen.

Frankfurter Grüne Sauce (kalt) (Eine Lieblingsspeise Goethes)

pro Person 2 Eier
reichlich Dill
sehr viel Kerbel
reichlich Pimpernelle
reichlich Sauerampfer
Estragon
Petersilie
etwas Zitronenmelisse
ganz wenig Liebstöckel
Weinessig, Sonnenblumenöl
etwas Honig
Salz

Die Eier 8 Min. kochen; die Eigelbe durch ein Haarsieb passieren, das Eiweiß ganz fein hacken.
Die Eigelbe mit Essig und Salz gut verrühren, nach und nach Öl und Honig mit einer Gabel hineinschlagen, bis eine dickliche Sauce entsteht, das Eiweiß darunterrühren.
Die Kräuter nach dem Waschen in der Salatschleuder trocknen, sorgfältig entstielen, ganz fein hacken, unter die Sauce mischen, mit Essig und Salz abschmecken.

Abwandlungsmöglichkeit:

weitere Kräuter dazunehmen.

Paßt gut zu gekochten Kartoffeln oder zu kaltem Gemüse (z. B. Artischocken, Spargel).

Estragonsauce I (kalt)

reichlich Estragon
Knoblauch
kalt gepreßtes Olivenöl

Den Estragon fein hacken, mit Knoblauch und Olivenöl im Mixer pürieren. Hält sich im Kühlschrank einige Zeit.

Abwandlungsmöglichkeit:

Basilikum statt Estragon; auch beides gemischt.

Estragonsauce II (warm)

etwas Gemüsebrühe (siehe S. 44)
reichlich Estragon
Schalotten, Butter, Sahne
etwas herber Weißwein
etwas Weißweinessig
Salz, frisch gemahlener weißer Pfeffer

Die Gemüsebrühe stark einkochen.
Die Schalotten fein hacken, in leicht erhitzte Butter geben, glasig dünsten, mit Gemüsebrühe, Essig und Wein stark einkochen, bis fast keine Flüssigkeit mehr vorhanden ist, Sahne beigeben, erneut stark einkochen.
Den Estragon fein hacken, 1 Min. (!) in der Sauce köcheln, mit Salz und frisch gemahlenem Pfeffer würzen.

Abwandlungsmöglichkeit:

etwas trockenen Sherry oder Cognac am Schluß beigeben.

Sauerampfersauce zu pochiertem Fisch
(warm)

Sauerampfer
Schalotten
Fischfond (siehe S. 155)[1]
herber Weißwein[1]
herber Wermut
(z. B. Noilly Prat)[1]
Sahne[1]
Salz
frisch gemahlener
weißer Pfeffer

Die Schalotten fein hacken, in Fischfond geben, diesen mit Wein und Wermut zu Sirup einkochen, durch ein Haarsieb seihen, mit der Sahne stark einkochen, bis die Sauce bräunlichdick ist.
Den Sauerampfer in Streifen schneiden, 2 Sek. in kochendes Wasser tauchen, abtropfen lassen, in die Sauce geben, mit Salz und Pfeffer abschmecken.

Estragon-Gemüse-Sauce
(warm)

Gemüsebrühe (siehe S. 44)
Kohlrabi
Karotte
etwas Sellerie
Zwiebel
Sahne
reichlich frischer Estragon
etwas Zitronensaft
Salz
frisch gemahlener Pfeffer
etwas scharfer Senf
(bevorzugt Dijon-Senf)

Kohlrabi, Karotte, Sellerie und Zwiebel stark zerkleinern und in Butter leicht dünsten, mit Gemüsebrühe und Sahne weichkochen, alles im Mixer oder mit dem Mixstab pürieren, mit Sahne oder Gemüsebrühe auf die gewünschte Konsistenz verdünnen, mit Zitronensaft, Salz, Pfeffer und Senf würzen, erwärmen, den feingehackten Estragon untermengen, 1 Min. (!) köcheln.

Abwandlungsmöglichkeiten:

Reste von Wurzelgemüse aus einer Gemüsebrühe statt frischem Gemüse; etwas trockenen Weißwein und etwas trockenen Sherry mitkochen; Kerbel und/oder Brunnenkresse statt Estragon.

Tomatensauce I (kalt)

Tomaten
Zwiebeln, fein gehackt
Knoblauch, gepreßt
Oregano (getrocknet)
Basilikum (frisch)
kalt gepreßtes
Olivenöl
Parmesan, Salz

Die Tomaten schälen (siehe S. 68) und entkernen, grob zerkleinern. (Reste verwertbar für eine Gemüsebrühe.)
Den Oregano zerreiben, das Basilikum fein schneiden.
Alle Zutaten – außer dem Parmesan – gut mischen, zudecken, 2 Std. ziehen lassen.
Mit frisch geriebenem Parmesan bestreuen.

Abwandlungsmöglichkeiten:

feingeschnittenen Lauch beimengen; mit Joghurt und/oder saurer Sahne mischen; mit Zitronenmelisse garnieren.

[1] zu gleichen Teilen

Süße Tomatensauce
(warm)

Gemüsebrühe (siehe S. 44)
Tomaten
Zwiebeln
Ahornsirup
geriebene Haselnüsse
kalt gepreßtes Olivenöl
Salz, Zitronensaft

Die Tomaten schälen (siehe S. 68) und entkernen. (Reste verwertbar für eine Gemüsebrühe.) Das Tomatenfleisch grob zerkleinern.
Das Öl erwärmen, die zerkleinerten Zwiebeln darin glasig dünsten, die Tomaten hineingeben, würzen und umrühren.
Bei geringer Hitze lange dünsten, pürieren, die Nüsse unterziehen, mit etwas Brühe verdünnen, wieder erwärmen, von der Wärmequelle nehmen, mit Ahornsirup leicht süßen.

Abwandlungsmöglichkeiten:

Walnüsse, Mandeln oder Pinienkerne statt Haselnüsse.

Paßt gut zu Bratkartoffeln.

Tomatensauce II (warm)

Gemüsebrühe (siehe S. 44)
Tomaten
Zwiebeln
Knoblauch
kalt gepreßtes Olivenöl
etwas Honig
Thymianzweig
Lorbeer
Weinessig
Salz
frisch gemahlener Pfeffer

Die Tomaten schälen (siehe S. 68) und entkernen. (Reste verwertbar für eine Gemüsebrühe.)

Zwiebeln und Knoblauch fein hacken, in leicht erhitztes Öl geben, glasig dünsten, Tomaten Thymianzweig, Lorbeer, Essig, Salz und Pfeffer beigeben, mindestens 30 Min. zugedeckt dünsten.

Thymian und Lorbeer entfernen, mit dem Rührstab pürieren, mit Gemüsebrühe auf die gewünschte Konsistenz verdünnen, zudecken, 30 Min. weiterdünsten, von der Wärmequelle nehmen, Honig beigeben, umrühren.

Abwandlungsmöglichkeiten:

Mirepoix (siehe S. 75) mitpürieren;
Sardellenfilets mitpürieren;
zum Schluß 1 Min. lang feingehacktes Basilikum mitdünsten;
Sahne beigeben;
mit Tomatenmark dunkler färben;
frisch geriebenen Parmesan ganz zum Schluß untermengen;
mit Gemüsebrühe zu Tomatensuppe verdünnen;
mit ganz wenig Zimt würzen oder ein kleines Stück Stangenzimt mitkochen und dann entfernen.

Champignonsauce I
(warm)

Gemüsebrühe
(siehe S. 44)
Champignonpüree
(siehe S. 101)
herber
Weißwein
Petersilie
Kerbel
Estragon
Salz

Die Gemüsebrühe stark einkochen, die Kräuter fein hacken, alle Zutaten 1 Min. kochen.

Champignonsauce II
(warm)

reichlich frische Zuchtchampignons
herber Weißwein
Sahne
Schale einer ungespritzten Zitrone
Salz
frisch gemahlener Pfeffer
wenig gemahlener Koriander

Die Champignons grob zerkleinern, in Butter und Weißwein dünsten, mit Sahne einkochen, mit Zitronenschale, Salz, Pfeffer und Koriander abschmecken, mit dem Mixstab pürieren.

Abwandlungsmöglichkeit:

Sahne beigeben.

Paßt gut zu Teigwaren.

Bologneser Sauce
(warm)

Gemüsebrühe (siehe S. 44)
mageres Rindfleisch

Zwiebeln, Karotten,
Staudensellerie
(zu gleichen Teilen)

herber Weißwein
Tomatenmark
Butter
kalt gepreßtes Olivenöl
Salz, frisch geriebener Muskat
frisch gemahlener Pfeffer

Zwiebeln, Karotten und Staudensellerie ganz fein hacken, in Butter leicht bräunen, beiseite stellen.

Das Fleisch von allen Sehnen und allem Fett befreien, zweimal durch den Fleischwolf drehen, in Öl anbraten, oft umrühren, Wein, Gemüsebrühe, das gebräunte Gemüse, Tomatenmark und Gewürze beigeben, zudecken, 20 Min. dünsten, aufdecken, 20 Min. weiterdünsten, bis fast alle Flüssigkeit verdampft ist.

Morchelsauce
(warm)

getrocknete Morcheln[1]
Crème fraîche
Sahne
Salz
etwas Zitronensaft

Die Morcheln in Wasser mehrere Stunden einweichen. Das Einweichwasser filtern.
Die Morcheln mehrmals gründlich waschen, bis alle Sandreste entfernt sind, lange Stiele abschneiden, große Morcheln zerkleinern.
Die Morcheln im gefilterten Einweichwasser 5 Min. kochen, dann herausnehmen, Sud noch einmal filtern.
Eine kleine Menge Sud einkochen, etwas Crème fraîche dazugeben, einkochen, weiteren Sud dazu, einkochen, wieder Crème fraîche dazu, einkochen – bis eine dicke Sauce entsteht, würzen.
Die Morcheln in der Sauce erwärmen.
Die Sahne steifschlagen und neben der Wärmequelle vorsichtig in die Sauce rühren.

Abwandlungsmöglichkeiten:

etwas Fleischextrakt dazu; mit Cognac, trockenem Wermut oder trockenem Sherry abschmecken.

Paßt gut zu Reis, auch zu Huhn, Kalb und Rind.

[1] Die sogenannten »Chinesischen Morcheln« sind für dieses Rezept nicht geeignet.

Trüffelsauce

Gemüsebrühe
(siehe S. 44)
Trüffelstücke (aus der Dose)
Schalotte
Butter
Thymian
Lorbeer
Salz
frisch gemahlener
Pfeffer

Die Schalotte fein hacken, in Butter leicht dünsten, mit Thymian und zerriebenem Lorbeer kurz weiterdünsten, mit Gemüsebrühe ablöschen, durch ein Haarsieb in eine Pfanne seihen, den Trüffelsaft aus der Dose beigeben, weiter einkochen, mit Salz und Pfeffer würzen.
Die Trüffeln fein hacken, in die Sauce geben.

Abwandlungsmöglichkeit:

etwas Madeira vor dem Einkochen beigeben.

Paßt besonders gut zu jenen Fleischgerichten, bei denen kein Bratensaft entsteht.

Zwiebelsauce (warm)

Gemüsebrühe
(siehe S. 44)
reichlich Zwiebeln
kalt gepreßtes
Olivenöl
Salz

Die Zwiebeln sehr fein hacken, in leicht erhitztes Öl geben, glasig dünsten, mit Gemüsebrühe so stark einkochen, daß die Sauce dicklich wird, salzen, eventuell pürieren.

Knoblauchsauce (warm)

Knoblauchsuppe (siehe S. 52)
Eigelb
frisch geriebener Parmesan
kalt gepreßtes Olivenöl
frisch gemahlener Pfeffer

Eigelb, Parmesan, Olivenöl und Pfeffer mit dem Schneebesen schlagen.
Die Knoblauchsuppe auf etwa 60 °C erwärmen und unter starkem Schlagen langsam zur Paste geben.

Teufelssauce (warm)

Zwiebeln
reichlich Knoblauch
Karotten
Staudensellerie
Selleriegrün
Tomaten
etwas (!) rote Chilischoten, entkernt
etwas Honig
kalt gepreßtes Olivenöl
etwas Rotwein
Lorbeer
Thymianzweig
Salz

Die Tomaten schälen (siehe S. 68) und entkernen. (Reste verwertbar für eine Gemüsebrühe.)
Die Chilischoten entkernen, die Rippen entfernen, ganz fein hacken.
Zwiebeln, Knoblauch, Karotten und Sellerie grob zerkleinern und in Öl anbraten, alle anderen Zutaten beigeben, zugedeckt 15 Min. dünsten. Lorbeer und Thymian entfernen, Saucengemisch mit dem Rührstab pürieren.

Abwandlunsmöglichkeiten:

Sahne oder Crème fraîche beigeben und feingeschnittene Petersilie untermengen.

Gemüsesauce
(warm)

Spinat
Wurzelgemüse
(z. B. Karotten, Sellerie,
Petersilienwurzel)
frische Zuchtchampignons
Sahne
Eigelb
Butter
Salz
frisch gemahlener Pfeffer

Spinat, Wurzelgemüse und Champignons sehr klein schneiden, in Butter gardünsten, mit Salz und Pfeffer würzen, etwas auskühlen lassen.
Eigelb und Sahne mischen, unter das noch warme Gemüse mengen, sofort servieren.

Abwandlungsmöglichkeiten:

junge Brennesseln oder Mangold statt Spinat; andere Pilze statt Champignons.

Paßt gut zu Getreidegerichten.

Karottensauce
(warm)

Karotten
geriebener Hartkäse
(bevorzugt Gruyère)
Salz

Die Karotten schälen (Schale verwertbar für eine Gemüsebrühe), zerkleinern und in Salzwasser weiterkochen. Mit etwas Wasser im Mixer pürieren, den geriebenen Käse unterrühren, erwärmen, bis der Käse schmilzt.

Paßt gut zu Getreidegerichten.

Gurkensahne
(kalt)

etwas
Gemüsebrühe
(siehe S. 44)
Gurke
saure Sahne
Joghurt
Zitronensaft
Salz
frisch gemahlener
Pfeffer

Die Gurke fein würfeln, mit allen anderen Zutaten gut vermischen.

Abwandlungsmöglichkeit:

etwas Meerrettich kurz vor dem Anrichten hineinreiben.

Paprikasauce
(warm)

etwas
Gemüsebrühe
(siehe S. 44)
Paprikaschoten
Zwiebeln
Butter

Die Paprikaschoten (eventuell) schälen (siehe S. 76), grob zerkleinern.
Die Zwiebeln grob zerkleinern, in leicht erhitzte Butter geben, glasig dünsten, die Paprikaschoten beigeben, mit Gemüsebrühe ablöschen, mit dem Mixstab oder im Mixer pürieren, nicht salzen!

Abwandlungsmöglichkeit:

Sahne beigeben.

Paßt gut zu Fisch oder Gemüse.

Scharfe Chilisauce (kalt)

Gemüsebrühe (siehe S. 44)
frische Vollkornbrösel
grüne und rote Paprikaschoten
1 rote Chilischote, entkernt
Knoblauch
kalt gepreßtes Olivenöl
Salz

Paprikaschoten und Chilischote entkernen und grob hacken, in der Gemüsebrühe 10 Min. kochen, abtropfen lassen, abtrocknen.
Den Knoblauch grob hacken.
Alle Zutaten im Mixer pürieren.

Oder:

Paprikaschoten, Chilischote und Knoblauch nach dem Kochen (am besten im Mörser) zu Brei zerdrücken, nach und nach Olivenöl unterrühren, Vollkornbrösel mitzerquetschen, bis die Sauce dick ist, salzen.

Oliven-Kapern-Sauce (warm)

schwarze Oliven
Kapern (aus dem Glas)
Butter
etwas Zitronensaft
Petersilie

Die Oliven entsteinen, in feine Streifen schneiden. Die Kapern gut wässern, abtropfen lassen, grob hacken.
Die Butter leicht bräunen, die Oliven und Kapern darin erhitzen, mit Zitronensaft würzen, vom Herd nehmen, feingehackte Petersilie unterrühren.

Abwandlungsmöglichkeit:

gepreßten Knoblauch beigeben.

Paßt gut zu gebratenem Fisch.

Olivensauce (kalt)

saure Sahne
Joghurt
nicht zuviel schwarze Oliven
Zitronensaft
etwas Honig oder Ahornsirup
frisch gemahlener Pfeffer

Die Oliven entsteinen.
Alle Zutaten im Mixer mischen.

Paßt gut zu Rindfleisch-, Hühnerfleisch-, Eier- und Käsesalat.

Olivenpaste (Tapenade)

schwarze Oliven
Kapern (aus dem Glas)
kalt gepreßtes Olivenöl
Estragon
frisch geriebener Muskat
frisch gemahlener Pfeffer

Die Oliven entsteinen, die Kapern abtropfen lassen, den Estragon fein hacken.
Alle Zutaten im Mixer pürieren.

Hält sich – mit einer Ölschicht bedeckt – einige Zeit im Kühlschrank.

Abwandlungsmöglichkeiten:

etwas Cognac und etwas scharfen Senf (bevorzugt Dijon-Senf) beigeben; kurz vor dem Servieren mit feinstem Essig mischen; Sardellenfilets mitpürieren.

Paßt gut zu harten Eiern, kaltem Fisch, kaltem Gemüse.

Cocktailsauce (kalt)

Mayonnaise (siehe s. 116)
etwas Tomatenmark
Sahne
Zitronensaft

Mayonnaise, Tomatenmark und Zitronensaft gut mischen, die Sahne steifschlagen, locker unterheben.

Abwandlungsmöglichkeiten:

Tabasco und/oder Cognac beigeben.

Paßt gut zu kaltem Fisch und Meeresfrüchten.

Senfsauce (kalt)

Mayonnaise (siehe S. 116)
etwas scharfer Senf
(bevorzugt Dijon-Senf)
grobkörniger Senf
(bevorzugt Moutarde de Meaux)
etwas Honig

Alle Zutaten gut mischen.

Abwandlungsmöglichkeit:

Schlagsahne locker unterheben.

Buttersauce I (warm)

125 g Butter
1 Ei
Schalotten
reichlich
herber Weißwein
Pfefferkörner

Die Butter klären.
Die Schalotten klein schneiden, zusammen mit den Pfefferkörnern im Wein ganz stark einkochen, den Weinrest durch ein Haarsieb in ein Gefäß im Wasserbad gießen.
Weinrest und Ei mit dem Schneebesen schaumig schlagen, nach und nach die Butter hineinschlagen.

Abwandlungsmöglichkeit:

feingehackte Kräuter dazugeben.

Buttersauce II zu Fisch

Sauce Beurre Blanc
(warm)

4 El. stark
eingekochter
Fischfond
(siehe S. 155)
4 El. herber
Weißwein
1 El. Weißweinessig
200 g Butter
Schalotten
Salz
frisch gemahlener
Pfeffer

Die Butter in kleine Stücke zerteilen und im Tiefkühlfach gefrieren lassen.
Die Schalotten fein hacken, mit Fond, Wein, Essig, Salz und Pfeffer lange köcheln, auf die Hälfte einkochen, durch ein Haarsieb seihen, abkühlen lassen.
Die Sauce im Wasserbad erwärmen, nach und nach die gefrorene Butter mit dem Schneebesen unterschlagen.

Wenn die Sauce nicht sämig wird, die Temperatur vorsichtig erhöhen (bis höchstens 60 °C)

Abwandlungsmöglichkeit:

stark eingekochte Gemüsebrühe statt Fischfond (wenn nicht zu Fisch gereicht).

Käsesauce (warm)

Sahne, Parmesan

Die Sahne erhitzen, frisch geriebenen Parmesan einrühren, leicht eindicken lassen.

Abwandlungsmöglichkeiten:

Gruyère oder Bergkäse statt Parmesan; auch zerbröselter Schafkäse (dann mit zerdrücktem Knoblauch).

Paßt gut zu gekochtem Blumenkohl, zu Broccoli oder Chicorée; eignet sich auch zum Überbacken.

Gorgonzolasauce (warm)

Gorgonzola
Sahne, etwas Cognac
Knoblauch
Salz, frisch gemahlener Pfeffer

Den Gorgonzola zerbröseln, drei Viertel davon mit der Sahne, gepreßtem Knoblauch, Salz und Pfeffer sämig kochen, Cognac beigeben, den Rest Gorgonzola darüberstreuen.

Nußsauce (warm)

Nüsse, fein gerieben (auch Pistazien)
Sahne
Knoblauch, gepreßt
Salz, frisch gemahlener Pfeffer

Alle Zutaten sämig kochen.

Paßt gut zu gekochtem Blumenkohl, zu Broccoli oder gedünstetem Chicorée.

Meerrettichsauce (warm)

Gemüsebrühe (siehe S. 44)
Meerrettich
etwas Weizenvollkornmehl, frisch gemahlen
saure Sahne
etwas Honig
Zitronensaft, Salz

In etwas lauwarmer Gemüsebrühe das Mehl verrühren, mit der gesamten Brühe vermischen, 15 Min. kochen.
Saure Sahne, Honig, Zitronensaft und Salz beigeben, nicht mehr aufkochen, etwa 3 El. Meerrettich ganz frisch (!) hineinreiben.

Abwandlungsmöglichkeiten:

mit feingehackter Petersilie bestreuen; ein Stück Butter beigeben.

Thunfischsauce (kalt)

Gemüsebrühe (siehe S. 44)
Thunfisch (aus der Dose)
Sardellenfilets (aus der Dose)
Kapern (aus dem Glas)
Eigelb
Sahne
Zitronensaft
kalt gepreßtes Olivenöl
Salz, frisch gemahlener weißer Pfeffer

Den Thunfisch abtropfen lassen.
Die Sardellenfilets wässern, abtropfen lassen.
Die Kapern wässern, abtropfen lassen.
Alle Zutaten mit etwas Gemüsebrühe im Mixer pürieren, eventuell mit Gemüsebrühe auf die gewünschte Konsistenz verdünnen.

Paßt gut zu kaltem Kalbfleisch.

Lachssauce (warm)

geräucherter Lachs, fein gehackt
Sahne, etwas herber Weißwein
Salz, frisch gemahlener Pfeffer

Alle Zutaten mischen, mild erhitzen, mit dem Mixstab pürieren.

Sauce hollandaise

2 Eigelbe, 1 Schalotte, 120 g Butter
Zitronensaft, Pfefferkörner, Salz

Die Butter zerlassen, abschäumen, erkalten lassen, den Satz nicht verwenden.
Die Schalotte fein hacken, mit den Pfefferkörnern in etwas verdünntem Zitronensaft erhitzen, stark einkochen, in ein Gefäß im Wasserbad seihen.
Ganz wenig Wasser, Eigelbe und Salz beigeben, im Wasserbad bei etwa 70 °C (Fingerprobe: gerade noch auszuhalten) mit dem Schneebesen schaumigschlagen, während des Rührens nach und nach die Butter beigeben.

Abwandlungsmöglichkeiten:

die Butter ungeschmolzen stückchenweise hineinschlagen (dann wird die Sauce steifer); Weißweinessig statt Zitronensaft; Schalotten und Pfefferkörner in herbem Weißwein erhitzen.

Leichte Sauce hollandaise

125 g Butter, 125 g Sauermilch
1 Ei, etwas scharfer Senf (bevorzugt Dijon-Senf), etwas Zitronensaft
Salz, frisch gemahlener Pfeffer

Die Butter zerlassen, abschäumen, erkalten lassen, den Satz nicht verwenden.
Sauermilch, Ei, Senf, Salz und Pfeffer im Wasserbad schaumigschlagen, in kleinen Portionen die zerlassene Butter hineinschlagen, vorsichtig mit Zitronensaft würzen.

Mayonnaise

2 Eigelbe, zimmerwarm
1/2 Tl. scharfer Senf (bevorzugt Dijon-Senf), zimmerwarm
1/4 l kalt gepreßtes Olivenöl, zimmerwarm
etwas Zitronensaft
Salz, frisch gemahlener Pfeffer

Eigelbe und Senf mit dem Rührstab kräftig verrühren, während des Rührens tropfenweise Öl dazugeben, würzen.
Wird die Mayonnaise zu dick: teelöffelweise während des Rührens mit Wasser verdünnen; zum Schluß einige Tropfen kochendes Wasser unterrühren (verhindert das Gerinnen).
Gerinnt die Mayonnaise doch noch: kaltes Wasser auf die Oberfläche geben, mit dem Schneebesen erst kleinräumig vorsichtig verrühren, dann die ganze Masse gut schlagen.

Knoblauchmayonnaise

4 Knoblauchzehen, 2 Eigelbe
1/4 l kalt gepreßtes Olivenöl, zimmerwarm
etwas Zitronensaft
Salz, frisch gemahlener Pfeffer

Die Eigelbe mit dem Rührstab kräftig verrühren, während des Rührens tropfenweise Öl dazugeben, die Knoblauchzehen hineinpressen, würzen.

Variationen von Sauce hollandaise

Name	Zutaten zur Sauce hollandaise (siehe S. 116)
Sauce béarnaise	Estragon und Kerbel mit gehackten Schalotten in Weißweinessig aufkochen, die fertige Sauce durch ein Haarsieb passieren, frischen Estragon und Kerbel feingehackt untermengen
Sauce mousseline	steifgeschlagene Sahne unterziehen
Kräuter-Hollandaise	Sauerampfer, Brunnenkresse, Salbei oder Zitronenmelisse feingehackt untermengen
Venezianische Sauce	feingehackte Kräuter und blanchierte feingehackte Spinatblätter untermengen
Orangen-Hollandaise	etwas frisch gepreßten Saft einer Blutorange untermischen
Kaviar-Hollandaise	etwas Fischfond (siehe S. 155) und steifgeschlagene Sahne untermengen, mit Kaviar (aus der Dose) bestreuen

Variationen von Mayonnaise

Name	Zutaten zur Mayonnaise (siehe S. 116)
Kräuter-Mayonnaise	feingehackte Kräuter
Chantilly-Mayonnaise	steifgeschlagene Sahne unterziehen
Tiroler Sauce	geschälte und entkernte Tomaten (siehe S. 68), Honig, gehackte Schalotten, Estragon, scharfe Sauce (z. B. Chilisauce)
Andalusische Mayonnaise	Zitronensaft, fein zerriebene Chilischoten, Tomatenmark, Rosenpaprikapulver, Sahne, Cognac
Tomaten-Mayonnaise	süße Tomatensauce (siehe S. 109) oder Tomatenmark
Meerrettich-Mayonnaise	ganz frisch geriebener Meerrettich
Joghurt-Mayonnaise	Joghurt und feingeschnittener Schnittlauch
Pfefferminz-Mayonnaise	feingehackte frische Pfefferminzblätter
Preiselbeer-Mayonnaise	Preiselbeeren und Sahne

Remouladensauce

Mayonnaise (siehe S. 116)
Joghurt, Ei, Zwiebel
eingelegte Gurken
Kapern (aus der Dose)
Knoblauch
Schnittlauch, Dill, Kerbel,
etwas Pfefferminze, etwas Salbei
(oder eine Auswahl davon)
Senf
Hefeflocken

Das Ei 9 Min. kochen, fein hacken.
Zwiebel und Gurken ganz fein hacken.
Die Kräuter fein hacken.
Alle Zutaten gut mischen.

Rhabarbersauce

250 g Rhabarber
(Vorbereitung siehe S. 218)
Zwiebel
1/4 l Rotwein, 3 El. Honig
etwas scharfer Senf
(bevorzugt Dijon-Senf)
kalt gepreßtes Olivenöl, Schnittlauch

Die Zwiebel grob schneiden, in leicht erhitztes Öl geben, glasig dünsten.
Den Rhabarber grob zerteilen und zusammen mit dem Wein 5 Min. zugedeckt bei milder Hitze köcheln, erkalten lassen, Honig beimengen.
Den Senf mit etwas Honig-Wein-Gemisch verrühren, beigeben, alles mit dem Mixstab pürieren, mit feingeschnittenem Schnittlauch bestreuen.

Abwandlungsmöglichkeiten:

etwas Ingwer oder Kardamom oder Zimt oder frisch geriebenen Muskat beigeben; eine Auswahl dieser Gewürze.

Paßt gut zu pochiertem Fisch.

Vanillesauce I
(warm)

1 Vanilleschote
5 Eier
1/4 l Milch
1/8 l Sahne
etwas Honig

Die Vanille gut in die Milch auskratzen, die Schote in der Milch kurz aufkochen, die Schote entfernen, die Vanillemilch leicht abkühlen lassen, mit Sahne mischen.

Eigelbe und Honig in einem Gefäß im Wasserbad schaumigschlagen, das Milch-Sahne-Gemisch langsam dazuschlagen, vorsichtig erwärmen (nicht über 60 °C!). Das Eiweiß steifschlagen, unterheben, nochmals vorsichtig erwärmen.

Vanillesauce II
(kalt)

1 Vanilleschote
1/4 l Milch
1/4 l Sahne
5 Eigelbe
2 Eiweiße
etwas Honig

Die Vanilleschote gut in die Milch auskratzen, die Schote in der Milch kurz aufkochen, die Schote entfernen, die Vanillemilch etwas abkühlen lassen.

Die Eigelbe mit dem Schneebesen schaumigrühren, etwas von der warmen Vanillemilch hineinschlagen, die Eimasse in die Vanillemilch schlagen, die Sahne hineinschlagen.
Honig untermengen.
Die Eiweiße steifschlagen und vorsichtig unterheben, erkalten lassen, sehr kalt servieren.

Senfcreme

scharfer Senf
(bevorzugt Dijon-Senf)
halb soviel Zitronensaft
doppelt soviel Sahne

Alle Zutaten zu einer Creme gut aufschlagen.

Paßt gut zu kaltem Fisch, vor allem zu mariniertem Lachs (siehe S. 158).

Weincreme

1/8 l herber Weißwein
5 Eigelbe
1 Ei
etwas Ahornsirup

Eigelbe, Ei und Sirup im Wasserbad mit dem Schneebesen schaumig schlagen, bis die Masse blaßgelb wird.
Den Wein in kleinen Portionen nach und nach kräftig hineinschlagen, bis die Creme dickflüssig wird. (Das kann bis zu 10 Min. dauern.)

Abwandlungsmöglichkeiten:

Marsala oder Rotwein statt Weißwein.

Berberitzencreme

Berberitzengelee
(siehe S. 222)
Sahne

Gelee und Sahne mischen, mit dem Schneebesen steifschlagen.

Paßt gut zu kaltem Fleisch (vor allem zu Wild).

Bananencreme

reife Bananen
Joghurt

Die Bananen mit wenig Joghurt im Mixer pürieren, herausnehmen, mit Joghurt mischen.

Abwandlungsmöglichkeiten:

Kiwi und/oder etwas Walderdbeeren mitpürieren, dann mit Ahornsirup süßen; Eierlikör beigeben.

Paß gut zu kaltem Geflügel.

Wacholdercreme

Wacholderbeeren
Sahne

Die Wacholderbeeren feinhacken oder im Mörser gut zerkleinern, in etwas Sahne legen, 30 Min. ziehen lassen, den Rest der Sahne mit dem Schneebesen schlagen, die Wacholderbeeren unterziehen.

Abwandlungsmöglichkeiten:

Beeren in Gin einweichen, etwas geriebenen Meerrettich beigeben.

Paßt gut zu kaltem Fisch und zu kaltem Huhn.

Raum für eigene Variationen und persönliche Anmerkungen:

WÜRZBUTTER

Zu Würzbutter mischt man zimmerwarme Butter mit den würzenden Zutaten. In manchen Fällen ist es ratsam, die Butter durch ein Haarsieb zu streichen.

Die gekühlte Butter reicht man zu warmen oder kalten Gerichten, verwendet sie zur Verfeinerung von Saucen oder als Brotaufstrich.

Kräuterbutter

Butter, zimmerwarm, Kräuter (auch Wildkräuter), etwas Zitronensaft
Salz, frisch gemahlener Pfeffer

Die Kräuter waschen, alle groben Stengel entfernen, gut trocknen (am besten in der Salatschleuder), sehr fein wiegen, mit der weichen Butter verkneten, würzen, in Alufolie zu einer Rolle formen, in den Kühlschrank geben.

Paprikabutter

Butter, zimmerwarm
rote Paprikaschoten

Die Paprikaschoten schälen (siehe S. 76), das Fruchtfleisch durch ein Haarsieb streichen, mit der Butter mischen.

Spinatbutter

Butter, zimmerwarm
Spinat

Die Butter schaumig rühren.
Den Spinat fein hacken, mit ganz wenig Wasser im Mixer pürieren, durch ein Haarsieb in die Butter seihen (Reste verwertbar), gut verrühren.

Lachsbutter

Räucherlachs
Butter, zimmerwarm

Den Lachs ganz fein würfeln und mit der Butter verkneten, in Alufolie rollen, kaltstellen.

Orangenbutter

etwas Orangensaft, frisch gepreßt
etwas herber Weißwein
etwas Sahne, Butter

eventuell:
geriebene Orangenschale, falls die Orange ungespritzt ist
je eine Prise Zimt
und gestoßene Nelken

Die Butter in kleine Stücke teilen und im Tiefkühlfach gefrieren.
Orangensaft (eventuell mit der Orangenschale) und Weißwein auf die Hälfte einkochen, etwas Sahne dazugeben, noch einmal auf die Hälfte einkochen.
Die eisgekühlte Butter stückchenweise mit dem Schneebesen darunterschlagen.
Sahne steifschlagen und vorsichtig unterheben, die fertige Orangenbutter in den Kühlschrank stellen.

Paßt gut zu warmen Süßspeisen (z. B. Bratäpfel), aber auch zu Fisch und zu Wild.

Sardellenbutter

Sardellen
Butter, zimmerwarm

Die Sardellen wässern, abtropfen lassen, zusammen mit der Butter durch ein Haarsieb streichen.

Tapenadebutter

Olivenpaste (siehe S. 113)
Butter, zimmerwarm

Die Zutaten gut mischen.

Meerrettichbutter

Meerrettich
Butter, zimmerwarm

Den Meerrettich reiben, im Mörser zu einer Paste zerdrücken, zusammen mit der Butter durch ein Haarsieb streichen.

Butter »Maître d'hôtel«

Butter, zimmerwarm
etwas Zitronensaft
reichlich Petersilie
Salz
frisch gemahlener Pfeffer

Die Petersilie ganz fein hacken, alle Zutaten gut mischen, durch ein Haarsieb streichen.

Abwandlungsmöglichkeit:

Brunnenkresse oder Sauerampfer statt Petersilie.

Senfbutter

Butter, zimmerwarm
scharfer Senf (bevorzugt Dijon-Senf)
(zu gleichen Teilen)
Joghurt
Eigelbe

Die Butter klären.
Die Eigelbe in einem Gefäß im Wasserbad schaumigschlagen, den Senf in kleinen Portionen mit dem Schneebesen hineinschlagen, erkalten lassen, Joghurt ganz leicht untermischen.

Paßt gut zu pochiertem Fisch.

Knoblauchbutter

Knoblauch
Butter, zimmerwarm
etwas Salz

Den Knoblauch pressen, salzen, zusammen mit der Butter durch ein Haarsieb streichen.

Haselnußbutter

Butter, zimmerwarm
Haselnüsse

Die Haselnüsse grob zerkleinern, ohne Fett leicht rösten, mit ganz wenig Wasser im Mörser zermalmen, mit der Butter mischen, durch ein Haarsieb streichen.

Abwandlungsmöglichkeit:

Geschälte Pistazien oder geschälte Mandeln statt Haselnüssen.

Pikante Butter

Butter, zimmerwarm
Spinat, Kerbel, Estragon, Kresse,
Brunnkresse, Petersilie, Pimpinelle
oder eine Auswahl davon
Schalotten
Sardellen
Kapern
Salz, frisch gemahlener Pfeffer

Die Kräuter sehr fein wiegen.
Die Schalotten fein hacken, 10 Sek. in kochendes Wasser tauchen.
Die Sardellen und die Kapern fein hacken.
Alle Zutaten gut mischen, durch ein Haarsieb streichen.

Raum für eigene Variationen und persönliche Anmerkungen:

EIERSPEISEN

Variationen von Rührei

Die Eier mit einer Gabel schaumig schlagen, Salz und frisch gemahlenen Pfeffer nach Belieben beimengen.

Mischungsvorschläge (unter die Eimasse rühren):

1. Feingehackte Kräuter und Kapern, übergossen mit leicht gebräunter Butter.
2. In Butter gebratene Auberginen- und Tomatenwürfel, vermischt mit gepreßtem Knoblauch, Salz und frisch gemahlenem Pfeffer.
3. In Butter gedünstete Würfel aus roten und grünen Paprikaschoten, gewürzt mit Salz und frisch gemahlenem Pfeffer.
4. In Butter gedünstetes Vollkornbrot, gepreßter Knoblauch, feingehackte Kräuter.
5. In Butter gedünsteter Lauch.
6. Delikates Mischgemüse (siehe S. 69).
7. Champignonpüree (siehe S. 101).
8. Gewürfeltes Fischfilet, in Butter kurz gebraten.
9. Morchelsauce (siehe S. 110).
10. Geschmolzene Tomaten (siehe S. 81), saure Sahne.
11. Geriebener Hartkäse (bevorzugt Gruyère), frische Kräuter.
12. Glasiggedünstete Zwiebel, Sardellenbutter (siehe S. 122).
13. In Butter gedünstete Sellerieknolle, geschmolzene Tomaten (siehe S. 81), saure Sahne, Petersilie.
14. Blanchierte Spinatstreifen, gepreßter Knoblauch, gehackte Sardellenfilets.
15. Schlagsahne, Schnittlauch.
16. In Butter gedünstete Champignonscheiben, Kerbel.

In allen Fällen können Sie auch gekochte Kartoffeln, in Würfel geschnitten, untermengen.

Gestockte Eier

Eier, Butter, Salz

Stocken: 15 Min. bei 220°C (Gasherd Stufe 4 1/2)
Die Eier mit der Gabel verrühren, salzen, in ein gut ausgebuttertes hitzebeständiges Förmchen gießen, mit Alufolie abdecken, in ein heißes Wasserbad stellen, im vorgeheizten Backrohr stocken.
An den Rändern mit einem Messer vorsichtig lösen, auf Teller stürzen, garnieren.

Variationen von gestockten Eiern

Salz und frisch gemahlener Pfeffer nach Belieben.

1. In gut ausgebutterten Förmchen im Backrohr unbedeckt dünsten, mit Sauce béarnaise bedecken (siehe S. 117).
2. Mit Champignonpüree (siehe S. 101) vermischen, gehackte Paprikaschoten darüberstreuen.
3. Grobgehackten Blattspinat blanchieren, mit gehackter Sardelle vermischen, darauf das Ei gießen, darüber etwas Sahne und geriebenen Hartkäse (bevorzugt Gruyère) geben.
4. Auf Tomatensauce (siehe S. 109) oder geschmolzenen Tomaten (siehe S. 81) stocken.
5. Auf saurer Sahne stocken.
6. Auf Mirepoix (siehe S. 75) stocken.
7. Zwiebel dünsten und pürieren, darauf das Ei stocken.
8. Gewürfelte Tomaten, geschält (siehe S. 68) und entkernt, und Champignonscheiben in Gemüsebrühe (siehe S. 44) dünsten, stark einkochen, darauf das Ei stocken.
9. Gekochtes Geflügel mit Sahne pürieren, darauf das Ei geben, mit geriebenem Parmesan bestreuen.
10. Auf gekochtem Spargel stocken.

Variationen von gefüllten Eiern

Salz und frisch gemahlener Pfeffer nach Belieben.

Hartgekochte Eier (9 Minuten) erkalten lassen, halbieren, das Eigelb durch ein Haarsieb passieren und zur Fülle verwenden.

Mischungsvorschläge für das Eigelb:

1. Mit zimmerwarmer Butter verrühren, Eiweißschnee darunterziehen, mit geriebenem Hartkäse (bevorzugt Gruyère) bestreuen, unter dem Elektrogrill überbacken.
2. Mit saurer Sahne und gehackten Sardellen vermischen, darüber feingehackte Kräuter.
3. Mit Mayonnaise (siehe S. 116) und kleingewürfelten rohen Champignons vermischen, mit geriebenem Parmesan bestreuen, Butterflöckchen aufsetzen, unter dem Elektrogrill überbacken.
4. Mit Zwiebelpüree und gehackten Champignons vermischen, mit geriebenem Hartkäse (bevorzugt Gruyère) bestreuen, Butterflöckchen aufsetzen, unter dem Elektrogrill überbacken.
5. Zwiebel-, Lauch- und Champignonscheiben in Butter dünsten, erkalten lassen, mit dem Eigelb mischen.
6. Mit Tomatensauce (siehe S. 109), gehackten und dann gedünsteten Champignons und Petersilie vermischen.
7. Mit gedünsteten Schalotten und feingehacktem Sauerampfer vermischen.
8. Mit saurer Sahne und gewässerten Salzheringstückchen vermischen.
9. Mit rohem Eigelb und feingehacktem Salbei vermischen.
10. Mit Champignonpüree (siehe S. 101) vermischen.

Spiegeleier in Sardellenbutter

etwas Gemüsebrühe (siehe S. 44)
Eier
1/2 Sardellenfilet je Ei (aus der Dose)
1/2 Tomate je Ei
Schalotten
Knoblauch
Butter, zimmerwarm
kalt gepreßtes Olivenöl
Kresse, Basilikum
Salz, frisch gemahlener Pfeffer

Die Sardellenfilets wässern, abtropfen lassen, durch ein Haarsieb passieren, mit Pfeffer mischen, mit der Butter verkneten.
Die Tomaten schälen (siehe S. 68) und entkernen. (Reste für eine Gemüsebrühe verwertbar).
Kresse und Basilikum fein hacken.
Die Schalotten fein hacken, den Knoblauch pressen, zusammen in Olivenöl glasig dünsten, die Tomaten beigeben, mit wenig Gemüsebrühe zu einer dicken Sauce einkochen, salzen, die Hälfte der Kräuter untermischen.
Die Sardellenbutter in einer großen Pfanne zergehen lassen, darin die Spiegeleier braten.
Die Sauce auf die vorgewärmten Teller verteilen, die Spiegeleier darüberschichten, mit Kräutern bestreuen.

Variationen von Spiegeleiern

Salz und frisch gemahlener Pfeffer nach Belieben.

1. Auf gedünsteten Champignons braten.
2. Auf geschmolzenen Tomaten (siehe S. 81) und gepreßtem Knoblauch braten.
3. Gewürfelte Auberginen, Tomaten und grüne Paprikaschoten in Butter dünsten, darauf das Spiegelei braten.
4. Auf gehackten Sardellenfilets und gepreßtem Knoblauch braten.
5. Mit gehackten Kräutern und Kapern bestreuen, mit brauner Butter begießen.
6. Auf leicht gedünsteten Bananenscheiben braten.
7. Mit geriebenem Hartkäse (bevorzugt Gruyère) bestreuen, unter dem Elektrogrill überbacken.
8. In leicht gebräunter Butter einige Tropfen Essig erhitzen, über das Spiegelei gießen. (Schwer verdaulich!)
9. Gehackte Zwiebeln, gewürfelte Tomaten, Scheiben von Auberginen in kalt gepreßtem Olivenöl dünsten, darauf das Spiegelei braten.
10. Blattspinat in Butter und gepreßtem Knoblauch dünsten, darauf das Spiegelei braten, mit geriebenem Hartkäse (bevorzugt Gruyère) bestreuen, unter dem Elektrogrill überbacken.
11. Frisch geriebenen Meerrettich mit Sahne mischen, darauf das Spiegelei braten.
12. Auf hauchdünnen Gurkenscheiben in Sahne das Spiegelei braten.
13. Auf gebräunten Zwiebelringen braten.
14. Auf geschmolzenen Tomaten (siehe S. 81) braten, mit gehacktem Estragon bestreuen.
15. Gedünstete Zwiebelscheiben mit Paprika würzen, mit Sahne begießen, darauf das Spiegelei braten, mit Petersilie bestreuen.

Meerrettich-Eier

hartgekochte Eier (9 Min.)
Magerquark
frisch geriebener Meerrettich
Salz

Die Eier feinhacken, alle Zutaten gut verrühren.

Verlorene (pochierte) Eier

ganz frische (!) Eier
Essig, Salz

Kochendes Wasser kräftig salzen, einen kräftigen Schuß Essig beigeben.
Die Eier einzeln in einen Schöpflöffel oder in eine Tasse schlagen und ganz vorsichtig ins Wasser gleiten lassen, 3 bis 4 Min. köcheln lassen (nicht kochen!), mit einem Schaumlöffel herausnehmen, kalt abspülen, rings herum gleichmäßig beschneiden.
Will man die Eier warm servieren, pochiert man sie nur 2 1/2 Min. und gibt sie dann in warmes Salzwasser.

Stets nur 2 bis 3 Eier auf einmal ins Wasser geben, sonst sinkt die Temperatur zu stark ab!

Abwandlungsmöglichkeit:

Salz weglassen.

Dazu paßt: Sauce hollandaise (siehe S. 116) mit Kräutern (z. B. Salbei) oder Kräutersauce (siehe S. 105).

Variationen von verlorenen (pochierten) Eiern

Salz und frisch gemahlener Pfeffer nach Belieben.

1. Auf gebratenen Scheiben von Auberginen, garniert mit Streifen von grünen Paprikaschoten.
2. In ausgehöhlte Folienkartoffeln (siehe S. 97) gefüllt, mit Schnittlauchsahne bedeckt.
3. Bedeckt mit Sardellenfilets, überzogen mit einem Gemisch von Sahne und gehackten grünen Oliven.
4. Auf gedämpftem Reis, überzogen mit Tomatensauce (siehe S. 109), garniert mit Basilikumstreifen.
5. Auf Röstbrot, überzogen mit Kräutersauce (siehe S. 105).
6. Auf Artischockenböden, überzogen mit Sauce hollandaise (siehe S. 116).
7. Auf Morchelsauce (siehe S. 110).
8. Überzogen mit Senfsauce (siehe S. 114).
9. Auf Rosenkohlpüree, überzogen mit Zwiebelsauce (siehe S. 111).
10. Inmitten eines Salattellers, überzogen mit Vinaigrette (siehe S. 38).
11. Die Hälfte mit Karottenpüree, die andere Hälfte mit Broccolipüree überzogen, ein Streifen geschälter Tomaten (siehe S. 68) zwischen den Pürees.
12. Auf geschmolzenen Tomaten (siehe S. 81), überzogen mit Dillsauce (siehe S. 107).
13. Auf Spinatpüree (siehe S. 69).
14. In ausgehöhlten gedünsteten Kohlrabi, überzogen mit Senfsauce (siehe S. 114).

OMELETTS
PALATSCHINKEN

Omelett

Eier, Sahne
Butter
Salz, frisch gemahlener Pfeffer

Eier, Sahne, Salz und Pfeffer mit einer Gabel leicht schlagen.
Die Butter klären, in der Pfanne erhitzen, die Eimasse hineingießen, die Hitze reduzieren, die noch flüssige Masse mit einer Gabel mehrmals leicht rühren (aber nicht bis zum Boden der Pfanne durchrühren!), einige Minuten zudecken, die Hälfte umklappen, ein Butterstückchen darauflegen.

Abwandlungsmöglichkeiten:

mit Kräutern bestreuen; einige Champignons in der Butter dünsten, bevor die Eimasse in die Pfanne gegossen wird; mit gedünsteten Morcheln garnieren.

Variationen von Omeletts

Salz und frisch gemahlener Pfeffer nach Belieben.

Anregungen für die Fülle (vor dem Umklappen der einen Hälfte beigeben):

1. Geschmolzene Tomaten (siehe S. 81) und feingehacktes Basilikum.
2. Wie 1., außerdem gedünstete Zwiebeln.
3. Mirepoix (siehe S. 75).
4. Champignonpüree (siehe S. 101), auch mit derselben Menge Schafkäse gemischt.
5. Morchelsauce (siehe S. 110).
6. Gewürfelte, in Öl und Knoblauch gebratene Auberginen, umgossen mit Tomatensauce (siehe S. 109). (Schwer verdaulich!)
7. In Butter gedünstete Lauch- und Champignonscheiben.
8. In Sahne gedünstete Chicoréescheiben.
9. Gewürfelte Champignons mit gut gewässerten, feingeschnittenen Sardellenfilets, in Butter gedünstet.
10. Gewürfelte Champignons mit viel feingehackten Kräutern in Butter gedünstet.
11. Delikates Mischgemüse (siehe S. 69).
12. In Öl gedünstete milde Peperoni.
13. Gewürfeltes Kalbsbries (siehe S. 178), in Butter gebraten.
14. Gewürfeltes Kalbshirn (siehe S. 179), in Butter und Zitronensaft gebraten.
15. Besonders gesund: Keimlinge (siehe S. 27).

Eierkuchen

1 El. Weizenvollkornmehl,
aus getrockneten Körnern
frisch gemahlen
(siehe S. 55)
3 Eier
1/8 l Milch
Butter
1 Prise Salz

Mehl und Salz mit etwas Milch glattrühren, mit der restlichen Milch und den Eiern gut verrühren.
In geklärter Butter auf beiden Seiten goldgelb braten.

Abwandlungsmöglichkeiten:

vor dem Wenden auf die noch leicht flüssige Oberseite frische Heidelbeeren oder hauchdünne Apfelscheiben und/oder Rosinen und/oder Mandelblättchen geben.

Spinat-Pfannkuchen

Teig für Pfannkuchen II
(siehe rechts)
Spinat, vorbereitet
(siehe S. 69)
Butter
kalt gepreßtes Olivenöl
Hartkäse,
frisch gerieben

Den Spinat fein hacken, unter den Teig mengen.
Die Butter klären, etwas Öl beigeben, die Palatschinken im Butter-Öl-Gemisch ausbraten, mit geriebenem Käse bestreuen.

Abwandlungsmöglichkeit:

andere Gemüse statt Spinat, z. B. Mangold, Broccoli, Wirsing ...

Pfannkuchen I

Weizenvollkornmehl,
aus getrockneten Körnern
frisch gemahlen
(siehe S. 55)
Butter
Salz

Aus Mehl, Salz und Wasser einen dicken Teig bereiten, 30 Min. in der Wärme quellen lassen, in Butter braten.

Mit Gemüse oder Kompott servieren; in Streifen schneiden und in Gemüsebrühe (siehe S. 44) geben u.v.a.

Pfannkuchen II

200 g Weizenvollkornmehl,
aus getrockneten
Körnern
frisch gemahlen
(siehe S. 55)
1/4 l Milch
1/4 l Sahne
4 Eier
etwas Sonnenblumenöl
Butter
etwas Salz

Milch, Sahne und Salz mischen, erwärmen, das Mehl einrühren, 30 Min. in der Wärme quellen lassen.
Eigelbe und Öl unterrühren, das Eiweiß steifschlagen und vorsichtig unterheben, in geklärter Butter braten.

Abwandlungsmöglichkeiten:

für Suppenfladen feingehackte Petersilie, frisch gemahlenen Pfeffer und frisch geriebenen Muskat unterrühren (dann das Eiweiß ungeschlagen dazugeben); in feine Ringe geschnittene Schalotten in den Teig rühren.

Palatschinken[1]

pro Person:

---

30 g feines Weizenvollkornmehl,
aus getrockneten Körnern frisch
gemahlen (siehe S. 55)
1 Eigelb
etwas (gekochte) Milch
etwas Ahornsirup
Butter
ganz wenig Salz,
ein Hauch Vanille aus der Schote

Verschiedene Füllen (siehe S. 137)

Das Eigelb mit Ahornsirup mit dem Schneebesen schaumigschlagen, gut mit dem Mehl, der Milch und den Gewürzen vermischen. Die Menge der Milch so wählen, daß der Teig gerade noch glattflüssig ist. 2 Std. an einem warmen Ort stehenlassen. In geklärter Butter goldgelb backen, eine Seite mit Fülle bestreichen, einmal einschlagen.

Abwandlungsmöglichkeit:

nach dem Mahlen des Weizens die Kleie aus dem Mehl sieben.

[1]Palatschinke: aus dem Ungarischen stammender Ausdruck für gefüllte Eierkuchen (in Österreich stark verbreitet).

Variationen von Palatschinken

Anregungen für die Fülle:

1. Frische Früchte, je nach Frucht zerkleinert und mit Ahornsirup gesüßt, mit gehackten Nüssen bestreut, mit Schlagsahne garniert, eventuell Maraschino.
2. Beliebige Marmelade.
3. Schlagsahne mit Preiselbeeren, eventuell Mandellikör (bevorzugt Amaretto).
4. Schlagsahne mit gerösteten Pistazien.
5. Schlagsahne mit Orangenstücken, eventuell Grand Marnier.
6. Schlagsahne mit Apfelbrei, eventuell Calvados.
7. Schlagsahne mit Ananaswürfeln, die man in Ahornsirup (eventuell mit ganz wenig Ingwerpulver) kurz aufgekocht hat, eventuell Kirschwasser.
8. Weincreme (siehe S. 119).
9. Maronenpüree auf Weinbasis (siehe S. 90).
10. Vanillesauce (siehe S. 118).
11. Berberitzengelee (siehe S. 222).

Überbackene Palatschinken

Palatschinken, hell gebraten
(siehe S. 136)
Äpfel
Zitronensaft
Ahornsirup

Braten: 5 Min. bei 250 °C
(Gasherd Stufe 6)

Die Äpfel schälen und entkernen, in dünne Scheiben schneiden, mit Zitronensaft beträufeln, mit Ahornsirup süßen, auf die Palatschinken legen, im vorgeheizten Backrohr backen.

Bretonische Pfannkuchen
(crêpes)

30 g Buchweizenmehl,
frisch gemahlen
350 g Weizenvollkornmehl, aus
getrockneten Körnern, frisch,
sehr fein gemahlen
(siehe S. 55)
100 g Butter,
zerlassen
100 g Honig
1/2 l Milch
3 Eier

Die beiden Mehlsorten mit den Eiern, dem Honig, etwas Wasser und der Milch zu einem dünnflüssigen Teig verarbeiten, zuletzt die Butter untermischen, ruhen lassen.
In einer gebutterten Pfanne hauchdünn braten.

Abwandlungsmöglichkeit:

nach dem Mahlen des Weizens die Kleie aus dem Mehl sieben.

Variationen von bretonischem Pfannkuchen
(crêpes)

1. Vor dem Braten in der Butter Apfelringe mit wenig Vollrohrzucker leicht bräunen, darauf den Teig rinnen lassen.
2. Vollrohrzucker in etwas Butter erwärmen, die fertigen Pfannkuchen beidseits darin erhitzen, mit Rum oder Calvados beträufeln.
3. Geschälte Mandeln (siehe S. 233) fein hacken, mit Vollrohrzucker in etwas Butter erwärmen, auf die gerollten Pfannkuchen streichen, unter dem Elektrogrill kurz erhitzen.
4. Mit zimmerwarmer Orangenbutter (siehe S. 122) bestreichen, mit Cognac beträufeln.

Kartoffelpfannkuchen

Gemüsebrühe (siehe S. 44)
3 große mehlige Kartoffeln, roh
1/4 l Milch
2 Eßl. Weizenvollkornmehl, frisch
gemahlen
6 Eier, 2 Eßl. Sahne, Butter
Salz, frisch gemahlener Pfeffer
frisch geriebener Muskat

Die Kartoffeln schälen und in etwas Gemüsebrühe weichkochen, abgießen (Brühe weiter verwertbar), durch ein Sieb streichen.
Die Milch erhitzen, Kartoffeln und Milch mit dem Schneebesen zu einem leichten Püree schlagen (gegebenenfalls noch etwas Milch zugeben).
Das Mehl unterrühren, ein Ei nach dem anderen, die Gewürze und die Sahne mit dem Kochlöffel vorsichtig unterrühren, 1 Std. ruhen lassen.
Küchlein formen, flach drücken, in geklärter Butter beidseitig braun braten.

TEIGWAREN

Teigwaren kochen

Vollkornteigwaren
Wasser
wenig Öl, Salz

Die Teigwaren in kochendes Salzwasser geben, wenig Öl hineintropfen, aufrühren, bei kleiner Hitze zu drei Vierteln zugedeckt so weiterkochen, daß sie gerade bißfest (al dente) sind, in ein Sieb gießen, mit kochendem (!) Salzwasser abspülen.

Abwandlungsmöglichkeiten:

im Kochwasser Zwiebel und Lorbeer mitkochen; vor dem Servieren mit zerlassener Butter oder gebräunter Butter mischen; mit Kräuterbutter (siehe S. 122) mischen; mit in Butter gebräunten Zwiebeln oder Vollkornbröseln übergießen; mit geriebenem Käse oder mit Hefeflocken bestreuen; mit feingehackten Kräutern bestreuen; Zucchinistreifen 5 Min. mitkochen.

Nudelteig

500 g Weizenvollkornmehl,
aus getrockneten Körnern, frisch,
sehr fein gemahlen (siehe S. 55)
4 Eier
4 – 6 El. Wasser
Salz

Die Eier mit Wasser und Salz mit einer Gabel schaumig schlagen.
Das Mehl auf ein Arbeitsbrett schütten, in eine Vertiefung die Eier geben und nach und nach das Mehl mit einer Gabel einrühren.
Wenn der Teig fest ist, ihn mit bemehlten Händen gut walken (siehe S. 192), bis er glatt ist, 2 Std. unter einer Schüssel ruhen lassen.
Den Teig in sechs Teile schneiden, die im Augenblick nicht verarbeiteten Teile mit einem ganz leicht angefeuchteten Tuch bedecken, damit sie nicht austrocknen.
Jeden Teil mit möglichst wenig Mehl hauchdünn auf einem Tuch ausrollen, dort trocknen lassen.
Bevor der Teig ganz trocken ist, die Fladen locker aufrollen und in die gewünschte Nudelgröße schneiden, die Nudeln ausgebreitet nachtrocknen lassen.

Abwandlungsmöglichkeiten:

nach dem Mahlen die Kleie aus dem Mehl sieben; etwas kalt gepreßtes Olivenöl beigeben; zum Färben frisch gepreßten Tomatensaft oder frisch im Mixer pürierten Kräuter-Gemüsebrühesaft statt Wasser zu den Eiern mischen.

Käseteigwaren

Vollkornteigwaren
Gruyère,
gerieben
etwas Butter
Salz
frisch gemahlener
Pfeffer

Die Teigwaren in Salzwasser kochen (siehe links), abtropfen lassen, im noch heißen Kochtopf mit den anderen Zutaten gut mischen.

Abwandlungsmöglichkeiten:

etwas Sahne beigeben; etwas von dem Käse mit getrockneten Vollkornbröseln mischen, die Teigwaren damit bestreuen, überbacken; geschmolzene Tomaten untermengen (siehe S. 81); gedünstete Champignons untermengen; die Butter vorher zerlassen und Basilikumstreifen darin kurz wärmen.

Teigwaren mit Champignons

Vollkornteigwaren
frische Zuchtchampignons
Butter
Kapern (aus dem Glas)
schwarze Oliven
etwas Zitronensaft
Parmesan, frisch gerieben
roter Pfeffer
(ersatzweise grüner Pfeffer)
Salz

Die Champignons in feine Scheiben schneiden, mit ganz wenig Zitronensaft einreiben, 4 Min. in Butter dünsten, die Pfefferkörner beigeben, salzen.
Die Kapern gut abtropfen lassen.
Die Oliven entsteinen und kleinschneiden.
Die Teigwaren in Salzwasser garkochen (siehe S. 140), abtropfen lassen, in einer vorgewärmten Schüssel mit allen anderen Zutaten mischen.

Abwandlungsmöglichkeiten:

mit gerösteten Mandeln bestreuen; die Champignons in Sahne dünsten; mit feingehacktem Kerbel bestreuen.

Teigwaren mit Eiern und Kräutern

200 g Vollkornteigwaren
2 Eier
2 Eigelbe
Butter, zimmerwarm
Sahne, frische Kräuter
Parmesan
Salz, frisch gemahlener Pfeffer

Eine Schüssel im Backrohr vorwärmen.
Die Butter schaumigschlagen.
Den Parmesan frisch reiben.
Eier und Eigelbe mit dem Schneebesen schlagen, den geriebenen Parmesan unterrühren.
Die Kräuter fein hacken.
Die Sahne steifschlagen, mit den Kräutern mischen.
Die Teigwaren in Salzwasser garkochen (siehe S. 140), abtropfen lassen, in die vorgewärmte Schüssel geben, die Butter mit zwei Gabeln unterheben, die Schlagsahne-Kräuter-Mischung beigeben, mit Salz und Pfeffer würzen, alles gut mischen.

Dazu paßt Blattsalat, von dem Sie einen Teil als Vorspeise essen (siehe S. 251).

Teigwaren mit Gemüse

Gemüsebrühe (siehe S. 44)
Vollkornteigwaren
Broccoli, Zucchini
Knoblauch, Chilischote
kalt gepreßtes Olivenöl
etwas Zitronensaft
Salz, frisch gemahlener Pfeffer

Die Zucchini in dünne Streifen schneiden, mit etwas Zitronensaft einreiben.
Die Broccoli in Röschen zerteilen, in etwas gesalzener Gemüsebrühe bißfest dünsten. (Die groben Stengel nicht verwenden; sie sind für eine Gemüsebrühe verwertbar.)
Die übriggebliebene Gemüsebrühe zu Sirup einkochen. Olivenöl beigeben, darin die Zucchini und den feingehackten Knoblauch 3 Min. dünsten, die Broccoli beigeben, mit fein zerteilter Chilischote, Salz und Pfeffer würzen.
Die Teigwaren in Salzwasser kochen (siehe S. 140), abtropfen lassen, in einer vorgewärmten Schüssel mit dem Gemüse mischen.

Abwandlungsmöglichkeiten:

andere Gemüse beigeben; mit feingehackten Kräutern bestreuen.

Garnitur für Teigwaren

Knoblauch
Schale einer ungespritzten Zitrone
Petersilie

Den Knoblauch fein hacken, mit feingehackter Petersilie und Zitronenschale mischen; über die mit Butter vermischten Teigwaren streuen.

Schwäbische Spätzle

500 g Weizenvollkornmehl,
aus getrockneten Körnern, frisch,
sehr fein gemahlen (siehe S. 55)
4 Eier
etwas Wasser

Aus Mehl, Eiern und Wasser einen zähflüssigen bis mittelfesten Teig kneten, bis er glatt ist und Blasen schlägt.
Ein »Spätzlebrett«[1] mit etwas Wasser befeuchten, den Teig in Teilen 1 bis 2 mm dick daraufstreichen, mit einem Spatzenschaber (oder Messerrücken) in kochendes Salzwasser schaben. (Den Schaber immer wieder in kaltes Wasser tauchen.)
Die Spätzle nur so lange kochen lassen, bis sie oben schwimmen, mit einem Schaumlöffel herausnehmen, in heißem Salzwasser schwenken, über dem heißen Schwenkwasser in einem Sieb abtropfen lassen, warmstellen.

Abwandlungsmöglichkeiten:

nach dem Mahlen die Kleie aus dem Mehl sieben; mit zerlassener Butter oder gebräunter Butter mischen; jeweils in Butter gebräunte Zwiebeln oder Vollkornbrösel darüberstreuen; mit geriebenem Käse oder mit Hefeflocken bestreuen; mit feingehackten Kräutern bestreuen.

[1]Ein »Spätzlebrett« ist ein etwa 15 cm breites Holzbrett mit Griff, das an der Schabstelle dünner ist. Es eignet sich dafür aber auch ein kleines Schneidebrett.
Wer sich das Schaben der Spätzle ersparen will – es ist nämlich nicht ganz einfach –, kann auch einen »Spätzledrücker« nehmen.

Kräuterspätzle

300 g Weizenvollkornmehl,
aus getrockneten Körnern, frisch
gemahlen (siehe S. 55)
2 Eier
kalt gepreßtes Olivenöl
frische Kräuter, fein gehackt
Salz

Alle Zutaten gut vermischen, über ein Spätzlebrett (siehe links) in kochendes Salzwasser schaben (oder mit einer Spätzlepresse oder durch ein großes Sieb ins Wasser drücken).
Wenn die Spätzle nach oben schwimmen, herausnehmen, mit gebräunter Butter übergießen.

Nockerln[2]

Weizenvollkornmehl,
aus getrocketen Körnern, frisch,
sehr fein gemahlen
(siehe S. 55)
Eigelb
Eiweiß
Butter, zimmerwarm
Salz

Eigelb und Butter schaumigrühren.
Das Eiweiß steifschlagen, unter das Eigelb-Butter-Gemisch mengen und salzen.

[2]Die österreichischen Nockerln sind kurze dickliche Spätzle. Meist sticht man Nockerln mit einem nassen Teelöffel vom Teig ab und läßt sie ins Wasser gleiten.

Soviel Mehl untermischen, daß sich ein fester Teig bildet.
Nockerln formen, in nicht mehr kochendem Salzwasser halb zugedeckt etwa 15 Min. ziehen lassen, abtropfen lassen.

Maultaschen

Gemüsebrühe (siehe S. 44)
Nudelteig (siehe S. 140)
Eiweiß

Füllung:

Spinat, vorbereitet (siehe S. 69)
Zwiebeln, Ei, Butter
Vollkornbrot, etwas Milch, Salz
frisch gemahlener Pfeffer

Der Nudelteig darf noch nicht getrocknet sein! Man bereitet deshalb die Fülle am besten zuerst zu.
Das Vollkornbrot grob zerkleinern und in kochender Milch einweichen.
Den Spinat grob zerkleinern.
Die feingehackten Zwiebeln in Butter glasig dünsten.
Alle Zutaten der Fülle gut mischen.
Auf den ausgerollten Nudelteig in gleichen Abständen Häufchen der Fülle setzen, den Raum zwischen den Häufchen mit Eiweiß bestreichen, eine zweite Teigschicht nach dem Ausrollen über die Nudelrolle wickeln und über den Häufchen abrollen, im Raum zwischen den Häufchen fest andrücken, in einzelne Taschen zerschneiden, auf einem Tuch ausgebreitet trocknen lassen.
In Gemüsebrühe 12 bis 15 Min. köcheln lassen, in der Brühe servieren.

Oder:

In Salzwasser kochen, herausnehmen, mit brauner Butter übergießen, mit feingehackten Kräutern bestreuen.

Abwandlungsmöglichkeiten:

Mangold und/oder Lauch und/oder Brennesseln oder eingedickten Tomatenbrei (siehe S. 146) statt Spinat.

Ravioli

Nudelteig (siehe S. 140), frisch
Fülle (siehe unten)

Die Fülle zuerst zubereiten.
Den Nudelteig dünn ausrollen, zwei gleich große Teigstreifen von etwa 10 cm Breite mit einem Teigrädchen ausschneiden. (Jede Teigtasche soll später 5 cm im Quadrat messen.)
Einen der Streifen mit einem Tuch bedecken, damit er nicht austrocknet.
Auf den anderen Streifen im Abstand von 5 cm zweireihig 1/2 Teelöffel Fülle in die geplante Mitte der Teigtasche geben.
Den Teig zwischen den Häufchen und am Rand mit Wasser oder Eiweiß bestreichen, den anderen Teigstreifen darüberlegen, mit der Handkante die Ränder der Teigtaschen fest zusammendrücken, mit einem Teigrädchen die Ravioli auschneiden, auf einem Tuch etwa 1 Std. trocknen lassen.
In sprudelnd kochendem Salzwasser die Ravioli kochen – nicht zuviel auf einmal. Wenn die Ravioli an der Oberfläche schwimmen, sind sie fertig.

Anregungen für die Fülle:

1. In Butter gedünstete Steinpilze oder Champignons, leicht gesalzen.
2. Spinatpüree (siehe S. 69)
3. Gedünsteter Lauch (siehe S. 74).
4. Mirepoix (siehe S. 75).
5. Gemüsepüree (siehe S. 75).
6. Letscho, Zutaten stark zerkleinert (siehe S. 77).
7. Auberginenpüree (siehe S. 79).
8. Geschmolzene Tomaten (siehe S. 81).
9. Durch den Fleischwolf gedrehte Hühnerbrust.

Nudelsalat

Siehe S. 32.

Raum für eigene Variationen und persönliche Anmerkungen:

PIZZEN

Pizzateig I

500 g Vollkornweizenmehl, aus getrockneten Körnern frisch gemahlen (siehe S. 55)
25 g Hefe
kalt gepreßtes Olivenöl, Salz

Backen: 15 bis 25 Min. bei 250 °C (Gasherd Stufe 6)

Die Hefe in lauwarmem Wasser auflösen, zusammen mit etwas Mehl einen Vorteig mengen, 1/2 Std. in der Wärme gehen lassen.
Das restliche Mehl mit Salz und Vorteig mischen, nach und nach lauwarmes Wasser und etwas Olivenöl beigeben, bis der Teig glatt, aber noch fest ist, gut durchkneten. Den Teig mit Mehl bestäuben, in der Wärme zu doppelter Größe gehenlassen.
Den Teig kurz durchkneten, 1 cm dick ausrollen oder mit geölten Händen auf dem Blech dünn auseinanderdrücken, den Teig am Blechrand hochziehen, mit Olivenöl und Tomatenbrei (siehe rechts) bestreichen, nach Geschmack belegen (dabei einen Rand lassen), mit Kräutern bestreuen, backen.

Pizza läßt sich besser portionieren, wenn man sie auf einem mit Öl gut eingefetteten rechteckigen Kuchenblech bäckt. Im Gasherd sollte man die Pizza wegen der Unterhitze im unteren Teil des Herdes backen.

Abwandlungsmöglichkeit:

Milch statt Wasser; dem Teig etwas Honig beigeben.

Kräuter für Pizzen
(zur Auswahl)

getrocknet und zerrieben: Oregano, Thymian, Rosmarin

frisch: Basilikum

Pizzateig II
(für 2 Backbleche)

500 g Weizenvollkornmehl, aus getrockneten Körnern frisch gemahlen (siehe S. 55)
2 El. Magerquark
160 g Butter
Vollkornbrot-Brösel
(kein Sauerteigbrot!)
Salz

Backen: 30 bis 35 Min. bei 230 °C (Gasherd Stufe 5)

Die Zutaten ohne Brösel mit Wasser zu einem glatten Teig kneten, 30 Min. ruhen lassen, 4 mm dick ausrollen, mit den Bröseln bestreuen, je nach Geschmack belegen (dabei einen Rand lassen), backen.

Diese Pizza wird nicht mit Tomatenbrei bestrichen!

Abwandlungsmöglichkeit:

die fertige Pizza mit feingeschnittenem Schnittlauch bestreuen.

Tomatenbrei für Pizzen
(Salsa pizzaiola)

1,5 kg (möglichst längliche) Tomaten
etwas Tomatenmark
Zwiebeln, Knoblauch
kalt gepreßtes Olivenöl
Oregano, Basilikum, Lorbeer
etwas Honig, Salz

Zwiebeln und Knoblauch fein hacken, in Olivenöl andünsten. Die Tomaten schälen (siehe S. 68), grob hacken, beigeben, mit Tomatenmark, Salz, Lorbeer und Oregano 1 Std. unbedeckt einkochen.

Das Lorbeerblatt entfernen, kleingehacktes Basilikum untermischen, Honig beimengen, erkalten lassen. Eventuell mit dem Rührstab pürieren.

Der Tomatenbrei darf keinesfalls dünnflüssig sein, sonst wird der Pizzateig zu feucht.

Belag für Pizzen
(zur Auswahl)

Jeden Pizzabelag mit Olivenöl beträufeln.

Zwiebeln, Knoblauch, eingelegte Artischockenherzen oder Artischockenböden, Auberginenscheiben, grüne und schwarze Oliven, Kapern, Peperoni, verschiedene Pilze;

kurz blanchiertes Gemüse (siehe S. 68): Lauch, Blumenkohl, Paprikaschoten, Spargel, Kohlrabi;

Thunfisch (aus der Dose), Sardellen (aus der Dose), Sardinen (aus der Dose, ohne Haut und Gräten), Shrimps, ausgelöste Muscheln, in Butter vorgedünsteter Tintenfisch, kurz pochierte Fischfiletstückchen, dünngeschnittene gedünstete Hühnerbrust (siehe S. 166, nur 10 Min. gegart), gehackte Eier;

verschiedene Käse in Scheiben, gewürfelt oder gerieben (besonders geeignet: Mozzarella).

Standardrezepte für Pizzen

Pizza Margherita: Teig, Salsa pizzaiola (siehe S. 146), gewürfelter Mozzarella, Olivenöl, Basilikum.

Pizza funghi: Salsa pizzaiola (siehe S. 146), Champignons, gewürfelter Mozzarella, Olivenöl, Oregano.

Pizza con tonno: Teig, Salsa pizzaiola (siehe S. 146), Thunfisch, Zwiebelstreifen, grüne Oliven, Kapern; Olivenöl, Oregano, Thymian, frisch gemahlener Pfeffer.

Pizza con gorgonzola: Teig, Salsa pizzaiola (siehe S. 146), dünne Gorgonzolascheiben; Olivenöl, Rosmarin, frisch gemahlener Pfeffer.

Pizza alla marinara: Teig, Salsa pizzaiola (siehe S. 146), Sardellen; eventuell: Fischfilets, Shrimps, Muscheln, Tintenfisch; schwarze Oliven, Kapern, Olivenöl.

Pizza aglio et olio: Teig, feingehackter Knoblauch, gemischt mit Oregano, Salz, Olivenöl und frisch gemahlenem Pfeffer.

Pizza Vesuvio: Pizzateig II, Champignons, Tomaten, schwarze Oliven, Peperoni, geriebener Gruyère, Salz, Olivenöl, Oregano, frisch gemahlener Pfeffer.

Raum für eigene Variationen und persönliche Anmerkungen:

QUARK- UND KÄSEGERICHTE

Salzige Variationen mit Quark

jeweils mit Milch oder Sahne; jeweils mit Salz, eventuell auch mit frisch gemahlenem Pfeffer.

Mischungsvorschläge:

1. feingehackte Kräuter
2. feingehackte Kräuter, Hefeflocken, Senf
3. kalt gepreßtes Olivenöl, frisch geriebener Meerrettich
4. Joghurt, Schale von ungespritzten Zitronen, Tabasco
5. Shrimps
6. Rosenpaprikapulver
7. Kümmel
8. Tomatenmark
9. feingeriebener Rettich

Süße Variationen mit Quark

jeweils mit Milch oder Sahne; jeweils mit Honig (oder Ahornsirup)

Mischungsvorschläge:
(auch manches kombinierbar)

1. beliebige Früchte
2. beliebige Früchte, Cointreau (oder Grand Marnier, echter Rum, Kirschwasser, Whisky . . .)
3. Rosinen und/oder andere Trockenfrüchte, Zimt, Eigelb
4. Apfelmus
5. geriebene Nüsse oder Mandeln
6. Sanddornsaft

Quark mit Keimlingen

Magerquark
etwas Milch oder Sauermilch
Senfkeimlinge (siehe S. 27)
Kressekeimlinge
(siehe S. 27)
etwas kalt gepreßtes Olivenöl
Schalotten
Knoblauch
Salz, frisch gemahlener Pfeffer

Die Schalotten ganz fein hacken, den Knoblauch dazupressen, mit Quark, Milch, Öl, Salz und Pfeffer zu einer glatten Masse rühren, die Keimlinge unterheben.

Abwandlungsmöglichkeiten:

auf in Dressing getauchten Salatblättern anrichten; mit Tomatenstückchen oder Radieschenscheiben garnieren.

Mandelquark

Magerquark
etwas Milch
viel Mandeln, feingehackt
Honig

Alle Zutaten gut vermischen.

Auch als Fülle von Palatschinken und Bratäpfeln geeignet.

Abwandlungsmöglichkeiten:

ein Eigelb untermengen; etwas Salz und Pfeffer statt Honig; Getreidesprossen durch den Fleischwolf drehen und untermengen.

Käsesalat

Siehe S 33.

Käseauflauf

50 g Hartkäse (bevorzugt Gruyère)
50 g Butter
1/2 Tl. Weizenvollkornmehl, aus
getrockneten Körnern
frisch gemahlen (siehe S. 55)
5 Eier
2 El. Bier
Salz

Backen: 10 Min. bei 190 °C (Gasherd Stufe 3)

Butter, Salz und Bier erhitzen, mit dem Schneebesen schaumigschlagen, vom Herd nehmen, Mehl beigeben, 5 Min. weiterschlagen, 5 Min. quellen lassen.
Den Käse in ganz kleine Stückchen schneiden, beimengen.
Ein hitzebeständiges Gefäß ausbuttern.
Das Backrohr auf 210 °C (Gasherd Stufe 4) vorheizen.
Langsam ein Ei nach dem anderen in die Buttermischung schlagen, vorsichtig erwärmen, so daß der Käse gerade darin schmilzt, weiterschlagen.
Die Masse in das Gefäß füllen, ins Backrohr geben, die Hitze auf 190 °C (Gasherd Stufe 3) reduzieren, goldgelb backen.

Gewürzter Schafkäse

Schafkäse
kalt gepreßtes Olivenöl
Knoblauch
frische Kräuter

Den Schafkäse mit einer Gabel zerdrükken, die Kräuter fein hacken, alle Zutaten gut mischen.

Abwandlungsmöglichkeiten:

feingehackte Zwiebel dazugeben; mit Oliven garnieren.

Birnen mit Gorgonzola

pro Person 1/2 Birne
(bevorzugt Williams)
Gorgonzola, Butter, zimmerwarm
Zitronensaft
gemahlene Nüsse

Die Birnen ungeschält der Länge nach halbieren, den Stiel an einer Hälfte belassen, das Kernhaus und alle harten Stellen entfernen, leicht aushöhlen, alle Schnittflächen mit Zitronensaft einreiben.
Den Gorgonzola mit der Butter schaumigschlagen, die Birnen damit füllen, mit gemahlenen Nüssen bestreuen, 1 Std. in den Kühlschrank stellen.

Birnen mit Roquefort

pro Person 1/2 Birne
(bevorzugt Williams)
Roquefort, zimmerwarm
Zitronensaft, Sahne
Mandelsplitter

Die Mandelsplitter in einer Pfanne rösten und erkalten lassen.
Den Roquefort mit einer Gabel zerdrücken, die Sahne steifschlagen und mit dem Käse mischen.
Die ungeschälten Birnen der Länge nach halbieren, das Kernhaus und alle harten Stellen entfernen, leicht aushöhlen, alle Schnittflächen mit Zitronensaft einreiben.
Die Höhlung mit der Käse-Sahne-Mischung füllen, mit Mandelsplittern bestreuen, 1 Std. in den Kühlschrank stellen.

Abwandlungsmöglichkeiten:

Äpfel, Pfirsiche oder Aprikosen statt Birnen, auch mischen; den Roquefort mit etwas Quark und Milch verrühren.

Käsebällchen

Frischrahmkäse
frische Kräuter
Rosenpaprikapulver

Aus dem Käse kleine Bällchen formen, die Hälfte davon in den feingehackten Kräutern rollen, die andere Hälfte in Rosenpaprikapulver, 1 Std. in den Kühlschrank stellen.

Abwandlungsmöglichkeit:

in (eventuell gerösteten) Vollkornbröseln rollen.

Zur Garnitur von Salaten.

Quarkkugeln

Quark
Zwiebel
kalt gepreßtes
Olivenöl
Senfpulver
Salz
frisch gemahlener
schwarzer Pfeffer

Die Zwiebel fein hacken, in leicht erhitztes Öl geben, goldgelb dünsten, erkalten lassen.
Quark, Zwiebel, Senfpulver, Salz und Pfeffer gut mischen, mit feuchten Händen kleine Kugeln formen, 1 Std. in den Kühlschrank stellen.

Abwandlungsmöglichkeiten:

Die Kugeln vor dem Kühlen in feingehackten Kräutern, Paprikapulver oder grob zerstoßenen Nüssen wälzen.

Zur Garnitur von Salaten, als Vorspeise, als Zwischengericht, als Abschiedsgruß.

FISCHE UND MEERESFRÜCHTE

Manche Fische haben von Natur aus einen höheren Quecksilbergehalt, z. B. Thunfisch, Hai, Hecht, Heilbutt, Aal, Rochen, Schwertfisch. Diese Fische sollten Sie nicht so häufig essen. Unbedenklich sind Forelle, Hering, Makrele, Kabeljau, Seelachs, Rotbarsch, Scholle und Sardine.

Bei Seefischen ist die Wahrscheinlichkeit geringer, daß sie durch Umweltgift belastet sind.

Achten Sie beim Einkauf darauf, daß Fische möglichst frisch sind. Frische Fische haben keinen fischigen Geruch. Das Fleisch ist fest und elastisch, die Kiemen sind kräftig rot, und die Augen stehen prall hervor.

Frisches Fischfilet sieht glasig aus und ist an den Rändern noch feucht.

Manche Fische werden nur tiefgekühlt angeboten. Zu lange gelagerte Tiefkühlfische können tranig schmecken.

Fische sollte man vor der Zubereitung säubern, säuern und salzen.

Säubern *heißt: zuerst waschen (aber den Schleim belassen!), dann alle Reste von Blut und Gedärmen entfernen.*

Säuern *heißt: den Fisch mit wenigen Tropfen Zitronensaft oder gutem Essig (z. B. Sherryessig) einreiben. Dadurch verliert er den durchdringenden Fischgeschmack, und das Fleisch wird fester, zerfällt also nicht so rasch beim Garprozeß.*

Salzen *heißt: den Fisch ganz kurz vor der Zubereitung leicht mit Salz bestreuen. Das hebt das Eigenaroma. Nach dem Salzen muß der Garprozeß sofort beginnen, sonst entzieht das Salz dem Fisch Saft und damit Vitamine und Mineralstoffe.*

Garen Sie Fisch nie zu lange und stets bei milder Hitze. Fische mit Gräten sollten an den Gräten noch leicht rosa sein.

Großen Fischen schneiden Sie in regelmäßigen Abständen mehrmals quer tief in die Haut. Wenn Teile aus dem Sud herausragen, müssen sie ab und zu mit Sud begossen werden.

Große Fische brauchen im Sud 30 bis 40 Minuten.

Wenn Sie vor dem Servieren den Fisch enthäuten, braucht er nicht geschuppt zu werden.

Essigsud für Fisch

Gemüsebrühe (siehe S. 44)
wenige Tropfen (!) Essig
Thymianzweig
Lorbeer, Salz
Pfefferkörner, grob zerdrückt

Gemüsebrühe, Essig, Thymian, Lorbeer und Salz 30 Min. kochen, die Pfefferkörner beigeben, 10 Min. weiterkochen, durch ein Haarsieb seihen, abkühlen lassen.

Abwandlungsmöglichkeiten:

zerdrückte Wacholderbeeren statt Thymian; den Essig weglassen und die Hälfte der Brühe durch herben Weiß- oder Rotwein ersetzen.

Heller Fischsud
z. B. für Steinbutt, Hecht

Gemüsebrühe (siehe S. 44)
Milch
Zitrone, Salz

Die Zitrone schälen, in Scheiben schneiden, entkernen.
Alle Zutaten aufkochen, abkühlen lassen, seihen.

Fisch im Sud

Fischsud (siehe oben)
Fisch
Zitronensaft, Salz

Den Fisch säubern, mit Zitronensaft beträufeln, leicht salzen, in den kalten Sud legen (der Fisch soll ganz bedeckt sein), langsam erwärmen, keinesfalls zum Kochen bringen, je nach Größe 20 bis 40 Min. ziehen lassen.

Einfacher Fischsud für kalten Fisch

Fischfilet
Schalotten
herber Weißwein, Zitronensaft
Butter, Salz

Ein Gefäß buttern, mit den gehackten Schalotten auslegen.
Den Fisch in dünne Streifen schneiden, auf die Schalotten legen.
Wein, Zitronensaft und Salz aufkochen, über den Fisch gießen, zudecken, den Fisch darin erkalten lassen, herausnehmen, abtropfen lassen.
Den Fisch für Salate weiterverwenden.

Fischfond

etwas Gemüsebrühe (siehe S. 44)
Fischabfälle ohne Gedärme, bevorzugt Häute und Gräten von Seezunge, Forelle, Steinbutt, Seehecht (keinesfalls von Fischen mit starkem Eigengeschmack, z. B. Hering und Makrele!), darunter möglichst ein Fischkopf, bevorzugt von Hecht oder Lachs (Kiemen entfernen!), oder kleingeschnittene ausgenommene Fische samt Haut und Gräten
frische Zuchtchampignons
Lauch
Tomaten
Sellerieblätter
Zwiebel mit Schale
Knoblauch mit Schale
etwas Butter
Lorbeer, Thymian
etwas herber Weißwein

Die Fischabfälle unter kaltem Wasser gut spülen.

Lauch, Tomaten, Sellerieblätter, Zwiebel und Knoblauch grob zerkleinern, mit Lorbeer, Thymian und dem Fisch in Butter zugedeckt 30. Min. dünsten. Die Champignons fein hacken. Gemüsebrühe, Wein und Champignons beigeben und 40 Min. zugedeckt köcheln, durch ein Haarsieb passieren.

Weiterverwendung:

1. Zum Poschieren von Fisch mit gleicher Menge herbem Weißwein mischen.
2. Für Saucen stark einkochen.

Geschmorter Fisch

Fischfilets
etwas Butter
etwas kalt
gepreßtes Olivenöl
etwas Zitronensaft
Oregano
(getrocknet)
Petersilie
Salz
frisch gemahlener
Pfeffer

Schmoren: 20 bis 30 Min. bei 190 °C (Gasherd Stufe 3)

Die Filets waschen, abtrocknen, mit wenig Zitronensaft beträufeln, salzen.

Öl, Butter, Oregano, Pfeffer und feingehackte Petersilie in einer Pfanne erwärmen, gut umrühren, die Filets darin wälzen, in ein hitzebeständiges Gefäß nebeneinanderlegen, das Fett aus der Pfanne darübergießen, im vorgeheizten Backrohr unbedeckt schmoren, immer wieder mit dem Fett begießen.

Abwandlungsmöglichkeit:

gepreßten Knoblauch beigeben.

Dazu paßt Oliven-Kapern-Sauce (siehe S. 113).

Pochierter Fisch I

---

etwas Gemüsebrühe (siehe S. 44)
Fischfilets
Schalotten
Butter
Zitronensaft
Salz

Pochieren: 10 bis 15 Min. bei 210 °C (Gasherd Stufe 4)

Ein hitzebeständiges Gefäß ausbuttern, mit feingehackten Schalotten auslegen. Die Filets säubern, in Portionen schneiden, mit Zitronensaft beträufeln, auf die Schalotten legen, kochend heiße Gemüsebrühe darübergießen, sparsam salzen, mit Alufolie bedecken, im vorgeheizten Backrohr pochieren.

Abwandlungsmöglichkeiten:

herber Weißwein statt Gemüsebrühe; Fischfond (siehe S. 155) und herber Weißwein statt Gemüsebrühe (in beiden Fällen kochend heiß).

Pochierter Fisch II

Fischfilets
herber Weißwein
Butter
Zitronensaft
Salz, frisch gemahlener weißer Pfeffer

Sauce:

reichlich herber Weißwein
Crème fraîche
Schalotten oder Frühlingszwiebeln, fein gehackt
etwas Zitronensaft
Schnittlauch, fein geschnitten
Salz
frisch gemahlener weißer Pfeffer

Pochieren: 10 bis 15 Min. bei 210 °C (Gasherd Stufe 4)

Die Filets in Portionen teilen, pfeffern, mit Zitronensaft beträufeln, ruhen lassen.
Die Filets in ein ausgebuttertes hitzebeständiges Gefäß legen (dünne Filetteile umklappen), salzen, mit etwas flüssiger Butter begießen, eine dünne Schicht Weißwein dazugießen, mit Alufolie bedecken.
Im vorgeheizten Backrohr pochieren, den Saft zur Sauce geben, warmstellen.

Sauce:

Die Zwiebeln in Wein aufkochen, mit wenigen Tropfen Zitronensaft, Salz und Pfeffer würzen, stark einkochen, die Crème fraîche mit dem Schneebesen hineinschlagen, den fein geschnittenen Schnittlauch untermengen.
Die Filets auf vorgewärmte Teller geben, mit Sauce überziehen.

Abwandlungsmöglichkeit:

Muscheln in Fischsaft erhitzen, beigeben.

Fischauflauf

Fischfilets
mehlige Kartoffeln, roh
Spinat
Tomaten
2 Eier
1/4 l Sahne
Butter
Salz
frisch gemahlener
Pfeffer
frisch geriebener Muskat

Backen: 30 Min. bei 220 °C (Gasherd Stufe 4 1/2)

Den Spinat blanchieren (siehe S. 68).
Die Tomaten häuten und entkernen, grob zerkleinern. (Die Reste für Gemüsebrühe verwendbar.)
Die Kartoffeln schälen, in sehr dünne Scheiben schneiden. (Schalen verwertbar für eine Gemüsebrühe.)
Ein hitzebeständiges Gefäß ausbuttern, Spinat, Kartoffeln, Fischfilet und Tomaten schichtweise einlegen, mit Kartoffeln abschließen.
Eier, Sahne und nicht zuwenig Gewürze mit einer Gabel kräftig schlagen, auf die Kartoffelschicht gießen, im vorgeheizten Backrohr backen.

Abwandlungsmöglichkeiten:

andere blanchierte Gemüse statt Spinat; mit geriebenem Hartkäse (bevorzugt Gruyère) bestreuen.

Fischfilets auf Fenchel

Fischfilets
Fenchel, Fenchelgrün
Zwiebel, Knoblauch
herber Weißwein
ungespritzte Zitrone
etwas Zitronensaft
kalt gepreßtes Olivenöl
etwas Honig
Salz

Die Fischfilets salzen, mit wenigen Tropfen Zitronensaft beträufeln, ruhen lassen.
Zwiebel und Knoblauch fein hacken, in leicht erhitztes Öl geben, glasig dünsten.
Den Fenchel in schmale Streifen schneiden, dazugeben, zudecken, etwa 5 Min. weiterdünsten, salzen, etwas Weißwein dazugeben, einkochen.
Die Fischfilets auf den Fenchel legen, mit Zitronenscheiben bedecken, zudecken, 20 Min. dünsten, mit gehacktem Fenchelgrün bestreuen.
Etwas Sauce entnehmen, mit Honig vermischen, über das Gericht gießen.

Abwandlungsmöglichkeit:

Fischfond (siehe S. 155) anstelle von oder zum Weißwein.

Gefüllte Fischfilets
(kalt)

Fischsud
(siehe S. 155)
Fischfilets
Dill
Brunnenkresse
weiche Avocados
etwas scharfer Senf
(bevorzugt Dijon-Senf)
Crème fraîche
etwas Zitronensaft
Salz
frisch gemahlener
Pfeffer

Die Filets in Fischsud 10 Min. pochieren, im Sud erkalten lassen.
Das Avocadofleisch mit Senf, Crème fraîche, Zitronensaft, Salz und Pfeffer zu einer Paste gut verrühren, feingehackten Dill untermengen.
Die Paste auf die Oberseite eines Filets streichen, ein zweites darauflegen, mit Brunnenkresse garnieren.

Fischfilets in Zitronenbutter

Fischfilets
Butter
Salz
Zitronensaft
Kerbel
eventuell rote Pfefferkörner

Die Fischfilets in kleine Stücke schneiden, beidseitig leicht salzen und mit wenig Zitronensaft einreiben.
In einer Pfanne Butter mit wenig Zitronensaft erhitzen, bis die Flüssigkeit verdampft ist und die Butter leicht bräunt.
Den Fisch und die Pfefferkörner hineingeben, die Filetstückchen beidseitig ganz kurz anbraten, bis der Fisch gerade gar ist – keinesfalls länger (Kostprobe nehmen!).
Mit feingehacktem Kerbel bestreuen.

Abwandlungsmöglichkeit:

bevor der Fisch in die Pfanne gelegt wird, etwas Sahne hineingeben und leicht eindicken lassen.

Fischsalat

Siehe S. 33.

Marinierter Lachs

Räucherlachs,
dünn in Scheiben geschnitten
Limonen- oder
Zitronensaft
dreimal soviel kalt
gepreßtes Olivenöl
viele Kräuter, z. B. Brunnenkresse
Kerbel, Borretsch, Estragon
Salz
frisch gemahlener
Pfeffer

Die Lachsscheiben auf einer großen Platte so ausbreiten, daß sie sich möglichst wenig überlappen.
Salz und Limonensaft mit einer Gabel rühren, bis sich das Salz gelöst hat. Pfeffer und Öl beigeben und zu einer Emulsion schlagen (siehe S. 35).
Die Kräuter hacken, unter die Marinade mischen.
Die Marinade gleichmäßig über die Lachsscheiben verteilen; die Scheiben etwas mit einer Gabel anheben, damit sich die Marinade auch darunter verteilt. Etwas ziehen lassen.
Die Lachsscheiben herausnehmen, abtropfen lassen und auf Tellern anrichten.

Dazu paßt Senfcreme (siehe S. 119).

Forellen vorbereiten

Forellen sind am schmackhaftesten im Mai, Juni und Juli. Im Herbst und Winter verlieren sie ihren Wohlgeschmack fast zur Gänze.
Forellen sollen immer ganz frisch zubereitet werden.
Man tötet die Forellen durch einen kräftigen Schlag auf den Kopf, entfernt Kiemen und Darm, kratzt den Blutstrang an der Rückengräte mit einer Messerspitze heraus und säubert die Bauchhöhle mit Küchenkrepp.

Forelle blau

---

pro Person 1 Forelle, vorbereitet (siehe oben)
Essigsud (siehe S. 155)

Die Forellen nicht waschen, die Schleimschicht der Haut nicht beschädigen!
Den Sud aufkochen, die Forellen hineingeben, bei kleiner Hitze 8 Min. ziehen lassen.

Dazu paßt geschmolzene Butter, die mit etwas Zitronensaft mit dem Schneebesen stark geschlagen worden ist.

Forelle Müllerin

---

pro Person 1 Forelle, vorbereitet (siehe oben)
etwas Weizenvollkornmehl, aus getrockneten Körnern frisch gemahlen
kalt gepreßtes Olivenöl
Butter
Zitronensaft, Petersilie
Salz, frisch gemahlener Pfeffer

Die Forellen kurz waschen und gut abtrocknen.
Salz, Pfeffer und Öl vermischen, die Forellen damit einreiben, in Mehl wenden, überschüssiges Mehl abschütteln.
Nicht zuwenig Butter klären, etwas Öl beigeben, dieses Butter-Öl-Gemisch in einer großen Pfanne erhitzen, die Forellen hineinlegen, die Hitze etwas reduzieren, auf beiden Seiten braun braten, auf eine heiße Platte legen, mit Zitronensaft beträufeln.
Die Petersilie grob hacken, 2 Sek. in kochendes Wasser tauchen, über die Forellen streuen.
In der Bratpfanne etwas Butter rasch bräunen, über die Forellen gießen.

Gedünstete Forelle

---

pro Person 1 Forelle, vorbereitet (siehe links oben)
etwas Gemüsebrühe (siehe S. 44)
Butter
etwas Zitronensaft
Salz
frisch gemahlener Pfeffer

Dünsten: 20 Min. bei 220 °C (Gasherd Stufe 4 1/2)

Die Forellen exakt 15 Sek. in kochendes Wasser legen, mit einem scharfen Messer am Körper vorsichtig die Haut abziehen. (Kopf und Schwanzende bleiben in der Haut.)
Die Forellen innen und außen mit wenigen Tropfen Zitronensaft beträufeln, kurz vor dem Garprozeß innen und außen mit Salz und Pfeffer würzen, in ein ausgebuttertes hitzebeständiges Gefäß legen, etwas Gemüsebrühe beigeben, zudecken, im vorgeheizten Backrohr dünsten.

Abwandlungsmöglichkeit:

herber Weißwein anstelle von oder zur Gemüsebrühe.

Dazu paßt Kräutersauce (siehe S. 106).

Forelle in der Folie

etwas Gemüsebrühe (siehe S. 44)
pro Person 1 Forelle,
vorbereitet (siehe S. 159)
etwas Selleriegrün, etwas Fenchelgrün
etwas Lauch, Butter
Salz, frisch gemahlener Pfeffer

Dünsten: 20 Min. bei 220 °C (Gasherd Stufe 4 1/2)

Die Forellen unter fließendem Wasser sorgfältig säubern, innen und außen mit Zitronensaft beträufeln.
Alufolie doppelt legen, buttern, mit feingehacktem Grün und Lauchröllchen belegen, mit Gemüsebrühe beträufeln.
Die Forellen innen und außen mit Salz und Pfeffer würzen, auf die Folie legen, diese locker darüberschlagen, sofort im vorgeheizten Backrohr dünsten.
Nach dem Garen den Saft auffangen, durchseihen, kräftig einkochen, über die Forellen gießen.

Abwandlungsmöglichkeiten:

herber Weißwein statt Gemüsebrühe; Rosmarin und Lorbeer beigeben; die Sauce mit Crème fraîche verrühren.

Lachs in Orangenbutter

frischer Lachs
Orangenbutter (siehe S. 122)
Salz, frisch gemahlener Pfeffer
Sauerampfer

Den rohen Lachs waschen, trocknen, häuten und in hauchdünne Scheiben schneiden. (Die hierbei entstehenden Reste zu Fischfond oder Fischsuppe verwenden.)
Flache Teller stark erhitzen, die Lachsscheiben auf einer Seite wenig salzen und pfeffern, mit der gewürzten Seite nach unten auf die heißen Teller legen, mit Orangenbutter bestreichen, kurz unter den Elektrogrill schieben, mit feingehacktem Sauerampfer bestreuen.

Pochierte Seezungenfilets

Fischfond (siehe S. 155)
pro Person 1 Seezungenfilet
Schalotten
herber Weißwein, etwas Zitronensaft
Salz, frisch gemahlener Pfeffer

Pochieren: 8 bis 10 Min. bei 170 °C (Gasherd Stufe 2)

Die Filets mit wenigen Tropfen Zitronensaft beträufeln, salzen, pfeffern.
Ein hitzebeständiges Gefäß ausbuttern, mit feingehackten Schalotten auslegen, die Filets nebeneinanderlegen, die dünnsten Stellen umklappen.
In einem Töpfchen Fischfond und Wein zu gleichen Teilen zum Kochen bringen, vorsichtig neben die Filets gießen, alles mit Alufolie bedecken, im vorgeheizten Backrohr pochieren.

Dazu paßt: Kräutersauce (siehe S. 106) oder Buttersauce (siehe S. 114).

Überbackene Seezungenfilets

pro Person 1 pochiertes Seezungenfilet (siehe oben), nur 5 Min. pochiert, aus der Flüssigkeit genommen und warmgestellt, Pochierflüssigkeit
Butter, etwas Sahne
etwas Hartkäse (bevorzugt Gruyère)
2 Eigelbe, Zitronensaft
Salz, frisch gemahlener Pfeffer

Überbacken: 10 bis 15 Min. bei 250 °C (Gasherd Stufe 6)

Birnen mit Gorgonzola

Schmackhafte Käsesorten

Sebastian Kneipp: »So sollt ihr leben«

»Aus der Milch wird Käse bereitet. Der Käse enthält gleichfalls viele Nährstoffe; aber diese haben verschiedene Umwandlungen durchgemacht, besonders Salz usw., erhalten.«

Käse
Quark

Tintenfisch und Scholle

Flußbarsch

Sebastian Kneipp: »So sollt ihr leben«

»Auch die Fische bieten dem Menschen viele Nährstoffe und enthalten ziemlich reichlich Eiweiß.«

Shrimps und Scampi

Fische

Panierte Hühnerbeine

Gefüllte Truthahnschnitzel

Sebastian Kneipp: »So sollt ihr leben«

»Wozu wären so viele Tausende von Tieren auf den Feldern, in den Wäldern und in der Luft da, wenn sie nicht auch als Nahrungsmittel der Menschen dienen . . .«

Geflügel

Truthahn

Lammspieß

Lammrücken

Sebastian Kneipp: »So sollt ihr leben«

»Da jedoch auch das Fleisch ein gutes Nahrungsmittel ist, so wird man am besten tun, neben den Vegetabilien auch dieses zur Speise zu wählen.«

Lamm

Die Pochierflüssigkeit durch ein Haarsieb seihen und zu Sirup einkochen, die Sahne beigeben und gut rühren, zu einer dicken Sauce einkochen, mit Zitronensaft, Salz und Pfeffer würzen, vom Herd nehmen.
Die Eigelbe mit etwas Sahne verrühren, etwas von der heißen Sauce nach und nach unterrühren, die Mischung mit dem Schneebesen unter die Sauce schlagen.
Die Filets nebeneinander in ein hitzebeständiges Gefäß legen, die Sauce unter sowie über die Filets verteilen, mit geriebenem Käse bestreuen, Butterflöckchen aufsetzen, im vorgeheizten Backrohr überbacken, eventuell 1/2 Min. unter dem Elektrogrill bräunen.

Abwandlungsmöglichkeit:

Champignonpüree (siehe S. 101) oder in Butter gedünstete frische Zuchtchampignons in die Sauce mengen.

Fischspieße

Fischfilets
von festen Fischen
(z. B. Petersfisch, Seewolf)
herber Weißwein
Zitronensaft
etwas kalt gepreßtes
Olivenöl
Butter
Lorbeerblätter
Salz
Pfefferkörner

Die Filets in Würfel schneiden, so auf die Spieße stecken, daß zwischen zwei Würfeln ein kleines Stück Lorbeerblatt steckt (das nicht herausragt), mit Zitronensaft beträufeln.
Die Spieße auf eine tiefe Platte legen.
Weißwein, Zitronensaft, Olivenöl, Salz und Pfefferkörner kurz aufkochen, auf Handwärme erkalten lassen, über die Spieße gießen, diese 2 Std. unter mehrmaligem Wenden im Sud marinieren, abtropfen lassen.
In Butter ganz kurz ausbraten. (Die Filets dürfen nicht zerfallen!)
Warm oder kalt servieren.

Abwandlungsmöglichkeit:

mit Dill garnieren; mit im Mörser zerstoßenem Kümmel bestreuen.

Salzheringe vorbereiten

Salzheringe bekommt man häufig bereits filetiert. Es genügt, sie über Nacht zu wässern und vor der Weiterverarbeitung mit Wasser gut zu spülen. Ganze Salzheringe werden lange gewässert, dabei wird das Wasser öfters erneuert. Anschließend entfernt man Kopf, Schwanz und Rückenflosse, schneidet den Bauch auf, nimmt sie aus, wäscht sie in lauwarmem Wasser und filetiert sie. Die Filets legt man dann noch für 2 Std. in Milch oder in schwarzen Tee.

Marinierte Heringe I

Salzheringe,
vorbereitet und filetiert
(siehe oben)
rote Zwiebel
Körner von schwarzem
Pfeffer

Beize:

Rotweinessig
doppelt soviel Wasser
etwas Honig
Lorbeer
Wacholderbeeren
Körner von schwarzem und weißem
Pfeffer

Alle Zutaten der Beize – ausgenommen der Honig – zusammen aufkochen, durch ein Haarsieb gießen,

Honig untermengen, abkühlen lassen. Die Heringfilets grob zerschneiden, in eine Schüssel geben, mit Zwiebelscheiben belegen, die Pfefferkörner grob im Mörser zerdrücken und darüberstreuen.
Die Beize über die Filets gießen, mindestens 6 Std. bei Zimmertemperatur ziehen lassen.

Marinierte Heringe II

Salzheringe, vorbereitet und filetiert (siehe S. 161)
Heringsmilch, Zwiebeln
ungespritzte Zitrone
saure Sahne, Nelken
Wacholderbeeren, zerdrückt
Pfefferkörner, Lorbeer

Die Heringsfilets lagenweise in einen Steinguttopf geben, dazwischen jeweils Zwiebelscheiben und Zitronenscheiben sowie die Gewürze legen.
Die Heringsmilch durch ein Sieb in die saure Sahne passieren, gut mischen, über die Heringe gießen.
Drei bis vier Tage bei Zimmertemperatur ziehen lassen.

Abwandlungsmöglichkeit:

aufgekochter und erkalteter Essig statt saurer Sahne.

Marinierte Heringe III

Salzheringe, vorbereitet und filetiert (siehe S. 161)
Zwiebel, Apfel, Gurke
etwas Meerrettich, Kapern
etwas Honig, Rotweinessig, Petersilie
Dill, frisch gemahlener (weißer) Pfeffer

Zwiebel, Apfel und Gurke grob zerkleinern, den Meerrettich frisch reiben, alles mit Kapern, Honig, Essig, Pfeffer und Kräutern gut vermischen, die Heringsfilets 2 Tage darin bei Zimmertemperatur ziehen lassen.

Hering in Gemüsedressing

Salzheringe, vorbereitet und filetiert (siehe S. 161)
Gemüsedressing (siehe S. 38)

Die Heringe im Dressing 12 Std. bei Zimmertemperatur ziehen lassen.

Heringsalat

Siehe S. 33.

Thunfischsauce

Siehe S. 115.

Lachssauce

Siehe S. 116.

Shrimps in Vinaigrette

Fischfond (siehe S. 155)
Shrimps (aus der Salzlake)
Schalotten, herber Weißwein
etwas Weißweinessig
Crème fraîche, Sahne
Tomate, Butter
Salz, frisch gemahlener Pfeffer

Die Schalotten fein hacken, in leicht erhitzte Butter geben, glasig dünsten, mit Fischfond, Weißwein, Essig, Salz und Pfeffer stark einkochen, die Crème fraîche unterrühren, erneut einkochen, erkalten lassen.

Die Sahne steifschlagen und vorsichtig unterheben.
Die Tomate schälen (siehe S. 68) und entkernen, würfeln. (Reste verwertbar für eine Gemüsebrühe.)
Die Shrimps gut abtropfen lassen, mit der Vinaigrette überziehen, mit den Tomatenwürfeln garnieren.

Abwandlungsmöglichkeit:

feingehackte Kräuter unter die Vinaigrette mischen.

Gebratene Scampi

tiefgekühlte Scampi
(oder Hummerkrabben), aufgetaut
Schalotten
Knoblauch
Zitronensaft
Butter
kalt gepreßtes
Olivenöl
Petersilie
Salz
frisch
gemahlener Pfeffer

Die Scampi schälen, den Rücken entlang vorsichtig einschneiden und den Darm entfernen.
Schalotten und Knoblauch fein hacken, in ein leicht erhitztes Butter-Öl-Gemisch geben, hellbraun dünsten, mit Zitronensaft, Salz und Pfeffer würzen.
Die Scampi im Butter-Öl-Gemisch ungesalzen auf jeder Seite 3 bis 5 Min. braten, auf eine heiße Platte geben, mit der Sauce übergießen, mit feingehackter Petersilie bestreuen.

Muscheln vorbereiten

Die Muscheln waschen, mit einem Messer abkratzen, mit einer Muschelbürste oder groben Bürste gründlich bürsten, alle anhängenden Fasern abreißen, in einer flachen Schüssel mit Milch übergießen, 1/2 Std. stehenlassen, unter fließendem Wasser abwaschen, bis die Muscheln völlig sandfrei sind, abtropfen lassen.

Muscheln mit offener Schale, die sich nach leichtem Klopfen nicht schließen, müssen weggeworfen werden!

Muscheln

Muscheln, vorbereitet
(siehe links)
Schalotten
Knoblauch
Butter
herber Weißwein
Petersilie
Thymian
Lorbeer
Estragon
zu einem Sträußchen
gebunden
Salz
frisch gemahlener
Pfeffer

Schalotten und Knoblauch fein hacken, mit dem Weißwein kurz aufkochen, die Muscheln beigeben, zudecken, bei großer Hitze 7 Min. dünsten, dazwischen vorsichtig schütteln.

Butter und Kräutersträußchen beigeben, mit Salz und reichlich Pfeffer würzen, zudecken, bei großer Hitze weitere 6 Min. dünsten.

Das Kräutersträußchen entfernen, mit feingehackter Petersilie bestreuen.

Muscheln mit nach der Zubereitung geschlossener Schale müssen weggeworfen werden!

Miesmuscheln in Sahne

Miesmuscheln, vorbereitet (siehe S. 163)
Zwiebeln, Knoblauch, Sahne
Basilikum, kalt gepreßtes Olivenöl

Zwiebeln und Knoblauch fein hacken. Die Muscheln in Öl erhitzen, kurz mit Zwiebeln und Knoblauch dünsten, Sahne beigeben, etwas eindicken, mit feingehacktem Basilikum bestreuen.

Abwandlungsmöglichkeiten:
Crème fraîche statt Sahne; herben Weißwein beigeben.

Muscheln mit nach der Zubereitung geschlossener Schale müssen weggeworfen werden!

Tintenfische vorbereiten

tiefgefrorener Tintenfisch

Die Außenhaut der aufgetauten Tintenfische unter fließendem Wasser abziehen, Kopf und Fangarme vom Körper trennen (kurz drehen, dann ziehen), die Augen mit dem Knorpelring herausdrücken, den Schulp aus dem Körper ziehen, die Innenseite im Wasser säubern.
Alle Teile gut abspülen, abtropfen lassen, die Körper zurückstülpen, erneut abtropfen lassen.
Man kann auch geputzte Tintenfischkörper tiefgefroren kaufen.

Gebratene Tintenfische

Tintenfische, vorbereitet (siehe oben)
Butter, Salz, Thymian

Die Tintenfische unzerkleinert in Butter von allen Seiten braun braten, mit Salz und Thymian würzen.

Geschmorte Tintenfische

Tintenfische vorbereitet (siehe links)
Zwiebelringe
Knoblauchscheiben
geschmolzene Tomaten (siehe S. 81)
Lorbeer
Salz
frisch gemahlener Pfeffer
kalt gepreßtes Olivenöl

Knoblauch, Zwiebeln und Lorbeer in Öl dünsten, darin die Tintenfische 10 Min. dünsten, das Lorbeerblatt entfernen, die geschmolzenen Tomaten weitere 5 Min. mitdünsten, mit Salz und Pfeffer würzen.

Abwandlungsmöglichkeit:

ohne geschmolzene Tomaten; kalt servieren.

Gekochte Tintenfische für Salate

Tintenfisch vorbereitet (siehe links)
herber Weißwein
Salz
Dressing nach Belieben

Den Tintenfisch in Streifen schneiden, weichklopfen, im Wein mit Salz 10 Min. kochen, abtropfen lassen.
Im Dressing längere Zeit ziehen lassen.

Abwandlungsmöglichkeit:

gepreßten Knoblauch mitkochen.

GEFLÜGEL

Frisches Geflügel ist tiefgefrorenem weit überlegen.

Versuchen Sie, Geflügel zu erhalten, das frei laufend gehalten worden ist.

Schadstoffe aus der Nahrung sammeln sich bei Geflügel vor allem in der Haut und im Fettgewebe an. Es ist also besser, Geflügel zu häuten und überflüssiges Fett zu entfernen.

Hühnerbrust in Folie gedünstet

Hühnerbrüste werden meist zu lange und bei zu großer Hitze gegart und dadurch trocken. Bei der folgenden Methode bleiben sie zart.

---

pro Person
1 ausgelöste Hühnerbrust
Salz

Dünsten: 15 bis 20 Min. bei 150° (Gasherd Stufe 1)

Die ausgelösten Hühnerbrüste halbieren, sorgfältig von allem Fett und von der Hauptsehne befreien, nicht salzen (!), so einschlagen, daß die Hühnerbrust möglichst überall gleich dick ist, einrollen.
Jede Rolle einzeln gut in Alufolie einwickeln, im vorgeheizten Backrohr so dünsten, daß das Fleisch noch leicht rosa ist.
In dünne Scheiben schneiden und ganz leicht salzen.
Für weitere Zubereitungsarten beiseitestellen.

Hühnerbrust auf Lauch

---

etwas Gemüsebrühe
(siehe S. 44)
pro Person
1 ausgelöste Hühnerbrust
Lauch
Schalotten
etwas Sahne
Butter
Salz
frisch gemahlener weißer Pfeffer

Den Lauch blanchieren (siehe S. 68).
Die Schalotten in Gemüsebrühe dünsten, stark einkochen, bis fast alle Flüssigkeit verdampft ist, Sahne beigeben, wieder stark einkochen, mit Salz und Pfeffer würzen.
Die Hühnerbrüste sorgfältig von Fett und Sehnen säubern, in heißer Butter so braten, daß sie außen braun und innen noch zartrosa sind (Stricknadelprobe: der ausfließende Saft soll noch rosa sein), auf heiße Teller legen. (Die Hühnerbrüste garen jetzt in der Wartezeit nach!)
In der restlichen Butter den Lauch erwärmen, mit Salz und Pfeffer würzen, neben die Hühnerbrüste legen.
Die Hühnerbrüste mit der Schalottensauce überziehen.

Abwandlungsmöglichkeiten:

herber Weißwein zur Gemüsebrühe; mit frischen Kräutern bestreuen; Kohlrabiwürfelchen oder Selleriewürfelchen statt Lauch; enthäutete Hühnerbeine statt Hühnerbrüste.

Hühnerbrust in Zitronenbutter

---

gedünstete Hühnerbrustscheiben
(siehe links oben)
Butter
Salz, Zitronensaft, Kerbel,
eventuell rote Pfefferkörner

In einer Pfanne Butter mit wenig Zitronensaft erhitzen, bis die Flüssigkeit verdampft ist und die Butter leicht bräunt.
Die Hühnerbrust und die Pfefferkörner hineingeben, die Scheiben beidseitig leicht bräunen.
Kurz vor dem Servieren feingehackten Kerbel darüberstreuen.

Abwandlungsmöglichkeit:

vor dem Bräunen einen Schuß herben Weißwein in der Zitronenbutter verdampfen lassen; etwas Ahornsirup beigeben.

Hühnerbrust in Mangold

pro Person:

1/2 Hühnerbrust, ausgelöst
1 Mangoldblatt
Salz

Dünsten: 20 Min. bei 170° (Gasherd Stufe 2)

Die Mangoldblätter blanchieren (siehe S. 68), die Rippen herausschneiden (verwertbar für eine Gemüsebrühe). Die Hühnerbrüste leicht salzen, dünne Teile umschlagen, jede Hälfte in ein Mangoldblatt wickeln, in Alufolie wikkeln, im vorgeheizten Backrohr dünsten.

Dazu paßt Champigonsauce (siehe S. 109).

Panierte Hühnerbrust

ausgelöste Hühnerbrust
etwas Weizenvollkornmehl
Ei
Salz
Vollkornbrösel
(kein Sauerteigbrot!)
Butter
kalt gepreßtes Olivenöl

Die Hühnerbrust quer in 1/2 cm dicke Scheiben schneiden, etwas pressen, beidseitig mit Mehl bestäuben.
Ei und Salz mit einer Gabel schlagen, das Fleisch eintauchen, in Vollkornbröseln wälzen. Die Butter klären, etwas Öl beigeben.
Die Hühnerbrüste in dem Butter-Öl-Gemisch braten.

Abwandlungsmöglichkeit:

Die Vollkornbrösel mit frisch geriebenem Parmesan mischen.

Hühnerbrust in delikatem Mischgemüse

delikates
Mischgemüse
(siehe S. 69)
gedünstete
Hühnerbrust
(siehe S. 166)
Salz

Die noch heiße Hühnerbrust aus der Folie nehmen, in zentimeterdicke Scheiben schneiden, leicht salzen, 2 Min. im Mischgemüse zugedeckt mitschmoren.

Hühnerbrust in Morchelsauce

gedünstete
Hühnerbrustscheiben
(siehe S. 166)
Morchelsauce
(siehe S. 110)

Die Hühnerbrüste in der Sauce so erwärmen, daß sie gerade gar sind.

Estragonhuhn

Estragonsauce II
(siehe S. 107)
gedünstete
Hühnerbrust
(siehe S. 166)

Die noch heiße Hühnerbrust aus der Folie nehmen, in zentimeterdicke Scheiben schneiden, leicht salzen, auf einer sehr heißen Platte anrichten, mit der Sauce übergießen.

Hühnerbeine vorbereiten

Die Hühnerbeine häuten, alles Fett entfernen, im Gelenk Ober- und Unterschenkel mit einem scharfen Messer ganz trennen.

Hühnerbeine mit Oliven

Gemüsebrühe (siehe S. 44)
pro Person ein Hühnerbein,
vorbereitet (siehe oben)
schwarze Oliven
Zwiebeln
Knoblauch
etwas Weißweinessig
trockener Weißwein
Butter
kalt gepreßtes Olivenöl
Oregano (getrocknet)
Lorbeer
Salz
frisch gemahlener Pfeffer

Die Oliven entsteinen, in dünne Streifen schneiden.
Die Butter klären, etwas Öl beigeben.
Die Hühnerbeine mit Salz und Pfeffer einreiben, in dem Butter-Öl-Gemisch leicht bräunen, aus der Pfanne nehmen.
Das Fett in der Pfanne bis auf einen kleinen Rest weggießen.
Zwiebeln und Knoblauch fein hacken, im Fettrest in der Pfanne leicht bräunen, mit Essig, Wein und Gemüsebrühe ablöschen, auf die Hälfte einkochen lassen.
Die Hühnerbeine, Oregano und Lorbeer in die Pfanne geben, zudecken, 30 Min. dünsten, die Hühnerbeine auf eine heiße Platte geben, den Lorbeer entfernen.
Die Sauce in der Pfanne stark einkochen, bis fast alle Flüssigkeit verdampft ist, die Oliven 1 Min. darin erhitzen, die Sauce über die Hühnerbeine gießen.

Abwandlungsmöglichkeiten:

ein gewärmtes Sardellenfilet fein hakken und zu den Oliven geben; Sahne zur Gemüsebrühe; mit feingehackter Petersilie bestreuen.

Hühnerbeine mit Champignons

---

pro Person 1 Hühnerbein, vorbereitet
(siehe links)
frische Zuchtchampignons, Sahne
herber Weißwein, Weizenvollkornmehl
Butter
Salz, frische Thymianblättchen,
frisch gemahlener (weißer) Pfeffer

Die Butter klären.
Etwas Mehl mit Salz und Pfeffer mischen, die Hühnerbeine bestäuben, 10 Min. sanft in Butter braten, wenden, weitere 10 Min. braten.
Den Wein separat stark einkochen.
Die gesäuberten Pilze in sehr dünne Scheiben schneiden.
Wein und Pilze zum Huhn geben und 10 bis 15 Min. bedeckt schmoren, mit Thymian bestreuen.

Abwandlungsmöglichkeiten:

Austernpilze oder Steinpilze statt Champignons; feingehackter Estragon statt Thymian.

Hühnerbeine in Essig

---

pro Person ein Hühnerbein,
vorbereitet (siehe links oben)
Schalotten, Weißweinessig, Butter
Salz, frisch gemahlener weißer Pfeffer

Die Butter klären.
Die Hühnerbeine mit Salz und Pfeffer einreiben, in der geklärten Butter leicht

anbraten, zugedeckt 20 Min. weiterbraten, auf eine heiße Platte legen, mit Alufolie zudecken.
Die feingehackten Schalotten in derselben Pfanne glasig dünsten, mit Essig ablöschen, das Essiggemisch stark einkochen, von der Feuerstelle nehmen, mit Butter schaumigschlagen, über die Hühnerbeine gießen.

Abwandlungsmöglichkeiten:

feingehackten Estragon zum Schluß unter die Sauce mengen; mit feingehacktem Kerbel bestreuen; Weißwein zum Essig; etwas Ahornsirup beigeben.

Gebackene Hühnerbeine

Gemüsebrühe
(siehe S. 44)
pro Person
ein Hühnerbein,
vorbereitet
(siehe S. 168)
Honig
mildes Rosenpaprikapulver
Rosmarin
Salz
frisch gemahlener
Pfeffer

Backen: 30 Min. bei 225 °C (Gasherd Stufe 4), dann 10 Min. bei 175 °C (Gasherd Stufe 2)

Den Honig mit den Gewürzen mischen, die Hühnerbeine gut damit einreiben, in ein hitzebeständiges Gefäß geben, knapp 1 cm hoch Gemüsebrühe beigeben, im vorgeheizten Backrohr garen, zwei- bis dreimal mit Brühe übergießen.

Abwandlungsmöglichkeiten:

Zimt zum Honig geben;
Ahornsirup und etwas kalt gepreßtes Olivenöl statt Honig.

Geschmortes Huhn in Gemüse

Gemüsebrühe (siehe S. 44)
ein junges Huhn, bratfertig
vielerlei Gemüse, z. B. Karotten, Staudensellerie, Kohlrabi, Lauch u.ä.
kalt gepreßtes Olivenöl
Zitronensaft
Salz, frisch gemahlener Pfeffer

Schmoren: 1 1/2 Std. bei 190 °C (Gasherd Stufe 3)

Das Gemüse zerkleinern, länger garendes Gemüse (z. B. Karotten) 5 Min. in Gemüsebrühe kochen.
Olivenöl, Zitronensaft, Salz und Pfeffer mischen, das Huhn damit einreiben, in einen Schmortopf legen, mit dem Gemüse umgeben, mit etwas gesalzener Gemüsebrühe aufgießen, bis alle Gemüse bedeckt sind, im vorgeheizten Backrohr schmoren, ab und zu mit Brühe begießen.
Die Sauce abgießen, 5 Min. stehenlassen, entfetten, stark einkochen, über Huhn und Gemüse gießen.

Abwandlungsmöglichkeiten:

herber Weißwein oder Rotwein zur Gemüsebrühe; das Huhn innen mit einer Knoblauch-Thymian-Mischung ausreiben und füllen (Fülle wie bei gefüllter Kalbsbrust, siehe S. 177).

Gefüllte Truthahnschnitzel

---

pro Person 1 dünnes Schnitzel
zusätzlich etwas Truthahnfleisch
Sahne, Butter, Petersilie
Salz, frisch gemahlener Pfeffer

Backen: 20 Min. bei 230 °C (Gasherd Stufe 5)

Die Schnitzel plattdrücken und salzen. Das Truthahnfleisch durch den Fleischwolf drehen, mit Sahne, Salz, Pfeffer und feingehackter Petersilie mischen, auf die Schnitzel streichen, die Schnitzel rollen, mit zerlassener Butter bestreichen, in einem gebutterten hitzebeständigen Gefäß unbedeckt im vorgeheizten Backrohr backen, schräg aufschneiden.

Abwandlungsmöglichkeiten:

Kerbel statt Petersilie; die weiße Fülle mit Senf würzen.

Ente

Verwenden Sie nur frische Enten.

Wird die Ente nicht gefüllt, reiben Sie sie innen mit Salz, frisch gemahlenem Pfeffer und Majoran ein.
Die Haut muß mit einem spitzen Messer mehrmals eingestochen werden.
Enten brät man in einem Butter-Öl-Gemisch auf allen Seiten langsam an, dann gibt man sie in einem Schmortopf bei 180 °C (Gasherd Stufe 2 1/2) ins Backrohr: 150 Min. auf der einen Brustseite liegend, 15 Min. auf der anderen Brustseite, 15 Min. auf dem Rücken, dabei wird die Ente mehrmals mit dem auslaufenden Saft begossen.
Wenn die Haut braun ist, wird sie mit eisgekühltem Wasser oder mit Cognac oder mit Zitronensaft eingepinselt, damit sie knusprig wird.

Gans

Verwenden Sie nur frische Gänse.

Wird die Gans nicht gefüllt, reiben Sie sie innen mit Salz, frisch gemahlenem Pfeffer und Beifuß (auch in Apotheken zu haben) ein.
Die Haut muß mit einem spitzen Messer mehrmals eingestochen werden.
Gänse brät man wie Enten.
Geben Sie dann in den Schmortopf etwas Wasser und 2 ungeschälte ganze Äpfel.
Die Bratzeit kann bei 180 °C (Gasherd Stufe 2 1/2) bis zu 3 Std. betragen.
Die Sauce muß unbedingt entfettet werden: kurze Zeit stehenlassen, Oberschicht abschöpfen.

Variationen von Füllungen für Geflügel

Grundmasse: eingeweichte Vollkornbrösel (kein Sauerteigbrot!) und/oder grob zerstampfte gedünstete Maronen, jeweils mit Eigelb, Salz und Pfeffer vermischt.

Beigaben:

1. gedünstete Zwiebeln,
2. gedünsteter Knoblauch,
3. grob geschnittene Salbeiblätter, in Butter kurz angedünstet
4. verschiedene andere Kräuter,
5. Butter oder Sahne,
6. verschiedene halbgedünstete Gemüse,
7. Äpfel, geschält und entkernt,
8. einen Teil der Grundmasse durch Polenta (siehe S. 62) ersetzen.

LAMM

Achten Sie darauf, daß Sie Fleisch von jungen Tieren bekommen, das gut abgehangen ist.

Am besten schmeckt Lamm im Sommer, wenn die Tiere viel frisches Gras fressen können.

Entweder brät man das Fleisch rosa (wie ein Rinderfilet), oder es wird bei mittlerer Hitze gut durchgebraten. Lammrücken und Lammkoteletts sollte man jedoch nie durchbraten.

Gegrillte Lammkoteletts

pro Person mindestens ein doppeltes Lammkotelett, reichlich Knoblauch
etwas kalt gepreßtes Olivenöl
Rosmarin
Salz, frisch gemahlener Pfeffer

Reichlich gepreßten Knoblauch, etwas Öl, zerkleinerte Rosmarinnadeln, Salz und Pfeffer gut mischen, damit die Koteletts beidseitig dünn bestreichen, 1 Std. ziehen lassen.
Den Elektrogrill vorheizen.
In nicht zu kleiner Entfernung von jeder Seite (siehe S. 15) 2 bis 3 Min. grillen, sofort servieren.

Lammkoteletts in der Pfanne

Gemüsebrühe (siehe S. 44)
pro Person 1 bis 2 Lammkoteletts
kalt gepreßtes Olivenöl
etwas herber Weißwein
Butter, Estragon

Die Gemüsebrühe zu Sirup einkochen.
Den Estragon fein hacken.
Die Butter klären, etwas Öl beigeben.
Die Koteletts in dem Butter-Öl-Gemisch beidseitig je 3 Min. anbraten, herausnehmen.
Das Fett in der Pfanne bis auf einen kleinen Rest weggießen. Wein und Brühe in die Pfanne geben, gut umrühren, stark einkochen, die Koteletts darin 1 Min. auf jeder Seite aufwärmen, aus der Sauce nehmen, auf Tellern anrichten.
Abseits vom Herd etwas Butter in die Sauce rühren, die Sauce über die Koteletts gießen, mit Estragon bestreuen.

Abwandlungsmöglichkeit:

Kerbel statt Estragon.

Lammkeule
(ohne Sauce)

Lammkeule
reichlich
Knoblauch
kalt gepreßtes
Olivenöl
Rosmarin
Salz
frisch
gemahlener
Pfeffer

Vorheizen: 250 °C (Gasherd Stufe 6)
Braten: 15 bis 20 Min. je kg bei 220 °C (Gasherd Stufe 4)

Die Lammkeule kurz waschen, abtrocknen.

Den Knoblauch in dünne Streifen schneiden, die Keule zwischen den Muskelsträngen vorsichtig und leicht einschneiden und mit den Stiften großzügig spicken, ebenso entlang der Knochen.

Öl, Pfeffer und grob zerkleinerte Rosmarinnadeln mischen, die Keule damit einreiben, 1 Std. ziehen lassen.

Die Keule (möglichst auf einem Rost) auf ein mit Alufolie ausgelegtes Backblech legen, ins vorgeheizte Backrohr schieben, die Hitze reduzieren.

Nach 10 Min. die andere Seite salzen, weiterbraten, ab und zu mit dem abgetropften Fett beträufeln, gelegentlich wenden.

Die Keule soll außen braun und innen rosa sein.

Das Backrohr ausschalten, die Keule bei völlig geöffnetem Backrohr 10 Min. ruhen lassen.

Abwandlungsmöglichkeit:

etwas Ahornsirup zur Öl-Kräuter-Mischung geben.

Lammkeule
(mit Sauce)

reichlich Gemüsebrühe
(siehe S. 44)
Lammkeule
reichlich Knoblauch
Zwiebeln
Wurzelgemüse
(z. B. Karotten, Sellerie,
Petersilienwurzel)
kalt gepreßtes
Olivenöl
Rosmarin
Salz
frisch gemahlener
Pfeffer

Schmoren: pro 1/2 kg 3/4 Std. bei 170 °C (Gasherd Stufe 2)

Die Lammkeule kurz waschen, abtrocknen, möglichst alles Fett entfernen.

Mit Knoblauch spicken, mit Gewürzen einreiben, 2 x 10 Min. anbraten (siehe S. 172), in den Schmortopf geben, Gemüsebrühe beigeben, unbedeckt schmoren.

Ab und zu Brühe zugießen, so daß die Unterseite der Keule immer in Flüssigkeit liegt, Keule gelegentlich wenden. Nach 3 Std. die grobgehackten Gemüse beigeben.

Nach 4 bis 5 Stunden die Keule herausnehmen (das Backrohr ausschalten), bei halbgeöffnetem Backrohr auf einer heißen Platte 10 Min. ruhen lassen.

Die Sauce durch ein Haarsieb seihen, 5 Min. stehenlassen, abfetten, die Gemüsereste durch das Haarsieb in die Sauce passieren, stark einkochen, abschmecken.

Abwandlungsmöglichkeiten:

Tomaten und/oder schwarze Oliven mitschmoren; Rotwein und/oder Cognac beigeben.

Lammrücken

Lammrücken,
der Länge nach halbiert
Schalotten
Knoblauch
etwas scharfer Senf
(bevorzugt Dijon-Senf)
Butter
scharfer Rosenpaprika
reichlich Rosmarin
Thymian
etwas frischer Salbei
wenig Salz
frisch gemahlener Pfeffer
etwas herber Rotwein

Schmoren: 30 Min. je kg bei 250 °C (Gasherd Stufe 6)

Den Lammrücken kurz waschen, abtrocknen.
Schalotten und Knoblauch fein hacken, dann Öl, Senf, Kräuter und Salz beigeben, kräftig mischen, damit die Unterseite des Lammrückens bestreichen, mindestens 2 Stunden ziehen lassen.
Die Butter klären, mit Salz und Pfeffer mischen, den Lammrücken damit einreiben.
In einem Schmortopf etwas Öl mit Butter leicht erhitzen, den Lammrücken hineingeben, zudecken, ins vorgeheizte Backrohr schieben.
Nach 20 Min. den Rotwein beigeben.
Nach 30 Min. aufdecken, in kurzen Abständen mit der Flüssigkeit aus dem Schmortopf übergießen.
Etwas Butter zergehen lassen, mit Rosenpaprika mischen, über den Lammrücken gießen.
Den Lammrücken herausnehmen, 10 Min. ruhen lassen, inzwischen die Sauce im Schmortopf stark einkochen, über den Lammrücken gießen.

Abwandlungsmöglichkeit:

etwas Ahornsirup zur Schalotten-Öl-Kräuter-Mischung geben.

Geschmorte Lammschulter I

Lammschulter, ausgelöst
(die Knochen stark zerkleinert)
weitere Zutaten
siehe Lammrücken (S. 173)
zusätzlich: Wurzelgemüse

Zubereitung wie Lammrücken, aber darüber hinaus:
Die Knochen in einem Butter-Öl-Gemisch mit feingehacktem Wurzelgemüse leicht bräunen, mit Wasser ablöschen, 30 Min. köcheln, abseihen, stark einkochen, zur Sauce geben.

Geschmorte Lammschulter II

Gemüsebrühe
(siehe S. 44)
Lammschulter
etwas Weizenvollkornmehl,
aus getrockneten Körnern
frisch gemahlen
Knoblauch
2 Eigelbe
herber Weißwein
kalt gepreßtes Olivenöl
etwas Zitronensaft
Petersilie
Salz
frisch gemahlener Pfeffer

Das Lammfleisch in Würfel mit etwa 3 cm Kantenlänge schneiden (dabei große Fetteile und Sehnen entfernen), die Würfel im Öl kurz anbraten.
Mehl, Salz und Pfeffer mischen, darin die Lammwürfel wälzen, überflüssiges Mehl abklopfen, die Lammwürfel in ein hitzebeständiges Gefäß geben, im vorgeheizten Backrohr bei 250 °C (Gasherd Stufe 6) 5 Min. bräunen, wenden, 5 Min. weiterbräunen, herausnehmen, die Hitze im Backrohr auf 180 °C (Gasherd Stufe 1 1/2) reduzieren.
Inzwischen in der Pfanne von vorhin den feingehackten Knoblauch leicht bräunen, mit Wein und Gemüsebrühe ablöschen, alle Bratenreste von der Pfanne loskratzen, auf eine Tasse Flüssigkeit einkochen, über das Lamm gießen, zudecken.
Nun im Backrohr 80 Min. schmoren, in eine heiße Schüssel geben, zudecken.
Die Sauce durch ein Haarsieb seihen, stehenlassen, das Fett abschöpfen.
Eigelbe und Zitronensaft mit dem Schneebesen schlagen, nach und nach etwas heiße Sauce kräftig schlagend untermengen, mit der restlichen Sauce gut vermischen, über das Lamm gießen, mit feingehackter Petersilie bestreuen.

Abwandlungsmöglichkeiten:

zerkleinerte Rosmarinnadeln zum Mehl sowie gewässertes und feingehacktes Sardellenfilet statt Zitronensaft; rohe Kartoffelwürfel mitschmoren und vor dem Durchseihen der Sauce zum Lamm geben.

Lamm-Frikadellen

etwas Gemüsebrühe
(siehe S. 44)
Lammfleisch
Masse für Getreidelaibchen II
(siehe S. 64)
kalt gepreßtes Olivenöl
Butter
getrocknete Vollkornbrösel

Das Lammfleisch sorgfältig von Fett und Sehnen befreien, durch den Fleischwolf drehen. Die Masse für Getreidelaibchen mit etwas Gemüsebrühe geschmeidig machen, das Lammfleisch gut unterkneten; braten, wie auf S. 64 angegeben.

KALB

Kalbskoteletts

Gemüsebrühe
(siehe S. 44)
pro Person
ein Kotelett,
etwa 2 1/2 cm dick
Butter
kalt gepreßtes
Olivenöl
Sahne
Salz
frisch gemahlener
Pfeffer

Braten: 20 Min. bei 210 °C (Gasherd Stufe 4)

Die Butter klären, etwas Öl beigeben. Die Koteletts in dem Butter-Öl-Gemisch auf jeder Seite braun anbraten.

Die Koteletts auf beiden Seiten salzen und pfeffern, in ein hitzebeständiges Gefäß geben (das nicht größer sein soll, als die Fleischstücke Platz brauchen).
Das Fett in der Pfanne bis auf einen kleinen Rest weggießen, Gemüsebrühe zum Fettrest geben, stark einkochen, dabei alle Rückstände vom Pfannenboden losschaben, die Sauce über die Koteletts gießen, diese unbedeckt im vorgeheizten Backrohr schmoren, nach 10 Min. das Fleisch mit einem Stück Butter belegen.

Die Koteletts herausnehmen, warmhalten, Sahne in das Gefäß gießen, alle Rückstände losschaben, die Sahnesauce in einer Pfanne stark einkochen, nachwürzen, über die Koteletts gießen.

Abwandlungsmöglichkeiten:

etwas herben Weißwein zur Gemüsebrühe; das Fleisch mit frischen Thymianblättchen oder Salbeistreifen belegen; kurz nach dem Herausnehmen mit Champignonpüree (siehe S. 101) bestreichen.

Eingemachtes Kalbfleisch

Gemüsebrühe
(siehe S. 44)
750 g Kalbfleisch
(Schulter oder Hals)
2 Eigelbe
Zitronensaft
1/8 l herber Weißwein
1/4 l Sahne
Salz
frisch gemahlener weißer Pfeffer

Das Fleisch sorgfältig von Fett und Sehnen befreien, in Würfel mit etwa 2 cm Kantenlänge schneiden, in kochende Gemüsebrühe geben, zugedeckt weichkochen (etwa 1 Std.), das Fleisch herausnehmen.
Wein, Zitronensaft und Sahne in die Brühe geben, ganz stark einkochen, bis die Sauce leicht dickt, würzen, das Fleisch in der Sauce wieder erwärmen, die Eigelbe mit etwas Sahne zerschlagen, unterrühren.

Dazu passen Spätzle (siehe S. 142).

Kalbsfilet in delikatem Mischgemüse

delikates Mischgemüse
(siehe S. 69)
Kalbsfilet
Butter
Salz

Die Butter klären.
Das Filet gut von Sehnen und Fett säubern, in zentimeterdicke Scheiben schneiden, in der geklärten Butter beidseitig kurz bräunen, leicht salzen, 2 Min. im Mischgemüse zugedeckt mitschmoren.

Gefüllte Kalbsbrust

Kalbsbrust,
vom Fleischer entbeint und eingeschnitten

Beize:

Zwiebeln
Knoblauch
Saft und Schale einer ungespritzten Zitrone
herber Weißwein
Thymianzweig
Lorbeer
Wacholder
Pfefferkörner

Fülle:

reichlich frische Kräuter
Vollkornbrot
(kein Sauerteigbrot!)
Milch
Schalotten
Ei
Salz, frisch gemahlener Pfeffer
frisch geriebener Muskat

Sauce:

etwas Beize (siehe oben)
Karotten
Sellerie
Sahne
Butter
Salz

Schmoren: 2 Std.

Die Kalbsbrust in eine flache Schüssel legen, Zwiebeln und Knoblauch grob zerkleinern, mit den anderen Zutaten der Beize mischen, auf die Kalbsbrust gießen, über Nacht ziehen lassen.
Thymian und Lorbeer entfernen, die restlichen Zutaten der Beize beiseitestellen.
Das Brot in der Milch einweichen, die Schalotten und die Kräuter fein hacken, alle Zutaten der Fülle mischen, die Kalbsbrust innen salzen, füllen und zusammennähen.
Die Butter klären.
Die Kalbsbrust in der geklärten Butter anbraten, mit der Beize ablöschen, Karotten und Sellerie grob zerkleinert beigeben, zudecken und schmoren, nach 100 Min. den Deckel entfernen, weitere 20 Min. auf dem Feuer lassen, fleißig mit Sauce begießen.
Die Kalbsbrust herausnehmen und ruhen lassen, die Sauce mit dem Rührstab pürieren, mit Sahne mischen, stark einkochen.
Man kann die Kalbsbrust auch 2 Std. im Backrohr bei 170 °C (Gasherd Stufe 2) garen.

Abwandlungsmöglichkeiten:

frisch geriebenen Parmesan zur Fülle geben oder die Sauce damit eindicken; gehackte frische Zuchtchampignons in Butter andünsten und zur Fülle geben.

Kann auch kalt serviert werden.

Paniertes Schnitzel

Kalbfleisch
etwas Weizenvollkornmehl, aus getrockneten Körnern frisch gemahlen (siehe S. 55)
Ei
einige Tropfen kalt gepreßtes Olivenöl
Salz
Vollkornbrotbrösel
(kein Sauerteigbrot!)
Butter

Das Kalbfleisch in nicht zu dünne Scheiben schneiden, klopfen, beidseitig mit Mehl bestäuben.
Die Butter klären.
Ei, Olivenöl und Salz mit einer Gabel schlagen, das Fleisch eintauchen, in Vollkornbröseln wälzen, in der geklärten Butter braten.

Ein solches Schnitzel wird immer ohne Sauce gereicht.

Kaltes Kalbfleisch

Gemüsebrühe
(siehe S. 44)
Kalbfleisch
Salz
Pfefferkörner

Das Kalbfleisch in einen großen Topf mit kochendem Wasser geben, 1 Min. kochen, das Wasser wegschütten.
Das Fleisch in gesalzener Gemüsebrühe mit den Pfefferkörnern unbedeckt etwa 2 Std. weichkochen, in der Brühe erkalten lassen, herausnehmen, in dünne Scheiben schneiden.

Abwandlungsmöglichkeiten:

herber Weißwein zur Gemüsebrühe; das Fleisch mit Knoblauchstreifen spicken.

Dazu paßt Thunfischsauce (siehe S. 115).

Kalbsherz

ein ganzes Kalbsherz
Wurzelgemüse
(z. B. Karotten, Sellerie, Petersilienwurzel)
Lauch
herber Wein
Sahne
Butter
Kerbel

Das Kalbsherz waschen, gut abtrocknen und in vier Teile zerschneiden.
Das Wurzelgemüse in ganz dünne Streifen, den Lauch in dünne Scheiben schneiden.
Die Butter klären.
Herz und Gemüse in der geklärten Butter 5 Min. anbraten, das Herz soll auf allen Seiten leicht gebräunt sein.
Den Wein hinzugeben, alles zudecken und 2 Min. (!) schmoren.
Das Herz herausnehmen, in Alufolie wickeln und an warmer Stelle 15 Min. (!) ruhen lassen.
Die Sahne in die Sauce geben, alles stark einkochen, kurz vor dem Anrichten den feingehackten Kerbel unterziehen.
Das noch warme Herz in ganz dünne Scheiben schneiden, auf einer heißen (!) Platte sternförmig auflegen und die Mitte des Sterns mit der Sauce übergießen.
Nicht salzen!

Kalbsbries vorbereiten

Kalbsbries
Saft einer halben Zitrone
Salz

Das Kalbsbries 4 bis 5 Std. in kaltem Wasser einweichen, jede Stunde das Wasser wechseln, am Ende gut abspülen.
Die äußere Haut sowie alle röhrenartigen Teile entfernen, das Bries in kräftig gesalzenem Wasser zusammen mit dem Zitronensaft 6 Min. blanchieren, abkühlen lassen, weitere Häute entfernen, mit einem Küchenbrett bedekken, das Brett kräftig beschweren, mindestens eine Stunde pressen.

Gedünstetes Kalbsbries

Kalbsbries,
vorbereitet (siehe oben)
Estragon-Gemüse-Sauce
(siehe S. 108)

Das Kalbsbries in der Sauce 10 Min. zugedeckt dünsten.

Gebratenes Kalbsbries

vorbereitetes Kalbsbries (siehe S. 178)
Butter
Salz, frisch gemahlener Pfeffer,
Thymian

Das Bries in einzelne Röschen zerpflükken, eventuell noch weitere Häute entfernen.
Die Butter klären.
Die geklärte Butter in einer Pfanne mit Salz, Pfeffer und Thymian mischen und erhitzen, darin die Briesröschen auf allen Seiten braun braten.

Abwandlungsmöglichkeiten:

zum Schluß geschmolzene Tomaten (siehe S. 81) in die Pfanne geben, umrühren; den Thymian weglassen und das Bries zum Schluß mit kleingehacktem Basilikum bestreuen.

Kalbsbries mit Äpfeln

Gemüsebrühe (siehe S. 44)
vorbereitetes Kalbsbries (siehe S. 178)
Äpfel
Sahne, Butter
Salz, frisch gemahlener Pfeffer

Die Gemüsebrühe zu Sirup einkochen.
Die Äpfel schälen, entkernen, grob zerkleinern, im Sirup mit Sahne zu Brei zerkochen, eindicken, mit Salz und Pfeffer würzen.
Die Butter klären.
Das Bries in kleinere Stücke zerteilen, leicht salzen, in der geklärten Butter braun braten, anrichten, mit der Sauce übergießen.

Abwandlungsmöglichkeiten:

Calvados in die Sauce; frische Thymianblättchen darüberstreuen.

Paniertes Kalbsbries

Kalbsbries, vorbereitet
(siehe S. 178)
Ei
Vollkornbrot-Brösel
(kein Sauerteigbrot!)
Butter
Salz
frisch gemahlener
Pfeffer

Ei mit Salz und Pfeffer aufschlagen, das Bries darin eintauchen und in den Vollkornbrot-Bröseln wälzen.
Die Butter klären.
Das Bries in der geklärten Butter beidseitig braun braten.

Kalbshirn vorbereiten

Das Hirn 12 Std. in kaltem Wasser wässern, das Wasser mehrmals wechseln. Nach 6 Std. die Häute, Adern und Blutreste entfernen, weiter wässern.

Pochiertes Kalbshirn

Gemüsebrühe
(siehe S. 44)
Kalbshirn,
vorbereitet
(siehe oben)
Zitronensaft
Lorbeer
Thymianzweig
Salz

Die Brühe mit den Gewürzen aufkochen, erkalten lassen.
Das Hirn in der kalten Brühe aufsetzen, zum Sieden bringen, 12 Min. köcheln, immer wieder abschäumen, in der Brühe erkalten lassen.

Gebackenes Kalbshirn

Kalbshirn,
vorbereitet (siehe S. 179)
etwas Weizenvollkornmehl,
aus getrockneten Körnern
frisch gemahlen
Zitronensaft
Petersilie
Salz
frisch gemahlener
(weißer) Pfeffer

Das Hirn in zentimeterdicke Scheiben schneiden, salzen, pfeffern, in Mehl wenden, überflüssiges Mehl abschütteln.
Die Butter klären.
Das Hirn in der geklärten Butter auf beiden Seiten anbraten, die Hitze reduzieren, auf jeder Seite 3 Min. weiterbraten, auf eine heiße Platte legen, mit Zitronensaft beträufeln.
Die Petersilie grob hacken, 2 Sek. in kochendes Wasser tauchen, über das Hirn streuen.
In der Bratpfanne etwas Butter leicht bräunen, über die Petersilie gießen.

Dazu passen geschmolzene Tomaten (siehe S. 81).

Kalbshirn mit Ei

pochiertes Kalbshirn
(siehe S. 179)
nicht zuviel Eier
Petersilie
Salz
frisch gemahlener Pfeffer
Butter

Das Hirn in kleine Würfel schneiden, mit den leicht geschlagenen Eiern mischen, würzen, in Butter braten, mit feingehackter Petersilie bestreuen.

Kalbshirn in Tomaten

pochiertes Kalbshirn
(siehe S. 179)
geschmolzene Tomaten
(siehe S. 81, aber ohne Schnittlauch)
Petersilie

Das Hirn in kleine Würfel schneiden, in den geschmolzenen Tomaten erhitzen, mit feingehackter Petersilie bestreuen.

Kalbshirn in Rotwein

wenig Gemüsebrühe
(siehe S. 44)
Kalbshirn vorbereitet
(siehe S. 179)
nicht zuwenig
trockener Rotwein
Zwiebeln
Thymianzweig, getrocknet
Salz
frisch gemahlener
Pfeffer

Die Gemüsebrühe zu Sirup einkochen, beiseite stellen.
Die Zwiebeln in Scheiben schneiden.
Wein, Zwiebeln, Thymianzweig und Salz 20 Min. kochen, durch ein Sieb gießen.
Wenige Löffel der Brühe zuammen mit der eingekochten Gemüsebrühe wiederum stark einkochen, den Rest erkalten lassen.
Das Hirn ganz lassen, in einen Topf legen, mit der erkalteten Brühe begießen, zum Sieden bringen, 20 Min. köcheln, immer wieder abschäumen.
Das Hirn herausnehmen, abtropfen lassen, in zentimeterdicke Scheiben schneiden.
Die eingedickte Brühe mit etwas Butter erhitzen, würzen, über die Hirnscheiben gießen.

RIND

Mariniertes Rindfleisch

gut abgehangenes Rindfleisch

Marinade:

1 l trockener Weißwein oder Rotwein
1/4 l Weinessig
1/4 l kalt gepreßtes Olivenöl
Zwiebeln, Karotten
Sellerie
Petersilienstengel
Thymianzweig, Lorbeer
1 Nelke
grob zerdrückte Pfefferkörner

Marinieren: bei Wärme 1 bis 2 Tage, bei Kälte 5 bis 6 Tage.

Das Fleisch sorgfältig von Häuten, Sehnen und dicken Fettpolstern befreien. Das Gemüse fein schneiden, die Hälfte davon auf den Boden eines säurefesten Gefäßes geben (Email, Porzellan, Glas), das Fleisch darauflegen, darüber das restliche Gemüse und die Gewürze legen, Essig und Weißwein langsam zugießen, zuletzt mit einer Ölschicht bedecken.

Abwandlungsmöglichkeit:

das Gemüse in Öl andünsten, alle Zutaten 30 Min. kochen, erkalten lassen, über das Fleisch gießen.

Süße Marinade für Rindfleisch

eine halbe frische Ananasfrucht
etwas scharfer Senf
(bevorzugt Dijon-Senf)
etwas Zitronensaft
Ahornsirup
Salz, frisch gemahlener Pfeffer

Marinieren: bei Wärme 1 Tag, bei Kälte 2 Tage

Von der Ananasfrucht sorgfältig alle holzigen Teile entfernen.
Alle Zutaten im Mixer pürieren.
In dieser Marinade wird das Fleisch sehr mürb.

Abwandlungsmöglichkeiten:

etwas herben Weißwein beigeben; mit Ingwer, Kardamom oder Muskat würzen.

Rinderschmorbraten

Gemüsebrühe (siehe S. 44)
gut abgehangenes Rindfleisch
(Schwanzstück, Rumpsteak oder
hintere Hochrippe), mariniert
(siehe links)
Zwiebeln, Knoblauch
reichlich Karotten
etwas herber Rotwein
Butter, kalt gepreßtes Olivenöl
Thymian
Salz, frisch gemahlener Pfeffer

Schmoren: im Backrohr pro 1/2 kg 3/4 Std. bei 170 °C (Gasherd Stufe 2)

Die Butter klären, etwas Öl beigeben. Das Fleisch aus der Marinade nehmen, gut abtrocknen, in dem Butter-Öl-Gemisch im Schmortopf so anbraten, daß sich schnell eine braune Kruste bildet, mit Gemüsebrühe ablöschen, etwas Marinade durch ein Haarsieb dazuseihen, auf dem Herd im Schmortopf zugedeckt 1 Std. schmoren. (Die Flüssigkeit soll das Fleisch eben bedecken.)
Zwiebeln, Knoblauch und Karotten grob zerkleinern, beigeben, mit Thymian, Salz und Pfeffer würzen, zudecken, im vorgeheizten Backrohr weiterschmoren.

Das Fleisch herausnehmen (die Hitze ausschalten), bei halbgeöffnetem Backrohr auf einer heißen Platte 15 Min. ruhen lassen.

Die Sauce durch ein Haarsieb seihen, 5 Min. stehenlassen, abfetten, die Gemüsereste durch das Haarsieb in die Sauce passieren, Rotwein beigeben, stark einkochen, abschmecken.

Abwandlungsmöglichkeiten:

weitere Gemüse mitschmoren; frisch geriebenen Meerrettich 1 Min. in der Sauce mitkochen; etwas scharfen Senf und/oder Sahne mit einkochen; getrocknete Steinpilze zerreiben und beigeben; Cognac beigeben.

Filetsteak

Gemüsebrühe (siehe S. 44)
pro Person 1 Steak, gut abgehangen
Zwiebeln, Knoblauch
etwas trockenen Sherry
Butter, kalt gepreßtes Olivenöl
Salz, frisch gemahlener Pfeffer

Die Steaks sorgfältig von Häuten und dicken Fettpolstern befreien. (Feine, marmorartige Fettstreifen belassen; sie sind sogar wünschenswert!)
Eventuell über Nacht gut abgetrocknet zwischen ganz frische Ananasscheiben legen, in Folie packen.
Den Knoblauch in Stifte schneiden und das Fleisch damit spicken.
Die feingeschnittenen Zwiebeln in leicht erhitzte Butter geben, glasig dünsten, mit Gemüsebrühe und Sherry ablöschen, pfeffern, das Steak darin 1 Std. marinieren, öfters wenden.
Das Steak aus der Marinade nehmen und gut abtrocknen, die Marinade durch ein Haarsieb seihen, zu Sirup einkochen, salzen.
Butter klären, etwas Öl beigeben.
Das Steak in dem Butter-Öl-Gemisch auf jeder Seite 2 Min. braten, zudecken, bei kleiner Hitze auf jeder Seite etwa 1 Min. dünsten. Rasten lassen.
Auf vorgewärmten Tellern anrichten, mit der eingekochten Marinade übergießen.

Gefülltes Rinderfilet

---

gut abgelagertes Rinderfilet
Frischrahmkäse
frische Zuchtchampignons
Knoblauch
Schalotten
herber Weißwein
kalt gepreßtes Olivenöl
Butter
etwas scharfer Senf
(bevorzugt Dijon-Senf)
Rosmarin
reichlich Kerbel
Petersilie
Crème fraîche
Salz
frisch gemahlener Pfeffer

Bratzeit: 25 Min. bei 220 °C (Gasherd Stufe 4 1/2)

Das Filet säubern, längs eine tiefe Tasche schneiden.
Den Knoblauch in Öl zerdrücken, mit Rosmarin mischen, damit das Filet außen einreiben, in Alufolie wickeln, 5 Std. ziehen lassen.
Die Champignons fein hacken, in Butter dünsten, die feingehackten Schalotten beigeben, weiterdünsten, bis alle Flüssigkeit verdampft ist, mit feingehackter Petersilie mischen, mit Salz und Pfeffer würzen, die Masse in das Filet füllen, zusammenbinden.
Das Filet ohne Fett auf allen Seiten kurz anbraten.
Den Käse mit reichlich feingehacktem Kerbel und etwas Senf verrühren, mit der Hälfte davon das Filet bestreichen, dieses im vorgeheizten Backrohr braten.
Nach der Hälfte der Garzeit die restliche Käsemischung auf das Filet streichen.
Das fertige Filet herausnehmen, etwas ruhen lassen.
Die Reste im Bratgefäß mit etwas Wein lösen, stark einkochen, mit etwas Butter verfeinern, zum Filet reichen.

Schwäbischer Rostbraten

pro Person eine Scheibe gut abgehangenes Rumpsteak (etwa 200 g)
viele Zwiebeln
kalt gepreßtes Olivenöl
Butter
Salz, frisch gemahlener Pfeffer

Den Rostbraten am Fettrand einschneiden, klopfen, mit Öl einreiben, 1 Std. ruhen lassen.
Die Zwiebeln in Ringe schneiden, in leicht erhitzte Butter geben, bräunen.
Butter klären, etwas Öl beigeben.
Den Rostbraten in der Pfanne in dem Butter-Öl-Gemisch zartrosa braten, würzen, mit den Zwiebeln servieren.
Dazu passen: Sauerkraut (siehe S. 87) und Spätzle (siehe S. 142).

Sauerbraten

1 kg Rindfleisch vom Bug
(lange Marinierzeit!)
3/4 l Weinessig
ein Lorbeerblatt
getrockneter Thymian
Zwiebeln, Butter
Crème fraîche
Salz, frisch gemahlener Pfeffer

Braten: 2 bis 2 1/2 Std. bei 180 °C (Gasherd Stufe 2 1/2)

Das Fleisch von Fett und Häuten sorgfältig befreien.
Den Essig mit etwas Wasser verdünnen, mit Lorbeer, Thymian und Zwiebelringen aufkochen, den Essigsud heiß über das Fleisch gießen, vier Tage darin marinieren.
Das Fleisch abtropfen lassen, salzen und pfeffern, in Butter anbraten, Zwiebeln grob hineinschneiden, mit etwas Essigsud aufgießen, im Backrohr zugedeckt schmoren.
Das Fleisch herausnehmen und ruhen lassen.
Den Sud durch ein Haarsieb gießen, die Zwiebeln darüber ausdrücken, den Sud stark einkochen, Crème fraîche mit dem Schneebesen hineinrühren.

Abwandlungsmöglichkeiten:

zerdrückte Wacholderbeeren statt Thymian; getrocknete Birnen, Äpfel und/oder Pflaumen mitschmoren und beim Passieren davon möglichst viel durch das Sieb drücken; Mirepoix (siehe S. 75) beigeben.

Geschmorter Ochsenschwanz I

reichlich Gemüsebrühe (siehe S. 44)
Ochsenschwanz, in Stücke zerteilt
Knoblauch, Zwiebeln
Tomaten
mehlige Kartoffeln, roh
etwas Essig
Rosenpaprikapulver, Majoran
Salz, frisch gemahlener Pfeffer

Schmoren: 5 bis 6 Std. bei 170 °C (Gasherd Stufe 2)

Zwiebeln und Knoblauch grob hacken, im Schmortopf in Öl leicht bräunen.
Die Tomaten grob hacken, die rohen Kartoffeln mit der Schale grob zerteilen, alle restlichen Zutaten – ausgenommen den Rosenpaprika – in den Schmortopf geben, kurz aufkochen, im vorgeheizten Backrohr schmoren.
Die Schwanzstücke herausnehmen, warmstellen, die Sauce durch ein Haarsieb seihen, 5 Min. stehenlassen, abfetten, die Gemüsereste durch ein Haarsieb in die Sauce passieren, die Sauce stark einkochen, Rosenpaprika beigeben, abschmecken, über die Schwanzstücke gießen.

Geschmorter Ochsenschwanz II

Gemüsebrühe (siehe S. 44)
Ochsenschwanz, in Stücke zerteilt
etwas Weizenvollkornmehl, aus getrockneten Körnern frisch gemahlen
Staudensellerie
Tomaten
Zwiebeln
Knoblauch
herber Rotwein
Butter
kalt gepreßtes Olivenöl
Salz
frisch gemahlener Pfeffer

Schmoren: 5 bis 6 Std. bei 170 °C (Gasherd Stufe 2)

Die Butter klären, etwas Öl beigeben. Mehl, Salz und Pfeffer mischen, darin die Schwanzstücke wälzen, überflüssiges Mehl abklopfen, die Schwanzstücke in dem Butter-Öl-Gemisch in der Pfanne leicht bräunen, aus der Pfanne in den Schmortopf geben, das Fett in der Pfanne bis auf einen kleinen Rest weggießen.
Zwiebeln und Knoblauch fein hacken, im Fettrest in der Pfanne leicht bräunen, mit Rotwein und Gemüsebrühe ablöschen, auf die Hälfte einkochen lassen.
Die Tomaten schälen (siehe S. 68) und entkernen, in der Sauce mitkochen. (Reste verwertbar für eine Gemüsebrühe.)
Die Sauce über die Schwanzstücke gießen, zudecken, im vorgeheizten Backrohr schmoren.
Die Sellerie in Streifen schneiden, in gesalzener Gemüsebrühe 7 Min. kochen (Brühe weiterverwertbar).

Von der Sauce im Schmortopf so gut es geht das Fett abschöpfen, die Sellerie beigeben, zudecken, 5 Min. weiterschmoren.

Rinderzunge

Gemüsebrühe (siehe S. 44)
Rinderzunge

Zwiebeln
Karotten
Staudensellerie
(zu gleichen Teilen, nicht zuwenig)
herber Rotwein
Butter
kalt gepreßtes Olivenöl
Salz
frisch gemahlener Pfeffer

Kochen: 2 Std.
Schmoren: 1 1/2 Std. bei 170 °C (Gasherd Stufe 2)

Die Rinderzunge in einen großen Topf geben, ganz mit kaltem Wasser bedekken, zum Kochen bringen, fast zudekken, 2 Std. bei milder Hitze kochen, abkühlen lassen, enthäuten, Fett, Knorpel und Sehnen entfernen.
Die Butter klären, etwas Öl beigeben. Die Zunge in dem Butter-Öl-Gemisch bräunen, herausnehmen.
Zwiebeln, Karotten und Staudensellerie grob zerkleinern, im Fett der Pfanne anbraten, mit Rotwein ablöschen, in ein feuerfestes Gefäß gießen, darauf die Rinderzunge legen, mit Gemüsebrühe auffüllen, bis die Zunge zu einem Drittel bedeckt ist, zudecken, im vorgeheizten Backrohr schmoren.
Die Zunge herausnehmen, die Gemüse in der Sauce mit dem Mixstab pürieren, in einer Pfanne stark einkochen, würzen.
Die Zunge in Scheiben schneiden, mit der Sauce begießen.

Raum für eigene Variationen und persönliche Anmerkungen:

WILD

Rehfilets

Rehfilets
Butter
Salz
frisch gemahlener Pfeffer

Die Butter klären.
Die Filets salzen und pfeffern, in geklärter Butter so anbraten, daß sie innen noch zartrosa sind (je nach Dicke 2 bis 3 Min. je Seite).

Reh in Wacholdersahne

Gemüsebrühe
(siehe S. 44)
Reh-Vorderschlegel (mit Knochen)
Zwiebeln, Karotten
Lauch
Sellerie
reichlich Tomaten
saure Sahne
kalt gepreßtes Olivenöl
Wacholderbeeren
Wacholderbeerschnaps (Gin)
Salz
frisch gemahlener Pfeffer

Marinade:

reichlich herber Rotwein
Knoblauch, Thymian
Rosmarin, Lorbeer
Nelken, Pfefferkörner

Schmoren: 2 Std.
Das Fleisch zerteilen, die Marinade kurz aufkochen, über das Fleisch gießen, mindestens 48 Std. ziehen lassen.
Das Fleisch herausnehmen, die Marinade seihen, stark einkochen.
Das Fleisch gut abtrocknen, mit Salz und Pfeffer würzen, in Öl anbraten, mit etwas Gemüsebrühe ablöschen, das zerkleinerte Gemüse und die Wacholderbeeren beigeben, mit der eingekochten Marinade auffüllen, schmoren.
Das Fleisch herausnehmen und warmstellen, die Sauce stark einkochen, den Schnaps beigeben, die Sauce über das Fleisch gießen.

Dazu passen Pfifferlinge.

Hasenkeulen

Gemüsebrühe
(siehe S. 44)
pro Person 1 Hasenkeule
herber Rotwein
saure Sahne
Butter
Haselnüsse, fein gerieben
Salz
frisch gemahlener Pfeffer

Beize:

Buttermilch
Wacholderbeeren
Lorbeer, Gewürznelken

Braten: 45 Min. bei 220 °C (Gasherd Stufe 3 1/2)

Alle Zutaten der Beize mischen.
Die Keulen sorgfältig von allen Häuten und Sehnen befreien, in der Beize 12 Std. ziehen lassen.
Die Butter klären.
Die Keulen herausnehmen und abtrocknen, in der geklärten Butter anbraten, Wein und Brühe beigeben, im vorgeheizten Backrohr unbedeckt braten, immer wieder mit Sauce begießen.
Die Keulen herausnehmen, mit Alufolie bedecken, warmstellen.
Die Haselnüsse zur Sauce geben, stark einkochen, Sahne beigeben, wieder stark einkochen, würzen, über die Keulen gießen.

Abwandlungsmöglichkeiten:

Hagebuttenmark statt Haselnüsse; die Keulen vor dem Anbraten mit Senf einreiben.

Rebhuhn

Gemüsebrühe (siehe S. 44)
pro Person 1 Rebhuhn, bratfertig
Thymian, getrocknet
Salz
frisch gemahlener Pfeffer

Braten: 20 Min. bei 250 °C (Gasherd Stufe 6)

Die Gemüsebrühe zu Sirup einkochen. Das Rebhuhn nach dem Waschen gut abtrocknen, Salz, Thymian und Pfeffer mischen, das Huhn innen und außen damit einreiben.
Im vorgeheizten Backrohr das Rebhuhn auf einem Rost über einem Blech braten, falls erforderlich nach 20 Min. die Hitze auf 140 °C (Gasherd Stufe 3) reduzieren. (Das Fleisch soll an den Knochen noch rosa sein.)
Den abgelaufenen Saft auffangen, mit Gemüsebrühe aufkochen, stark einkochen, über das Huhn gießen.

Hirschragout

Gemüsebrühe (siehe S. 44)
Hirschschulter, gut abgehangen
Zwiebeln
Knoblauch
Wurzelgemüse
(z. B. Karotten, Sellerie, Petersilienwurzel)
Butter
kalt gepreßtes Olivenöl
Schale einer ungespritzten Zitrone
Thymian
Lorbeer
Sahne
Salz, frisch gemahlener Pfeffer

Die Butter klären, etwas Öl beigeben. Das Fleisch sorgfältig von Fett und Sehnen befreien, in Würfel von etwa 3 cm Kantenlänge schneiden, in dem Butter-Öl-Gemisch mit den feingehackten Zwiebeln anbraten, Gemüsebrühe beigeben, Knoblauch hineindrücken, alle Gewürze beigeben, zudecken, 30 Min. kochen lassen, das Wurzelgemüse hineinraspeln, weitere 30 Min. kochen lassen, Lorbeer entfernen, Sahne beigeben, nun unbedeckt einkochen.

Abwandlungsmöglichkeiten:

Rotwein und/oder Cognac beigeben; getrocknete Steinpilze pulverisieren und mitkochen; geschälte und entkernte Birnen oder Äpfel mitkochen.

Wild-Frikadellen

etwas Gemüsebrühe
(siehe S. 44)
Reh- und/oder Hirschfleisch
Masse für Getreidelaibchen II
(siehe S. 64)
kalt gepreßtes Olivenöl
Butter
getrocknete Vollkornbrösel

Das Fleisch sorgfältig von Fett und Sehnen befreien, durch den Fleischwolf drehen. Die Masse für Getreidelaibchen mit etwas Gemüsebrühe geschmeidig machen, das Fleisch gut unterkneten; braten wie auf S. 64 angegeben.

Dazu passen gedünstete Birnen oder Äpfel (siehe S. 212, 213) sowie gebratene oder geschmorte Pilze (siehe S. 100).

Raum für eigene Variationen und persönliche Anmerkungen:

BROT

Teig walken

Alle Zutaten grob vermischen, eine Kugel formen, kleine Stücke davon wegnehmen, mit dem Handballen gegen die Unterlage drücken und wegschieben, daraus erneut eine Kugel formen, den Vorgang mehrmals wiederholen.

Durch das Walken wird der Teig elastisch. (Die Handwärme und der großflächige Druck mit dem Handballen geben dem Teig günstigere Eigenschaften, als das eine Küchenmaschine mit Knethaken vermag.)

Brot

Getreide ist ohne Wertminderung über Jahre haltbar. Es muß jedoch luftig und trocken gelagert sowie immer wieder umgeschüttet werden.

Vollkornbrot und Vollkorngebäck – ausgenommen Knäckebrot und Zwieback – sind nur begrenzt haltbar. Man lagere die Produkte luftig. (Geschlossene Brotdosen sind ungeeignet.)

Zur Verhütung von Schimmelbefall empfiehlt es sich, die Lagerflächen öfters mit stark verdünntem Essig zu waschen.

Im Handel gibt es heutzutage auch Schnittbrot in steriler Verpackung. Die Qualität wird dadurch nicht verändert, die Haltbarkeit aber um etwa zwei Wochen verlängert. Achten Sie aber darauf, daß das Brot frei von schimmelverhindernden Chemikalien ist (Aufschrift der Packung lesen).

Wenn Sie eine Küchenmaschine mit Knethaken besitzen, stellen Sie die Maschine auf langsamste Gangart und geben Sie das Vollkornmehl eßlöffelweise zum Vorteig in die Rührschüssel. Dadurch erreichen Sie beste Verarbeitung. Der Teig muß geschmeidig sein. Ist er zu trocken, geben Sie noch etwas Wasser hinzu.

Das Brot wird jedoch schmackhafter, wenn Sie es mit der Hand walken (siehe links).

Ob das Brot genug gebacken ist, prüfen Sie am besten durch Klopfen mit den Fingerkuppen einer Hand auf das Brot: Es muß hohl klingen.

Grundteig für Brot

---

1 kg Weizenvollkornmehl,
aus getrockneten Körnern
frisch gemahlen
(siehe S. 55)
etwa 40 g Hefe (ein Würfel)
3/4 l Milch
80 g Butter, zimmerwarm
Salz, Kümmel, Anis, Fenchelsamen

Backen: 20 bis 25 Min. bei 220 °C (Gasherd Stufe 4 1/2)

Die Hefe in lauwarmem Wasser auflösen, mit wenig Mehl einen Vorteig mengen, zugedeckt 15 Min. in der Wärme gehen lassen.
Mit allen Zutaten einen Teig kneten, 30 Min. gehen lassen.
Den Teig walken (siehe links), eine Rolle formen, Teile abschneiden und beliebig formen, 20 Min. gehen lassen, im vorgeheizten Backrohr backen.

Abwandlungsmöglichkeiten:

mit Eigelb bestreichen sowie mit Sesam, Mohn, Leinsamen oder gehackten Nüssen bestreuen; geriebener Hartkäse (bevorzugt Gruyère) statt Butter; nur Honig und Anis statt Kümmel und Fenchel; 100 g grobgehackte Nüsse beigeben; eine Teigtasche bilden und füllen: 300 g gehackte Nüsse, 150 g Honig, 50 g Rosinen, Schale einer ungespritzten Zitrone, heiße Milch.

Dieser Grundteig eignet sich auch für Obstkuchen und Dampfnudeln (dann ohne Kümmel und Fenchel).

Sauerteig

1. Tag abends:

100 g feiner Vollkornroggenschrot, aus getrockneten Körnern frisch geschrotet (siehe S. 55)
1/2 Ta. Sauermilch (oder Buttermilch)
100 g Wasser

Ein Gefäß aus Porzellan oder Steingut mit kochendem Wasser füllen, 15 Min. stehenlassen.
Wasser und Sauermilch auf 37 °C erwärmen, mit dem Schrot gut verrühren, in das noch warme Gefäß aus Porzellan oder Steingut geben, mit einem Tuch zubinden, in eine Decke hüllen (gleichbleibende Wärme nicht über 37 °C soll gesichert sein).

2. Tag abends:

Den Teig umrühren, wieder zubinden und einpacken.

3. Tag, abends:

260 g Vollkornroggenmehl, aus getrockneten Körnern frisch gemahlen (siehe S. 55)
140 g Wasser

Das Wasser auf 37 °C anwärmen, mit dem Mehl gut verrühren, gut mit dem Sauerteig vermengen, wieder zubinden und einpacken.

4. Tag abends:

Der Sauerteig ist fertig und kann zum Ansetzen eines Vorteiges verwendet werden.

Am besten zweigt man nunmehr von jedem Vorteig zwei Eßlöffel ab und bewahrt ihn im Kühlschrank in einem Schraubglas bis zum nächsten Sauerteigbrot auf (bis zu drei Wochen haltbar).
Sauerteig kann man auch beim Bäcker kaufen.

Dreikornbrot

250 g Weizenvollkornmehl
500 g Roggenvollkornmehl
250 g Gerstenvollkornmehl
aus getrockneten Körnern frisch gemahlen (siehe S. 55)
etwa 1 Tasse Sauerteig (siehe links)
etwa 40 g Hefe (ein Würfel)
100 g Leinsamen
200 g Walnüsse, grob gehackt
20 g Salz
Kümmel, Koriander, Anis, Fenchelsamen (jeweils ganz)
Sesam

Backen: 20 Min. bei 220 °C (Gasherd Stufe 4 1/2), 50 Min. bei 190 °C (Gasherd Stufe 3)

Am Vorabend die Hefe in lauwarmem Wasser auflösen, aus Hefe und Sauerteig mit 250 g Roggenmehl einen Vorteig mengen, über Nacht in der Wärme zugedeckt gehen lassen (am besten in eine Decke einpacken).
Am nächsten Morgen alles restliche Mehl mit Leinsamen, Walnüssen und den Gewürzen – ausgenommen Sesam – gut mischen, in eine Mulde den Vorteig geben, den Teig walken (siehe S. 192), nach und nach gut warmes Wasser zugeben, bis der Teig geschmeidig ist.
Den Teig gut in Backformen drücken, mit Sesam bestreuen, mit einer Gabel mehrfach einstechen oder mit einem Messer ein Gitternetz ziehen oder längs eine Dehnfalte in die Teigoberfläche schneiden, eine Stunde gehen lassen.

Im vorgeheizten Backrohr backen, ein hitzebeständiges Gefäß mit kochendem Wasser hineinstellen, nach 20 Min. herausnehmen.
Das fertige Brot offen liegenlassen und erst am nächsten Tag anschneiden.

Abwandlungsmöglichkeiten:

die Gewürze mahlen; Sonnenblumenkerne statt Walnüsse; Kümmel statt Sesam.

Früchtebrot

500 g getrocknete Birnen
500 g getrocknete Feigen
500 g getrocknete Zwetschgen, entsteint
500 g Rosinen
500 g Weizenvollkornmehl, aus getrockneten Körnern frisch gemahlen (siehe S. 55)
250 g gehackte Haselnüsse
250 g gehackte ungeschälte Mandeln
100 g Honig
etwa 50 g Hefe
etwas Zimt
Schale einer ungespritzten Zitrone
etwas Anis

Backen: 60 bis 90 Min. bei 200 °C (Gasherd Stufe 3 1/2)

Birnen und Zwetschgen getrennt über Nacht einweichen.
Die Birnen im Einweichwasser beider Früchte 20 Min. kochen, mit Sud heiß über Feigen und Zwetschgen gießen, 2 Std. ziehen lassen.
Die Rosinen in Wasser oder herbem Weißwein aufkochen, abtropfen lassen.
Birnen, Feigen und Zwetschgen abtropfen lassen und in kleine Würfel schneiden, Sud beiseite stellen.
Die Hefe in etwas lauwarmem Sud auflösen, zusammen mit etwas Mehl einen Vorteig mengen, 30 Min. in der Wärme gehen lassen.
Sämtliche Zutaten zu einem festen Teig kneten, nach Bedarf erwärmten Sud beigeben.
Mit Mehl bestäuben, zugedeckt warmstellen; 3 bis 4 Std. gehen lassen bis Risse entstehen.
Laibe formen, 3 bis 4 Std. warm ruhen lassen.
Im vorgeheizten Backrohr backen, sofort danach mit warmem Sud bestreichen.
Mindestens zwei Tage durchziehen lassen.

Abwandlungsmöglichkeiten:

Kirschwasser oder Zwetschgenwasser beigeben; ungeschwefelte Aprikosen (eingeweicht) und /oder Datteln hinzufügen.

Fladenbrot

300 g Weizenvollkornmehl
600 g Roggenvollkornmehl
aus getrockneten Körnern frisch gemahlen (siehe S. 55)
200 g Sauerteig (siehe S. 193)
etwa 40 g Hefe
Salz

Backen: 1 Std. bei 220 °C (Gasherd Stufe 4 1/2)

Die Hefe in lauwarmem Wasser auflösen, aus Hefe und Sauerteig mit wenig Mehl einen Vorteig mengen, zugedeckt 30 Min. in der Wärme gehen lassen.
Sämtliche Zutaten zu einem festen Teig walken (siehe S. 192), nach und nach lauwarmes Wasser dazugeben, bis der Teig geschmeidig ist, zugedeckt warmstellen, 2 Std. gehen lassen.
Den Teig wieder kräftig walken, Fladen formen, auf ein gut gefettetes Blech geben, mit Mehl bestäuben, mit einer Gabel mehrmals einstechen, im vorgeheizten Backrohr backen.

KUCHEN, TORTEN, KLEINGEBÄCK

Backpulver

Verwenden Sie Backpulver nur in Ausnahmefällen. Wo es möglich ist, sollten Sie Hefe oder Sauerteig vorziehen, weil diese den Gehalt an Vitamin B steigern. Vermeiden Sie auf jeden Fall Hirschhornsalz (denn es setzt Ammoniak frei)!

Mürbeteig

Man verwende auch für Mürbeteig prinzipiell Weizenvollkornmehl, aus getrockneten Körnern frisch gemahlen (siehe S. 55). Je nach Verhältnis der Zutaten, je nach Feinheitsgrad des Mehls bekommt der Teig andere Qualitäten.

Es erfordert oft großes Feingefühl, die richtige Menge an flüssigen Zutaten hinzuzufügen, damit der Teig die richtige Festigkeit erhält. Manchmal wird man nur einige Spritzer Wasser oder Milch zugeben müssen.

Mürbeteig für Obstkuchen kann man mit etwas Zimt würzen.
Gibt das Rezept Honig an, sollte dieser in etwas lauwarmem Wasser oder – falls angegeben – in etwas lauwarmer Milch vorher aufgelöst werden.
Mürbeteig I hat gerade die richtige Menge für eine Obsttorte.
Mürbeteig II eignet sich für Kuchen.
Mürbeteig III ist eher einfach, Mürbeteig IV dagegen fein.
Der sehr feine Mürbeteig V – er darf als einziger nicht zu fest werden – eignet sich für kleine Törtchen.

Das Mehl auf eine Arbeitsplatte schütten, eine Mulde eindrücken, alle anderen Zutaten hineingeben, grob vermischen, den Teig schnell kneten, das Fett darf durch die Handwärme nicht mehr als nötig weich werden, eine Kugel formen, in Alufolie wickeln, mindestens 1 Std. (besser 24 Std.) im Kühlschrank ruhen lassen.
Den Mürbeteig nicht ausrollen, sondern mit der Hand austreiben.

Quarkblätterteig

350 g Weizenvollkornmehl,
aus getrockneten Körnern
frisch gemahlen
(siehe S. 55)
250 g Quark
250 g Butter, zimmerwarm
etwas Salz

Aus den Zutaten einen Teig walken (siehe S. 192), mindestens 4 Std. (besser 12 Std.) in den Kühlschrank geben.

Hier einige der vielen möglichen Varianten:

	I	II	III	IV	V
Mehl	180 g	250 g	250 g	250 g	250 g
Butter	120 g	200 g	150 g	190 g	250 g
Ei	2 Eigelbe	1	1	1	2 Eigelbe
Honig	20 g	–	5 g	5 g	5 g
Vorzugsmilch	–	–	2 El.	2 El.	–
Crème fraîche	–	–	–	–	3 El.
Salz	–	1 Prise	1 Prise	1 Prise	1 Prise

Birnenkuchen

Mürbeteig II (siehe S. 196)
500 g Williamsbirnen
1/4 l Crème fraîche
4 Eier, 60 g Ahornsirup
etwas Salz

Backen: 50 bis 60 Min. bei 200 °C (Gasherd Stufe 4 1/2)

Die Birnen schälen oder ungeschält lassen, vierteln, das Kernhaus und alle harten Stellen entfernen, in dünne Scheiben schneiden.
Den Mürbeteig in einer gebutterten Springform gleichmäßig verteilen, mit den Birnen auslegen.
Eier, Crème fraîche, Ahornsirup und Salz mit dem Schneebesen gut verrühren, über die Birnen gießen, im vorgeheizten Backrohr backen.

Abwandlungsmöglichkeit:

Äpfel statt Birnen.

Korsischer Zitronenkuchen

Mürbeteig I (siehe S. 196)
Saft und Schale einer ungespritzten Zitrone
70 g Butter, zimmerwarm
150 g Vollrohrzucker, 1 Ei

Backen: 15 Min. bei 230 °C (Gasherd Stufe 5), dann 5 Min. bei 190 °C (Gasherd Stufe 3)

Den Mürbeteig hauchdünn mit ganz leicht hochgezogenem Rand auf einem gebutterten Blech verteilen (günstiges Format: 19 x 25 cm).
Alle anderen Zutaten im Mixer oder mit dem Rührstab mischen (es macht nichts, wenn die Butter flockig bleibt), dünn auf dem Teig verteilen, goldbraun backen.
Den Kuchen erst erkalten lassen, bevor man ihn in Portionen teilt und vom Blech nimmt.

Abwandlungsmöglichkeiten:

zusätzliche dünne Scheiben einer ungespritzten Zitrone auf den Kuchen legen, die man dünn mit Honig bestrichen hat; Orangensaft oder Kirschenpüree (im Mixer zerkleinert) statt Zitronensaft.

Bretonischer Honigkuchen

175 g feingemahlenes Weizenvollkornmehl, aus getrockneten Körnern frisch gemahlen (siehe S. 55)
100 g Butter, zimmerwarm
dickflüssiger Honig
eine Tasse
lauwarmes Wasser
15 g Hefe
eine Prise Salz

Backen: 30 Min. bei 190 °C (Gasherd Stufe 3)

Die Hefe in 2 El. lauwarmem Wasser auflösen.
Gut die Hälfte des Mehls mit Hefe, Salz und dem restlichen Wasser zu einem Teig kneten.
Das restliche Mehl dazugeben, einen Teig walken (siehe S. 192), 2 cm dick auswellen.
Butter und Honig über den Teig geben, den Teig dreimal einschlagen.
Ausrollen, dreimal einschlagen, ausrollen, wieder dreimal einschlagen, ausrollen und auf ein gut gefettetes Blech geben, mit einem Messerrücken ein Gittermuster einkratzen.
20 Min. in der Wärme gehen lassen, im vorgeheizten Backrohr backen.

Nuß-Karotten-Torte

200 g Haselnüsse
200 g Karotten
200 g Honig
4 Eier
Zitronensaft
1 El. Vollkornbrotbrösel
Sahne

Backen: 1 Std. bei 170 °C (Gasherd Stufe 2)

Die Haselnüsse reiben, die Karotten fein raspeln.
Eigelbe und Eiweiß trennen.
Die Eigelbe mit dem Honig schaumigrühren, Nüsse und Karotten unterrühren, die Brösel dazugeben, mit Zitronensaft würzen.
Das Eiweiß steifschlagen, locker unterheben.
In eine gefettete Springform geben, im vorgeheizten Backrohr backen, Backrohr nicht öffnen!
Mit Schlagsahne servieren.

Mandeltorte

Mürbeteig II
(siehe S. 196)
helle Marmelade
(Orange, Aprikose,
Mirabelle oder Quitte)
450 g geschälte Mandeln
150 g Honig
4 Eier
1 El. Vollkornweißmehl,
aus getrockneten Körnern
frisch gemahlen (siehe S. 55)
etwas Sanddornsaft

Backen: 1 Std. bei 200 °C (Gasherd Stufe 3 1/2)

Eine Springform mit dem Mürbeteig ausfüllen, den Rand weit hochziehen, mit einem Löffelstiel einzacken, den Teigboden mit Marmelade bestreichen.
300 g Mandeln ganz fein mahlen.
Eigelb, Honig, Mehl und Sanddornsaft mit den gemahlenen Mandeln mischen.
Das Eiweiß steifschlagen und vorsichtig unter die Masse heben, in die Tortenform füllen, mit 150 g ganzen Mandeln belegen, im vorgeheizten Backrohr backen.

Quarkkuchen

Mürbeteig II
(siehe S. 196)
500 g Magerquark
150 g Honig
1/4 l Sahne
4 Eier
etwas Weizenvoll-
kornmehl
Zitronensaft
Schale einer ungespritzten
Zitrone
Rosinen

Backen (Vorbacken nicht eingerechnet): 40 bis 50 Min. bei 200 °C (Gasherd Stufe 3 1/2)

Mit dem Mürbeteig eine Backform mit Rand auslegen, 5 Min. bei 220 °C (Gasherd Stufe 4 1/2) im vorgeheizten Backrohr vorbacken, abkühlen lassen.
Die Rosinen 30 Min. in nicht zuwenig Wasser einweichen, das Einweichwasser erwärmen, darin den Honig auflösen.
Eigelbe und Eiweiß trennen.
Den Quark und Zitronensaft, Zitronenschale und Honigwasser glattrühren, Eigelbe und Mehl gut untermischen.
Eiweiß und Sahne jeweils steifschlagen, beides leicht untermischen.
Die Masse zu zwei Drittel auf den Teig geben, dann die Rosinen darüberstreuen, die restliche Masse darübergeben, im vorgeheizten Backrohr backen.

Gemüsekuchen

Gemüsebrühe (siehe S. 44)
Pizzateig I (siehe S. 146)
verschiedene Gemüse
etwas Milch
etwas Sahne, Ei
Salz, frisch gemahlener Pfeffer

Backen: 15 bis 25 Min. bei 250 °C (Gasherd Stufe 6)

Das Gemüse in der Gemüsebrühe – eventuell nach Sorten getrennt – halb garkochen. (Brühe weiterverwertbar, auch als Getränk geeignet.)
Den Teig wie zu einer Pizza vorbereiten (siehe S. 146), mit dem Gemüse bunt belegen.
Milch, Sahne, Ei, Salz und Pfeffer gut verrühren und sparsam über das Gemüse gießen.
Im vorgeheizten Backrohr backen.

Salziger Käsekuchen

Teig:

400 g Weizenvollkornmehl,
aus getrockneten Körnern
frisch gemahlen
(siehe S. 55)
3 Eier
150 g Butter, zimmerwarm
40 g Hefe
etwas Honig, Salz

Belag:

1 kg Magerquark
150 g Crème fraîche
4 Eier, Zwiebelringe
1 El. Distelöl (oder anderes
kalt gepreßtes Öl)
Salz, frisch gemahlener Pfeffer
frisch geriebener Muskat

Backen: 30 bis 40 Min. bei 250 °C (Gasherd Stufe 6)

Die Hefe mit wenig Honig in lauwarmem Wasser auflösen, zusammen mit wenig Mehl einen Vorteig mengen, 30 Min. in der Wärme gehen lassen.
Sämtliche Zutaten zu einem Teig kräftig walken (siehe S. 192), mit Mehl bestäuben, zugedeckt warmstellen, 30 Min. gehen lassen.
Den Teig auf einem gefetteten Blech auslegen.
Alle Zutaten für den Belag – ausgenommen die Zwiebelringe – gut vermischen, auf dem Teig verteilen, mit Zwiebelringen bedecken.
Goldbraun backen.

Salziger Rahmkuchen

Teig:

200 g Weizenvollkornmehl,
aus getrockneten Körnern
frisch gemahlen
(siehe S. 55)
60 g Butter, zimmerwarm
1/10 l Milch
ganz wenig Salz

Belag:

1/2 l saure Sahne
3 Eigelbe
Butter
reichlich Schnittlauch
etwas Kümmel
Salz

Backen: 30 Min. bei 200 °C (Gasherd Stufe 3 1/2)

Mehl, Butter, Milch und Salz zu einem glatten Teig walken (siehe S. 192), 30 Min. kaltstellen, eine gebutterte Form damit auslegen.
Saure Sahne, Eigelbe und Salz glattrühren, auf dem Teig verteilen, mit feingeschnittenem Schnittlauch und Kümmel bestreuen, Butterflöckchen aufsetzen, im vorgeheizten Backrohr backen, heiß servieren.

Schwäbischer Zwiebelkuchen

Teig:

200 g Weizenvollkornmehl
100 g Roggenvollkornmehl,
aus getrockneten Körnern
frisch gemahlen (siehe S. 55)

40 g Hefe
1 Ei
40 g Butter
etwas Honig
1/8 l Milch
Salz

Belag:

500 g Zwiebeln
4 Eigelbe
1/8 l Sahne
50 g Butter
Salz, Kümmel,
frisch gemahlener Pfeffer

Backen: 40 Min. bei 180 °C (Gasherd Stufe 2 1/2)

Die Hefe und den Honig in wenig lauwarmer Milch auflösen, zusammen mit wenig Mehl einen Vorteig mengen, zugedeckt 20 Min. in der Wärme gehen lassen.
Mit allen Zutaten einen Teig walken (siehe S. 192), 30 Min. gehen lassen, auf einem gebutterten Backblech mit der Hand gleichmäßig austreiben.
Die Zwiebeln in feine Scheiben schneiden, 10 Min. in der Butter dünsten, abkühlen lassen.
Eigelbe, Sahne und Salz mit dem Schneebesen schlagen, mit Kümmel, Pfeffer und Zwiebeln mischen, auf dem Teig gleichmäßig verteilen, im vorgeheizten Backrohr backen, heiß essen!

Abwandlungsmöglichkeiten:

saure Sahne statt der süßen; mit geriebenem Gruyère bestreuen; Quark unter den Belag mengen.

Rosenkohltorte

Teig:

130 g Weizenvollkornmehl
120 g Vollreismehl
aus getrockneten Körnern
frisch gemahlen
(siehe S. 55)
Salz

Vorbacken: 10 Min. bei 200 °C
(Gasherd Stufe 3 1/2)

Fülle:

Gemüsebrühe (siehe S. 44)
1 kg Rosenkohl
3 El. Weizenvollkornmehl,
aus getrockneten Körnern
frisch gemahlen
(siehe S. 55)
saure Sahne
1 Ei
70 g Hartkäse
(bevorzugt Gruyère), gerieben
Knoblauch
50 g Walnüsse, grob gehackt
Salz
frisch gemahlener Pfeffer
frisch geriebener Muskat

Backen: 30 Min. bei 200 °C (Gasherd Stufe 3 1/2)

Mehl, Salz und Butter mit etwas Wasser zu einem Teig walken (siehe S. 192), eine gebutterte Springform auslegen, einen Rand hochdrücken, den Teig mit einer Gabel mehrmals anstechen, im vorgeheizten Backrohr 5 bis 10 Min. vorbacken.
Den Rosenkohl in gesalzener Gemüsebrühe 10 Min. kochen. (Brühe weiterverwertbar, auch als Getränk geeignet.)
Etwas Brühe mit Mehl, Sahne, Ei, Käse, gepreßtem Knoblauch und den Gewürzen gut verrühren.
Den Rosenkohl auf dem Teig verteilen, mit dem Gemisch übergießen, mit Walnüssen bestreuen, im vorgeheizten Backrohr backen.

Sesam-Plätzchen

150 g Sesam
150 g Weizenvollkornmehl, aus getrockneten Körnern frisch gemahlen (siehe S. 55)
100 g Honig
3 Eier
Zitronensaft
Schale einer ungespritzten Zitrone, gerieben
Vanille aus der Schote
Oblaten

Backen: 10 bis 15 Min. bei 190 °C (Gasherd Stufe 3)

Den Honig schaumigrühren, dann zwei Eier dazurühren, Sesam und Mehl unterheben, mit Zitronensaft, Zitronenschale und Vanille würzen, kleine Häufchen auf die Oblaten setzen, im vorgeheizten Backrohr backen.
Ein Ei schaumigschlagen, die warmen Plätzchen damit bestreichen, im nicht ausgekühlten Backrohr nachtrocknen lassen.

Husarenkugeln

210 g Weizenvollkornmehl, aus getrockneten Körnern frisch gemahlen (siehe S. 55)
70 g Butter, zimmerwarm
50 g Honig
1 Ei
1 Eigelb
Vanille aus der Schote
getrocknete Datteln
getrocknete Aprikosen

Backen: 15 bis 20 Min. bei 190 °C (Gasherd Stufe 3)

Aus Mehl, Butter, Honig, Eigelb und Vanille einen Mürbeteig walken (siehe S. 196).
Kleine Kügelchen formen, auf ein gefettetes Backblech legen, mit einem Kochlöffelstiel eine Vertiefung eindrücken.
Das Ei schaumigschlagen, die Kugeln damit bestreichen, im vorgeheizten Backrohr backen, erkalten lassen.
Die Datteln entkernen, durch den Fleischwolf drehen.
Die Aprikosen feinschneiden, zu Mus zerdrücken.
Eine Hälfte der Kugeln mit Dattelmasse, die andere mit Aprikosenmasse füllen.

Zimtsterne

200 g Weizenvollkornmehl, aus getrockneten Körnern frisch gemahlen (siehe S. 55)
70 g Butter, zimmerwarm
140 g Honig
1 Ei, 1 Eiweiß
4 Tl. gemahlenen Zimt
Vanille aus der Schote
eventuell Oblaten

Backen: 10 bis 15 Min. bei 190 °C (Gasherd Stufe 3)

Glasur:

100 g Honig
1 Eiweiß
Zitronensaft

Aus Mehl, Butter, Honig, Ei, Zimt und Vanille einen Mürbeteig walken (siehe S. 196), 2 Std. in den Kühlschrank stellen.
Den Teig ausrollen, Sterne ausstechen, eventuell auf Oblaten setzen, mit Eiweiß bestreichen, im vorgeheizten Backrohr backen, erkalten lassen.
Die Zutaten zur Glasur mischen, die Zimtsterne damit bestreichen, mindestens einen Tag trocknen lassen.

Hirse-Sesam-Plätzchen

100 g Sesamkörner
100 g Hirseflocken
100 g Weizenvollkornmehl,
aus getrockneten Körnern
frisch gemahlen (siehe S. 55)
70 g Butter
120 g Honig, 1 Ei
je eine Prise Salz und
frisch geriebenen Muskat

Backen: 15 bis 20 Min. bei 180 °C (Gasherd Stufe 2 1/2)
Die Sesamkörner ohne Fett leicht anrösten.
Butter, Honig und Ei schaumigschlagen. Alle Zutaten mischen.
Plätzchen formen, auf ein gefettetes Blech legen.
Im vorgeheizten Backrohr goldgelb backen.

Honigtaler

250 g Weizenvollkornmehl,
aus geschroteten Körnern
frisch gemahlen (siehe S. 55)
100 g Mandeln, sehr fein gerieben
100 g Butter, zimmerwarm
3 Eier
restliches Eiweiß (s.u.)
eine Prise Salz

Zum Bestreichen: 1 bis 2 Eigelbe

Backen: 15 bis 20 Min. bei 200 °C
(Gasherd Stufe 3 1/2)

Füllung:

150 g Honig
150 g Mandeln, sehr fein gerieben

Eier, Eiweiß, Butter und Salz schaumigschlagen.
Mehl und die 100 g Mandeln mischen, leicht unter die Eimasse kneten, im Kühlschrank 2 Std. ruhen lassen. Die Masse 2 mm dick auswellen, runde Plätzchen ausstechen, bei der Hälfte mit einem Fingerhut in der Mitte ein Loch ausstechen.
Auf ein gefettetes Blech geben, mit der Gabel anstechen, mit Eigelb bestreichen.
Im vorgeheizten Backrohr backen, abkühlen lassen.
Für die Füllung Honig und die 150 g Mandeln mischen, jeden ganzen Taler mit der Füllung bestreichen und einen gelochten Taler aufsetzen.

Abwandlungsmöglichkeiten:

Haselnüsse oder Walnüsse statt Mandeln in der Teigmasse; Kirschwasser, Zwetschgenwasser oder weißen Rum in die Fülle.

Dattelbrot

150 g Weizenvollkornmehl,
aus getrockneten Körnern
frisch gemahlen (siehe S. 55)
200 g getrocknete Datteln
100 g Honig
3 Eigelbe
1 Ei
Schale einer ungespritzten Zitrone
Vanille aus der Schote

Backen: 25 Min. bei 190 °C (Gasherd Stufe 3)

Die Datteln entkernen, im Fleischwolf zerkleinern.
Den Honig mit dem Schneebesen schaumigrühren, langsam die Eigelbe und das ganze Ei hineinschlagen, alle anderen Zutaten langsam unterrühren.
Auf einem gebutterten Backblech fingerdick ausstreichen, im vorgeheizten Backrohr backen, noch heiß in die gewünschte Form schneiden.

Wem dieses Dattelbrot zu süß ist, der nehme weniger Datteln und weniger Honig.

Haselnuß-Kokosnuß-Küßchen

100 g Haselnüsse, grob gemahlen
100 g Kokosflocken
100 g Honig
3 Eiweiß
Zitronensaft
Schale einer ungespritzten Zitrone
Oblaten

Backen: 10 bis 15 Min. bei 190 °C (Gasherd Stufe 3)

Den Honig schaumigrühren.
Das Eiweiß in einem Gefäß im Wasserbad steifschlagen, den Honig langsam darunterziehen, alle anderen Zutaten langsam beimischen.
Kleine Häufchen auf Oblaten setzen, im vorgeheizten Backrohr backen.

Haselnußzwieback

50 g Weizenvollkornmehl,
aus getrockneten Körnern
frisch gemahlen (siehe S. 55)
70 g Haselnüsse, grob gemahlen
70 g Rosinen
50 g Honig
2 Eier

Backen: je nach Stärke 10 bis 30 Min. bei 190 °C (Gasherd Stufe 3)
Trocknen: Backrohr ausschalten, etwa 30 Min.

Den Honig und 1 Ei schaumigrühren, dann Mehl, Haselnüsse und Rosinen untermischen.
Auf einem gebutterten Backblech verteilen, im vorgeheizten Backrohr backen, noch heiß in die gewünschte Form schneiden.
Ein Ei schaumigschlagen, die warmen Schnitten damit bestreichen, im noch nicht ausgekühlten Backrohr trocknen.

Kekse

etwas Weizenvollkornmehl,
aus getrockneten Körnern
frisch gemahlen (siehe S. 55)
Haferflocken, grob gemahlen
Butter, zimmerwarm
Honig

Backen: 10 bis 15 Min. bei 190 °C (Gasherd Stufe 3)

Die Haferflocken mit dem Honig vermengen, mit Butter zu einem festen Teig kneten, auf Schrot ausrollen, Quadrate schneiden, mit Schrot bestreuen, im vorgeheizten Backrohr backen.

Pfitzauf

250 g Weizenvollkornmehl,
aus getrockneten Körnern
frisch gemahlen (siehe S. 55)
5 Eier, 125 g Butter
1/2 l Milch, ganz wenig Salz

Backen: 30 Min. bei 250 °C (Gasherd Stufe 6)

Das Mehl durch ein Haarsieb sieben, mit etwas Milch und dem Salz glattrühren, die Eier untermengen, die restliche Milch aufkochen, etwas abkühlen lassen und den Teig damit glattrühren.
Kleine hitzebeständige Förmchen (in Schwaben gibt es eigene Pfitzaufförmchen) ausbuttern, die restliche Butter klären, heiß in den Teig rühren, sofort die Förmchen nur bis zur Hälfte füllen, gleich im vorgeheizten Backrohr backen, das Backrohr während des Backprozesses nicht öffnen!
Die Pfitzauf aus den Förmchen stürzen und auf die Seite legen, damit sie nicht zusammenfallen.

Dazu paßt Weincreme (siehe S. 119).

Raum für eigene Variationen und persönliche Anmerkungen:

HÄPPCHEN

Variationen von belegtem Vollkornbrot

Brot, auch getoastet, mit Butter bestrichen.

Vorschläge für Beläge:

1. Grobes Salz.
2. Roquefort-Butter-Mischung.
3. Feingehackte Gurke, feingehackte Zwiebeln, Mayonnaise (siehe S. 116), eventuell ein kleines Blatt der Kapuzinerkresse.
4. Gehackte Nüsse, geriebener Hartkäse (bevorzugt Gruyère), Butter, Salz, frisch gemahlener Pfeffer.
5. Champignonpüree (siehe S. 101).
6. Tomatenscheiben, gepreßter Knoblauch, Salz, frisch gemahlener Pfeffer, Basilikumstreifen.
7. Olivenpaste (siehe S. 113).
8. Feingehackter Mozzarella, feingehackte Petersilie, getrockneter Oregano, Salz, frisch gemahlener Pfeffer, frisch geriebener Muskat.
9. Muscheln (siehe S. 163), feingehackte Petersilie.
10. In Salz und etwas Butter gedünsteter Lachs (erkaltet).
11. Ausgepreßter Rettichsalat.
12. Hering in Gemüsedressing (siehe S. 162).
13. Besonders gesund: Keimlinge (siehe S. 27).

Thymianbrot

Vollkornbrot oder quadratische
Vollkornbrotscheiben
frische Thymianblättchen, Knoblauch
Salz, kalt gepreßtes Olivenöl

Das Brot toasten und diagonal halbieren.
Den Knoblauch in das Olivenöl pressen, mit Salz und Thymian gut mischen, die warmen Brote damit bestreichen.
Warm servieren!

Abwandlungsmöglichkeiten:

Brot in Butter goldbraun braten statt toasten, frische Rosmarinnadeln statt Thymian.

Knoblauchbrot

Vollkorntoast oder quadratische
Vollkornbrotscheiben, Knoblauch
kalt gepreßtes Olivenöl, Petersilie

Das Brot toasten und diagonal halbieren.
Den Knoblauch in das Olivenöl pressen, mit der feingehackten Petersilie gut mischen, die warmen Brote damit bestreichen.

Käsebrot

Vollkorntoastbrot oder quadratische
Vollkornbrotscheiben
zwei Sorten Käse,
Vorschlag: Mozzarella, Gruyère
Butter, Salz, frisch gemahlener Pfeffer
Oregano, Kümmel

Das Brot diagonal halbieren, mit Butter bestreichen, mit dünnen Käsescheiben bedecken, den Mozzarella mit Salz, Pfeffer und Oregano würzen, auf den Gruyère Kümmel streuen.
Im vorgeheizten Backrohr bei starker Hitze überbacken.

Abwandlungsmöglichkeiten:

andere Käse, andere Gewürze.

Maisknusperchen I

Polenta, erkaltet (siehe S. 62)
Tomaten
Zwiebeln
Knoblauch
etwas kalt gepreßtes Olivenöl
Dill
frisch gemahlener Pfeffer

Die Tomaten schälen (siehe S. 68) und entkernen. (Reste verwertbar für eine Gemüsebrühe.)
Die Zwiebeln fein hacken, den Knoblauch pressen, den Dill fein hacken.
Alle Zutaten zu einem dicken Brei kneten, dünn auf Pergamentpapier ausbreiten, trocknen lassen, im Backrohr bei kleiner Hitze knusprigrösten.

Maisknusperchen II

Polenta, erkaltet (siehe S. 62)
Apfelbrei (siehe S. 218)
etwas frisch gemahlener
Pfeffer

Alle Zutaten zu einem dicken Brei mischen, dünn auf Pergamentpapier ausbreiten, trocknen lassen, im Backrohr bei kleiner Hitze knusprigrösten.

Abwandlungsmöglichkeit:

Rosinen beimengen; eingeweichte Trockenfrüchte statt Apfelbrei.

Bananenknusperchen

weiche Bananen
ungespritzte Zitrone
Ahornsirup, Sesam

Den Sesam ohne Fett rösten, erkalten lassen.
Die Zitrone so schneiden, daß kleine Stückchen entstehen, die auch Schale enthalten. (Der Rest für Zitronensaft verwertbar.)
Die Zitronenstückchen mit Ahornsirup tränken.
Die Bananen zu einer Creme verrühren, Zitronenstückchen und Sesam untermengen, dünn auf Pergamentpapier ausbreiten, trocknen lassen, im Backrohr bei kleiner Hitze knusprigrösten.

Rosinenknusperchen

Rosinen
Haferflocken
Nüsse

Rosinen, Nüsse und Haferflocken je für sich feinhacken, alle Zutaten mischen, dünn auf Pergamentpapier ausbreiten, trocknen lassen, im Backrohr bei kleiner Hitze knusprig rösten.

Sonnenfladen

Weizenkörner
(oder mehrere Getreide gemischt)

Trockenzeit insgesamt: etwa 24 Std. an der Sonne
Die Körner 24 Std. einweichen, durch den Fleischwolf drehen, hauchdünn auf Pergamentpapier ausbreiten, lange an der Sonne trocknen, wenden, weitertrocknen.

Abwandlungsmöglichkeiten
(jeweils vor dem Trocknen):

mit Kümmel oder Thymian würzen; fein gehackte Nüsse untermengen; geriebenes Wurzelgemüse oder durch den Fleischwolf gedrehte Trockenfrüchte untermengen; die Fladen mit etwas Mehl bestäuben; Weizenkeimlinge statt Körner (diese nicht einweichen).

Gewürzte Toastscheiben

Vollkorntoast
Würzbutter (siehe S. 121 ff.)

Die Scheiben toasten, im lauwarmen Zustand mit der zimmerwarmen Würzbutter bestreichen.

SÜSS-SPEISEN

Milchreis

Avorio-Reis (Langkorn) oder
Vollreis (lange Quellzeit!)
etwas Milch
etwas Honig, Rosinen
Äpfel

Mengenverhältnis: 1 Tasse Reis, 2 1/2 Tassen Wasser

Den Reis waschen und in einer Pfanne auf kleinster Flamme mild trocknen, in Wasser kurz aufkochen, zudecken und 2 bis 3 Std. im Wärmeschrank (siehe S. 14) quellen lassen.
Die Rosinen in wenig Milch quellen lassen, hauchdünne kleine Apfelscheiben hineinrühren, kurz aufkochen, Honig beigeben, unter den Reis mengen, noch 10 Min. im Wärmeschrank (siehe S. 14) ziehen lassen.

Abwandlungsmöglichkeiten:

mit gerösteten Mandelblättchen bestreuen; andere Trockenfrüchte statt Rosinen oder zusätzlich; Birnen statt Äpfel, etwas Quittenmarmelade (siehe S. 222) in der Milch mitkochen; Schlagsahne unterheben; mit Zimt bestäuben; leicht gebräunte Butter darübergießen.

Süßer Reisauflauf

Vollreis (lange Quellzeit!)
Quark
Honig, getrocknete Feigen
Nüsse, Rosinen
pro Person 1/2 Ei
Butter

Backen: 20 bis 30 Min. bei 200 °C (Gasherd Stufe 3 1/2)

Mengenverhältnis: 1 Tasse Reis, 2 1/2 Tassen Wasser

Den Reis waschen und in einer Pfanne auf kleinster Flamme mild trocknen, in Wasser kurz aufkochen, zudecken und 2 bis 3 Std. im Wärmeschrank (siehe S. 14) quellen lassen.
Eigelb mit etwas Butter schaumigrühren, Honig beimischen.
Den Quark fein passieren.
Feigen und Nüsse kleinschneiden.
Alle Zutaten mischen – ausgenommen das Eiweiß.
Das Eiweiß steifschlagen und vorsichtig unterheben.
In ein ausgebuttertes hitzebeständiges Gefäß füllen, wenig Butterflöckchen aufsetzen, im vorgeheizten Backrohr backen.

Abwandlungsmöglichkeiten:

Weizen statt Reis (Zubereitung wie Vollreis, aber die Körner am Vorabend im Wasser einmal kurz aufkochen und zugedeckt über Nacht stehenlassen); weitere Trockenfrüchte verwenden (besonders gut: Aprikosen), in der Backform eine Mittelschicht aus festem Obst einbauen (z. B. Äpfel, Birnen, Rhabarber ...).

Hirsecreme mit Aprikosen

80 g Hirse, frisch aus
getrockneten Körnern fein gemahlen
400 ml naturtrüber Apfelsaft
getrocknete Aprikosen
1/8 l Sahne, 2 El. Honig
je eine Prise Zimt, gestoßene Nelken
etwas Salz
etwas Zitronensaft
Schale einer ungespritzten Zitrone

Garnitur: geröstete Mandelblättchen, feingeraffelte Äpfel oder Birnen, mit Zitronensaft beträufelt

Die Aprikosen über Nacht einweichen, kleinschneiden.

Hirse, Apfelsaft und Einweichwasser aufkochen und 1 Std. im Wärmeschrank (siehe S. 14) quellen lassen. Aprikosen und Gewürze unterrühren, erkalten lassen.
Sahne mit Honig steifschlagen und unterheben.

Abwandlungsmöglichkeiten:

Zwetschgen oder Birnen statt Aprikosen; Vorzugsmilch statt Apfelsaft; Kirschwasser, Zwetschgenwasser, Cointreau oder Grand Marnier beigeben; Garnitur ändern: Kirschen, Erdbeeren, Himbeeren oder Brombeeren.

Schwäbischer Ofenschlupfer

Vollkornbrot (kein Sauerteigbrot!)
Äpfel
reichlich Ahornsirup
2 Eier
1/4 l Milch
Butter
Rosinen
Zimt, Mandelblättchen

Backen: 35 Min. bei 220 °C (Gasherd Stufe 4 1/2), 10 Min. bei 150 °C (Gasherd Stufe 1)

Den Ahornsirup mit der Milch vermischen, die Eier mit einer Gabel unterrühren.
Das Brot in dünne Scheiben schneiden.
Die Äpfel entkernen und in Scheiben schneiden.
Die Brotscheiben abwechselnd mit den Apfelscheiben in ein gebuttertes hitzebeständiges Gefäß geben, mit Brot oben abschließen, die Eiermilch darübergießen, 20 Min. einziehen lassen, Butterflöckchen aufsetzen, mit Rosinen, Zimt und Mandelblättchen bestreuen, im vorgeheizten Backrohr backen.
Die Eiermilch sollte die Form bis knapp unter die letzte Brotschicht füllen.

Früchtespeise

300 g frische Früchte beliebiger Art, auch gemischt
200 g frisch gepreßter Fruchtsaft
100 g Weizenvollkornmehl, frisch aus getrockneten Körnern fein gemahlen
Sahne
1 Ei
Honig
Schale einer ungespritzten Zitrone

Die Früchte gegebenenfalls zerkleinern und in etwas Fruchtsaft mit der Zitronenschale kurz aufkochen.
Das Mehl mit dem Schneebesen in den restlichen Fruchtsaft rühren, unter die Früchte ziehen, alles kurz aufkochen, den Honig beimengen, im Wärmeschrank (siehe S. 14) 30 Min. quellen lassen.
Das Eigelb unter die noch warme Masse ziehen, das Eiweiß steifschlagen und mit der Sahne vorsichtig unterheben, in eine Form füllen, erkalten lassen.

Abwandlungsmöglichkeit:

nach dem Mahlen die Kleie aus dem Mehl sieben.

Obstsalat

beliebiges Obst
Mandeln
herber Weißwein
Zitronensaft
Eigelb
Ahornsirup

Das Eigelb schlagen, mit Wein, Zitronensaft und Ahornsirup mischen, über das Obst gießen, mit grobgehackten Mandeln bestreuen.

Melonenkaltschale

vollreife Honigmelone
Joghurt
Orangensaft
etwas Zitronensaft
Ahornsirup

Die Melone in der Mitte halbieren (eventuell zackenförmig einschneiden), Kerne entfernen, mit einem Löffel das Fruchtfleisch herausschälen.
Ein Drittel des Fruchtfleisches in Würfel schneiden, den Rest pürieren.
Das Püree mit Orangensaft, Zitronensaft, Joghurt und Ahornsirup verrühren, die Melonenviertel darunterziehen, in die halben ausgehöhlten Melonen füllen, kaltstellen.

Abwandlungsmöglichkeiten:

etwas Mineralwasser oder Sekt beigeben; etwas Schlagsahne unterziehen; frische Pfefferminzblätter in Streifen schneiden und darauflegen.

Pfirsiche unter süßer Haut

pro Person ein reifer Pfirsich
Orangensaft
Zitronensaft
(halb soviel wie Orangensaft)
herber Weißwein
Schale von einer ungespritzten Zitrone
etwas Honig
etwas Butter
je eine ganz kleine Menge Zimt, gestoßene Nelken, frisch geriebener Muskat, eventuell auch Kardamom

Die Pfirsiche schälen, halbieren, entsteinen.
Alle anderen Zutaten – ohne den Honig – in eine Pfanne geben, etwas einkochen.
Die Pfirsiche hineingeben, zugedeckt dünsten, umdrehen, zugedeckt weiterdünsten, bis sie gar sind, aber ohne zu zerfallen (hineinstechen).
Die Pfirsiche vorsichtig herausnehmen und mit der Schnittseite nach unten auf vorgewärmte Teller legen.
Die Sauce ganz stark einkochen, von der Wärmequelle nehmen, den Honig beimengen, die Pfirsiche damit überziehen.

Abwandlungsmöglichkeiten:

Cognac oder Grand Marnier beigeben; halbierte Äpfel oder halbierte Birnen statt Pfirsiche (dann eventuell Calvados beigeben).

Gedünstete Birnen

pro Person eine reife, aber feste Birne
etwas herber Weißwein
etwas Honig

Die Birnen schälen, halbieren, das Kernhaus entfernen.
Die Birnen in Weißwein zugedeckt dünsten, umdrehen, zugedeckt weiterdünsten bis sie gar sind, aber nicht zerfallen (hineinstechen), die Birnen herausnehmen.
Den Saft einkochen, von der Wärmequelle nehmen, Honig beimengen, über die Birnen gießen.

Abwandlungsmöglichkeiten:

Äpfel statt Birnen; Rotwein statt Weißwein.

Gedünstete Birnen oder Äpfel kann man mit anderen Süßspeisen kombinieren, sie passen aber auch – mit Kompott (siehe S. 218) gefüllt – zu Wild.

Gedünstete Äpfel

Äpfel
Butter
Honig

Die Äpfel entkernen, in Scheiben schneiden.
Die Butter zerlassen, darin die Apfelscheiben bei kleiner Hitze glasig dünsten, nach kurzer Zeit bereits wenden, herausnehmen.
Die Butter von der Wärmequelle nehmen, Honig beimengen, über die Apfelscheiben gießen.

Abwandlungsmöglichkeit:

mit Birnen und/oder Aprikosen mischen.

Apfelauflauf

1 Tasse Weizenschrot,
aus getrockneten Körnern
frisch gemahlen (siehe S. 55)
reichlich Äpfel
Rosinen
Ahornsirup
2 Tassen Milch, 2 Eier
Zitronensaft
etwas Butter

Backen: 30 Min. bei 190 °C (Gasherd Stufe 3)

Den Schrot mit Butter in der Milch aufkochen, 2 Std. quellen lassen.
Eigelbe und Eiweiß trennen.
Die Eigelbe mit dem Ahornsirup schaumigschlagen, unter den Brei mischen.
Die Äpfel schälen und entkernen, in dünne Scheiben schneiden, mit Zitronensaft und Ahornsirup mischen.
Das Eiweiß steifschlagen, locker unter den Brei ziehen.
Ein hitzebeständiges Gefäß ausbuttern, den Boden mit Brei bedecken, eine Schicht Äpfel und Rosinen drauflegen, abwechselnd weiterschichten, mit Brei abschließen, im vorgeheizten Backrohr backen.

Bratäpfel

säuerliche Äpfel
Haferflocken oder Weizenflocken
Rosinen, Honig

Braten: 30 bis 40 Min. bei 170 °C (Gasherd Stufe 2)

Das Kernhaus ausstechen, mit dem Gemisch aus Haferflocken, Rosinen und Honig füllen, im vorgeheizten Backrohr braten.

Abwandlungsmöglichkeiten:

gehackte Mandeln statt Flocken; eingeweichte Feigen und/oder Aprikosen zusätzlich oder statt Rosinen; etwas saure Sahne in die Füllung; mit Zimt würzen; mit Fruchtsirup (siehe S. 215) oder Veilchenhonig (siehe S. 216) überziehen; Butterflöckchen aufsetzen; Schlagsahne dazureichen.

Apfelringe

saure Äpfel
Butter, etwas Zitronensaft

Die Butter klären.
Die Äpfel schälen, entkernen, in 4 mm dicke Ringe schneiden, sofort mit Zitronensaft beträufeln, in der geklärten Butter unter Rütteln bräunen, einmal wenden, abtropfen lassen.

Abwandlungsmöglichkeit:

ganz zuletzt etwas Honig darüberträufeln.

Paßt auch zu Wild.

Getrocknete Apfelschnitze

Äpfel, Sahne
Honig

Dörren: zuerst 30 Min. bei 210 °C (Gasherd Stufe 4), dann 60 Min. bei 170 °C (Gasherd Stufe 2)

Die Äpfel schälen, entkernen und in feine Schnitze schneiden, in ein hitzebeständiges Gefäß geben und im vorgeheizten Backrohr dörren, erkalten lassen.
Die Äpfel mit Sahne begießen und ein Honigmuster darübertröpfeln.

Zitronenauflauf

5 El. Weizenvollkornmehl,
aus getrockneten Körnern
frisch gemahlen (siehe S. 55)
4 El. Zitronensaft
geriebene Schale einer
ungespritzten Zitrone
2 Äpfel mittlerer Größe
5 El. Ahornsirup
Honig, 2 Tassen Milch
4 Eier, 4 El. Butter
etwas Salz

Backen: 40 bis 50 Min. bei 170 °C (Gasherd Stufe 2)

Das Weizenmehl sieben.
Die Butter zergehen lassen, mit Milch, Mehl und Salz zu einem dicken Brei rühren, 30 Min. quellen lassen.
Eigelb und Eiweiß trennen, die Eigelbe mit dem Ahornsirup schaumigschlagen, Zitronensaft und -schale untermengen, mit dem Brei vermischen.
Die Äpfel schälen und entkernen, in Scheiben schneiden, in ein ausgebuttertes hitzebeständiges Gefäß legen, mit Honig bestreichen.
Das Eiweiß steifschlagen, locker unter den Brei ziehen, den Brei über die Äpfel gießen, im vorgeheizten Backrohr backen.

Apfelsülze

Äpfel
naturtrüber Apfelsaft
(z. B. Demeter-Apfelsaft)
Ahornsirup, etwas Zitronensaft
Agar-Agar (siehe S. 220)

Den Apfelsaft auf ein Viertel einkochen, mit Ahornsirup süßen.
Die Äpfel schälen, entkernen, in Würfel schneiden, etwa 4 Min. im Apfelsaft aufkochen.
Agar-Agar in Zitronensaft auflösen, in den Saft einrühren, einmal aufkochen lassen, den Pudding in Förmchen gießen, die mit kaltem Wasser ausgewaschen worden sind.

Abwandlungsmöglichkeiten:

Zimt und/oder Muskat beigeben; Birnenstückchen statt Äpfel.

Zitronenschaum

8 Eier, Ahornsirup
Saft und geriebene Schale einer
ungespritzten Zitrone
Butter

Backen: 8 bis 10 Min. bei 250 °C (Gasherd Stufe 6)

Eigelbe und Eiweiß trennen, die Eigelbe mit dem Ahornsirup schaumigschlagen, Zitronensaft und -schale untermengen, das Eiweiß steifschlagen, locker unterziehen.
Die Masse in ein hitzebeständiges Gefäß geben und im vorgeheizten Backrohr backen.

Süßer Kartoffelauflauf

speckige Kartoffeln, roh
Butter
Honig
Salz

Backen: 15 bis 20 Min. bei 190 °C (Gasherd Stufe 3)

Die Kartoffeln in Salzwasser halb garkochen, schälen, in Streifen schneiden, in ein ausgebuttertes hitzebeständiges Gefäß geben, etwas Wasser beigeben, mit Honig begießen, Butterflöckchen aufsetzen, im vorgeheizten Backrohr backen.

Dattelsirup
(zum Süßen)

Datteln
Mineralwasser

Die Datteln in einem Gefäß mit Mineralwasser gerade bedecken, 2 Std. einweichen, entsteinen, mit etwas Einweichwasser im Mixer pürieren, im Kühlschrank aufbewahren.
Hält etwa 10 Tage.

Fruchtpaste

etwas Honig

etwa zu gleichen Teilen:
getrocknete Datteln, entsteint
getrocknete Feigen
getrocknete Bananen
getrocknete Aprikosen
Rosinen, Mandeln

Alle Trockenfrüchte grob zerteilen und durch den Fleischwolf drehen, die Mandeln grob hacken, alle Zutaten gut durchkneten, die Paste in eine Form drücken, eine Stunde in den Kühlschrank stellen.

Abwandlungsmöglichkeiten:

andere Trockenfrüchte beigeben; Weizenkeimlinge mit durch den Fleischwolf drehen.

Fruchtsirup

beliebige Früchte, auch gemischt
eine ungespritzte Zitrone
viel Honig

Die Früchte sowie die ungespritzte Zitrone stark zerkleinern, in ganz wenig Wasser 10 Min. zugedeckt dünsten, dabei mehrmals umrühren, durch ein Tuch seihen, ausdrücken, mit Honig süßen.
Das verschließbare Aufbewahrungsgefäß vor dem Abfüllen auskochen!
Zum Garnieren von Süßspeisen verwenden oder zum Trinken stark mit Mineralwasser verdünnen.

Rosinensirup

Rosinen
Zimt

Rosinen einweichen, zerstampfen, im Einweichwasser 10 Min. kochen, durch ein Tuch seihen, ausdrücken, den Saft stark einkochen.
Zum Garnieren von Süßspeisen verwenden.

Abwandlungsmöglichkeiten:

getrocknete Feigen oder Datteln statt Rosinen; auch Aprikosen (dann etwas mit Honig süßen).

Veilchenhonig

frisch gepflückte
Veilchenblüten
Honig

Die Veilchenblüten zerstoßen und in einer Porzellanschüssel mit wenig kochendem Wasser übergießen, 12 Std. ziehen lassen, durch ein Tuch seihen, ausdrücken.
Das aromatisierte Wasser mit dem Honig leicht erwärmen und gut durchmischen.
Zum Garnieren von Süßspeisen verwenden.

Aprikosencreme

Aprikosenmarmelade
(siehe S. 221)
Sahne
je 1 Prise Zimt und
zerstoßene Nelken

Die Marmelade durch ein Haarsieb passieren, aus allen Zutaten eine Creme rühren.

Abwandlungsmöglichkeiten:

andere Marmeladen statt Aprikosenmarmelade.

Sherrycreme

Saft und Schale einer
ungespritzten Zitrone
trockener Sherry
Ahornsirup
viel Sahne

Alle Zutaten zu einer Creme aufschlagen, mehrere Stunden kühlen.

Feigencreme

getrocknete Feigen
Grapefruitsaft
Zitronensaft
Vanille aus der Schote
etwas Honig
gewürzter Schnaps (siehe S. 235)
Sahne

Die Feigen über Nacht einweichen, abtropfen lassen, mit dem Schnaps, den Säften, Honig und Vanille im Mixer pürieren.
Die Sahne steifschlagen, vorsichtig unterziehen.

Maronendessert

Maronen
Aniswasser (siehe S. 235)
Feigencreme
(siehe oben)

Backen: 10 bis 15 Min. bei 200 °C (Gasherd Stufe 3 1/2), in die Backrohrtür einen Gabelstiel klemmen, damit die Tür nicht ganz schließt.

Die Maronen mehrmals kreuzweise einschneiden, auf ein befeuchtetes Backblech legen und im Backrohr backen (bis die Schale springt), die Schale und die braune Haut entfernen, in Aniswasser etwa 15 Min. kochen. (Das Aniswasser für eine Feigencreme verwendbar.)
Die Maronen abtropfen lassen, halbieren, mit Feigencreme überziehen.

Maronenpüree
(Kastanienreis)

Siehe S. 90 unter Abwandlungsmöglichkeiten.

KOMPOTTE

Kompotte

Für 500 g Früchte reichen zum Süßen 100 g Honig oder 100 g Ahornsirup. Je nach Flüssigkeitsgehalt der Früchte genügt 1/8 bis 1/4 l Wasser, bei Verwendung von Ahornsirup noch weniger. Man kann mit etwas Zitronensaft (noch besser Limonensaft) und etwas Zimt würzen.
Das Kompott kalt aufsetzen, nur kurz kochen, zugedeckt auskühlen lassen.

Rhabarber

Rhabarber ist nur bis Anfang Juli zu verwenden.
Rhabarber enthält eine sehr aggressive Säure. Vermeiden Sie deshalb beim Umgang mit Rhabarber Metallgefäße und Alufolie.
Die gewaschenen Stangen am Wurzelende schräg anschneiden, die Haut in Richtung Blatt abziehen, dann das Blattende anschneiden und die andere Seite ebenso schälen.
Junger Rhabarber sollte nicht geschält werden.
Rhabarber wird nur kurz in etwas Flüssigkeit gedünstet, sonst zerfällt er.

Günstige Kombinationen: mit Erdbeeren, Himbeeren, Orangen.

Rhabarberkompott

Rhabarber
(Vorbereitung siehe oben)
Ahornsirup
Schale einer ungespritzten Zitrone
etwas Orangensaft, frisch gepreßt

Orangensaft und Zitronenschale mit dem Ahornsirup aufkochen, stark eindicken.

Den Rhabarber in 2 cm lange Stücke schneiden, im Sirup 4 Min. zugedeckt köcheln lassen.
Nicht umrühren!

Apfelkraut

Äpfel

Braten: zuerst 30 Min. bei 210 °C (Gasherd Stufe 4), dann 60 Min. bei 170 °C (Gasherd Stufe 2)

Die Äpfel mit Schale und Kernhaus grob zerkleinern, in einem hitzebeständigen Gefäß im Backrohr ganz weichdünsten.
Durch ein Haarsieb passieren, bei schwacher Hitze in einem hitzebeständigen Gefäß lange (!) schmoren, bis die Masse ganz dick ist und leicht bräunt.

Abwandlungsmöglichkeiten:

Rosinen unter die Masse mengen;
zum Schluß mit etwas Sahne garnieren.

Apfelbrei

Äpfel
Honig
etwas Zimt

Die Äpfel mit Schale und Kernhaus grob zerkleinern, in Wasser mit Zimt weichdünsten.
Durch ein Haarsieb passieren, den Honig unter den noch lauwarmen Brei mengen.

Abwandlungsmöglichkeiten:

herber Weißwein statt Wasser, etwas Schlagsahne unterheben;
Birnen statt Äpfel.

MARMELADEN

Wer beim Herstellen von Marmeladen keinen Gelierzucker verwenden will, muß die Probleme des Süßens, des Haltbarmachens und des Eindickens anders lösen.
Zum Süßen von Marmeladen eignen sich Apfelsirup, Ahornsirup und Honig, in Einzelfällen auch Birnendicksaft.
Die Haltbarkeit ist gesichert, wenn Sie die Gläser mit kochendem Wasser füllen und 5 Min. stehenlassen, die abgeschäumte (!) Marmelade kochendheiß einfüllen und mit in Alkohol (z. B. 90 %igen Weingeist) getauchter Einsiedehaut oder mit einem ausgekochten Schraubdeckel verschließen. Zum Verbrauch geöffnete Gläser bewahren Sie im Kühlschrank auf. Bei Gläsern mit Schraubverschluß können Sie die Marmelade auch erkalten lassen, geben Weingeist darauf, zünden ihn an und verschließen das Glas, solange die Flamme noch brennt.

Für das Eindicken gibt es mehrere Möglichkeiten:

1. *Sie kochen die Marmelade stark ein. Dadurch werden allerdings fast alle Vitamine zerstört.*
2. *Sie kochen drei Viertel der Marmelade stark ein, das restliche Viertel erhitzen Sie nur 5 Min. und mengen es darunter. Dadurch wird ein Teil der Vitamine erhalten.*
3. *Sie pürieren die Früchte mit dem Mixstab.*
4. *Sie pürieren drei Viertel der Früchte, das restliche Viertel mengen Sie unpüriert darunter.*
5. *Sie rühren Agar-Agar mit Zitronensaft kalt an (etwa 1 Teelöffel für 1/2 l), geben von der heißen Marmelade gut rührend nach und nach etwas dazu und schütten dieses Gemisch in die Marmelade, kochen noch einmal kurz auf und rühren dabei ständig um.*
   Agar-Agar – aus einer Meeresalge hergestellt – enthält wichtige Mineralstoffe und ist zudem ein Ballaststoff, der im Darm aufquillt, Darmschlacken bindet und abtransportiert.
6. *Statt Agar-Agar können Sie auch Pfeilwurzmehl (Kuzu) oder Unigel (aus Apfelpektin) verwenden. Pfeilwurzmehl neutralisiert Säuren.*

Rharbarbermarmelade

750 g Rhabarber
(Vorbereitung siehe S. 218)
750 g Honig
1/4 l Blutorangensaft, frisch gepreßt

Den Orangensaft einkochen.
Den Rhabarber in 1 cm lange Stücke schneiden, im Orangensirup 4 Min. zugedeckt köcheln lassen, die Hälfte in ein anderes Gefäß gießen und mit dem Rührstab pürieren, wieder zurückgießen, kurz aufkochen, Honig untermengen, in ausgekochte Gläser füllen, mit in Schnaps getauchtem Cellophan verschließen.

Apfelmarmelade

halbgetrocknete Apfelschnitze
(siehe S. 214, ohne Sahne und Honig)
Zitronensaft, Honig

Die Äpfel zu Brei zerdrücken oder pürieren, Zitronensaft und Honig untermengen; bald verbrauchen.

Abwandlungsmöglichkeit:

eingeweichte Trockenfrüchte untermengen.

Aprikosenmarmelade

vollreife Aprikosen
Honig

Mischungsverhältnis: auf 1 kg ganze Aprikosen 350 g Honig

Die Aprikosen waschen, halbieren, entkernen, alle fauligen Stellen sorgfältig entfernen. Mit wenig Wasser kochen, wenn sie weich sind, mit dem Mixstab pürieren, Honig beigeben, abfüllen.

Abwandlungsmöglichkeiten:

mit Limonensaft würzen; wenig Cognac oder Grand Marnier beigeben.

eignet sich gut zum Mischen mit Berberitzengelee (siehe S. 222).

Bananenmarmelade
(ungekocht)

weiche Bananen
beliebige Früchte,
z. B. Himbeeren, Brombeeren
Ahornsirup, Haferflocken

Die Bananen zu einer Creme verrühren. Die Früchte pürieren, eventuell durch ein Haarsieb passieren. Die Haferflocken feinhacken. Alle Zutaten mischen; bald verbrauchen.

Schlehen-Apfel-Marmelade

Schlehen, nach dem ersten Frost
gesammelt
Apfelbrei (siehe S. 218)
reichlich Honig

Die Schlehen von den Stielen befreien, in wenig Wasser kochen, passieren, noch einmal kochen (eventuell mit Wasser verdünnt), erneut passieren, mit Apfelbrei mischen, erhitzen, von der Hitzequelle nehmen, Honig beimengen.

Abwandlungsmöglichkeiten:

Birnenbrei statt Apfelbrei; etwas Essig untermengen.

Quittenmarmelade

Quitten
reichlich Honig

Die Quitten ganz in Wasser weichkochen, erkalten lassen, schälen, das Kernhaus entfernen.
Schalen und Kernhaus mit wenig Wasser lange auskochen, durch ein Haarsieb seihen, in dieses Quittenwasser die Quitten hineinreiben, eventuell ein wenig Wasser beigeben, erhitzen, von der Hitzequelle nehmen, Honig beimengen.

Berberitzengelee

Berberitzen
Ahornsirup
Agar-Agar

Die Berberitzen sorgfältig verlesen, die Stiele möglichst entfernen, mit etwas Wasser kurz aufkochen, durch ein Haarsieb passieren, mit Ahornsirup und Agar-Agar aufkochen.

Variationen von Marmelade

jeweils zwei Drittel der Masse mit dem Mixstab püriert, mit Agar-Agar eingedickt, Honig nie mitkochen

1. 500 g Kulturerdbeeren, 500 g rote Johannisbeeren, 400 g Honig, Zitronensaft, Zimt
2. 300 g rote Johannisbeeren, 300 g Himbeeren, 300 g Aprikosen, 400 g Honig, Zitronensaft.
3. 1 kg schwarze Johannisbeeren, 400 g Honig, Zitronensaft, Zimt
4. 300 g Stachelbeeren, 300 g rote Johannisbeeren, 300 g schwarze Johannisbeeren, 400 g Honig, Limonensaft (ersatzweise Zitronensaft)
5. 1 kg Sauerkirschen (entsteint gewogen), 400 g Honig; die Steine separat mit wenig Wasser auskochen, das Wasser einkochen, zur Marmelade geben
6. 1 kg Zwetschgen, 300 g Honig, wenig Rotweinessig, herber Rotwein, Zimt
7. 500 g rote Johannisbeeren, 500 g geraspelte Karotten, 400 g Honig, Zitronensaft

Senffrüchte

beliebige Früchte,
Hauptanteil Kirschen
herber Weißwein
Honig
Senfpulver
2 Nelken
1 Stange Zimt
Lorbeer

Die Früchte sorgfältig reinigen, größere Stücke zerteilen.
Aus Weißwein, Senfpulver und Gewürzen einen Sirup kochen, darin die Früchte kochen, von der Wärmequelle nehmen, Honig untermengen, erkalten lassen, in verschließbare Gläser füllen.

SORBET, EIS

Tomaten-Sorbet

Tomaten
Salz, frisch gemahlener Pfeffer
Basilikumblätter

Die Tomaten schälen (siehe S. 68) und entkernen. (Reste verwertbar für eine Gemüsebrühe.)
Das Tomatenfleisch mit etwas Mineralwasser pürieren, würzen, in der Sorbetière (ersatzweise im Tiefkühlfach) gefrieren.
Mit einem Basilikumblatt garnieren, als Rohkost-Vorspeise servieren.

Gurken-Sorbet

Gurke
Salz, frisch gemahlener Pfeffer
Bohnenkraut

Die Gurken schälen. (Schalen verwertbar für eine Gemüsebrühe.)
Die geschälten Gurken grob zerkleinern, mit etwas Mineralwasser pürieren, würzen, in der Sorbetière (ersatzweise im Tiefkühlfach) gefrieren.
Mit Bohnenkrautblättern garnieren, als Rohkost-Vorspeise servieren.

Abwandlungsmöglichkeiten:

Kohlrabi, Sellerieknolle oder rote Rübe statt Gurke; Estragonblätter statt Bohnenkraut.

Apfel-Sorbet

Äpfel
Honig, Zitronensaft
Calvados

Den Honig in warmem Wasser auflösen, erkalten lassen.
Die Äpfel entkernen, samt Schale mit Zitronensaft im Mixer pürieren.
Alle Zutaten mischen, in der Sorbetière (ersatzweise im Tiefkühlfach) gefrieren.

Erdbeer-Sorbet

Kulturerdbeeren oder Walderdbeeren
Honig
Zitronensaft

Etwas Mineralwasser anwärmen, darin den Honig auflösen, erkalten lassen.
Einige der Kulturerdbeeren halbieren bzw. einige der Walderdbeeren ganz lassen, einige Zeit ins Honigwasser legen, herausnehmen, beiseitestellen.
Die restlichen Erdbeeren durch ein Haarsieb passieren, das Mus mit Mineralwasser etwas verdünnen, mit dem Honigwasser süßen, mit Zitronensaft würzen, in der Sorbetière (ersatzweise im Tiefkühlfach) gefrieren, mit den in Honigwasser gesüßten Erdbeeren garnieren.

Abwandlungsmöglichkeiten:

Kirschwasser, Grand Marnier oder Maraschino beigeben.

Rhabarber-Sorbet

500 g Rhabarber
(Vorbereitung siehe S. 218)
100 g Honig
1/4 l herber Weißwein
1 Orange

Den Rhabarber und die geschälte und entkernte Orange grob zerkleinern, im Wein 10 Min. kochen, mit dem Rührstab pürieren, Honig untermengen, erkalten lassen, in der Sorbetière (ersatzweise im Tiefkühlfach) gefrieren.

Mandeltorte und Quarkkuchen

Sebastian Kneipp: »So sollt ihr leben«

»Soll es bei der Menschheit besser werden, so muß große Sorge darauf verwendet werden, daß unverfälschte Nahrungsmittel überhaupt und besonders gutes Naturmehl in die Küche kommen.«

Brot und Gebäck

Kompott mit gemischten Früchten

Sebastian Kneipp: »So sollt ihr leben«

**»Dasselbe wird nicht nur gern genossen, sondern ist auch für die Gesundheit vorteilhaft.
Wenn es gut eingekocht wird, gibt es ein vortreffliches Labsal.«**

Rhabarberkompott

Kompotte

Tee-Sorbet

Erdbeer-Sorbet

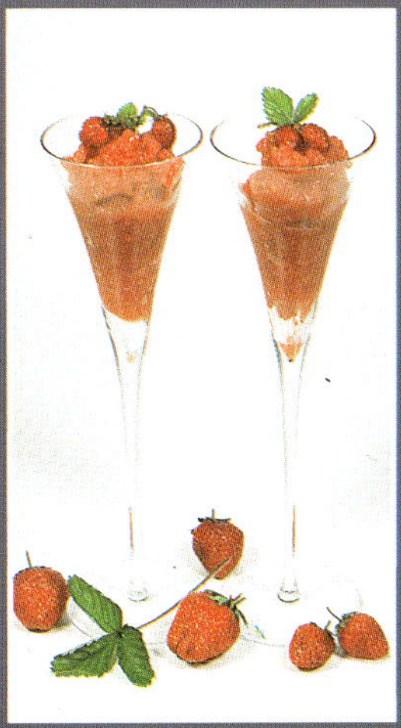

Nuß-Orangen-Eis

Sebastian Kneipp: »So sollt ihr leben«

»Daß das Obst ganz besonders gut bekommt, beweisen die Kinder am besten, die eine besondere Vorliebe für frisches Obst haben . . .«

Eis Sorbet

Kräutersaft und Karotten-Orangen-Saft

Sebastian Kneipp: »So sollt ihr leben«

»Durch das, was die Menschen sich bereiten, beabsichtigen sie nicht bloß, den Durst zu stillen, sondern sie wollen ihrer Natur auch vorzügliche Nährstoffe durch das Getränk bieten.«

Tomatensaft, Spinatsaft und Rote-Rüben-Saft

Karotten

Getränke

Quitten-Sorbet I

Quitten
reichlich Zitronensaft
Ahornsirup

Zitronensaft mit Wasser verdünnen. Die Quitten schälen, vierteln, entkernen, in das Zitronenwasser raspeln, aufkochen, durch ein Haarsieb pürieren, erkalten lassen, mit dem Ahornsirup süßen, in der Sorbetière (ersatzweise im Tiefkühlfach) gefrieren.

Quitten-Sorbet II

Quitten
Honig

Die Quitten mit Schale und Kern grob schneiden, eine Stunde im Wasser kochen, Honig untermengen, durch ein Haarsieb passieren, erkalten lassen. In der Sorbetière (ersatzweise im Tiefkühlfach) gefrieren.

Mango-Sorbet

Mangos
Eigelb
Honig
etwas Zitronensaft

Die Mangos schälen, in Stücken vom Stein schneiden, mit dem Rührstab pürieren, mit Eigelb, Honig und Zitronensaft mischen, in der Sorbetière (ersatzweise im Tiefkühlfach) gefrieren.

Vorsicht: Mango ist in der Kombination mit Alkohol oder Milch nicht für jeden bekömmlich!

Ananas-Sorbet

eine frische Ananas
Honig, Zitronensaft
mehrere Eiweiß

Etwas Mineralwasser anwärmen, darin den Honig auflösen, erkalten lassen.
Die geschälte Ananas grob zerkleinern, mit Mineralwasser pürieren, durch ein Tuch seihen, Ananasmasse auspressen. (Die Reste für ein Mischkompott verwendbar.)
Den Saft mit dem Honigwasser süßen, mit Zitronensaft würzen.
Das Eiweiß steifschlagen und vorsichtig in den Saft rühren, in der Sorbetière (ersatzweise im Tiefkühlfach) gefrieren.

Abwandlungsmöglichkeiten:

ungeschälte ungespritzte Zitronen oder Johannisbeeren oder Heidelbeeren oder Himbeeren oder ganz reife Brombeeren statt Ananas; Kirschwasser, Cognac oder weißen Rum beigeben.

Tee-Sorbet

Kräutertee oder schwarzer Tee
Honig, Zitronensaft
mehrere Eiweiß

Den Honig im noch warmen Tee auflösen, mit Zitronensaft würzen, erkalten lassen.
Das Eiweiß steifschlagen und vorsichtig in den Tee rühren, in der Sorbetière (ersatzweise im Tiefkühlfach) gefrieren.

Abwandlungsmöglichkeiten:

den kalten Tee mit Saft von Orangen oder Grapefruits vermischen; weißen Rum beigeben.

Joghurt-Sorbet

Mager-Joghurt
etwas Zitronensaft
Ahornsirup

Alle Zutaten gut verrühren, in der Sorbetière (ersatzweise im Tiefkühlfach) gefrieren.

Abwandlungsmöglichkeit:

mit frischen Zitronenmelisse- oder Pfefferminzblättchen garnieren.

Kaffee-Sorbet

türkischer Kaffee
(siehe S. 233)
mehrere Eiweiß

Das Eiweiß steifschlagen und vorsichtig in den Kaffee rühren, in der Sorbetière (ersatzweise im Tiefkühlfach) gefrieren.

Abwandlungsmöglichkeit:

gewürzter Kaffee (siehe S. 233) statt türkischem Kaffee.

Nuß-Orangen-Eis

Nüsse
Orangen
Ahornsirup

Die Nüsse mahlen, die Orangen auspressen.
Die Sahne steifschlagen und zum Schluß mit Ahornsirup süßen.
Die Nüsse und den Orangensaft untermengen, in der Sorbetière (ersatzweise im Tiefkühlfach) gefrieren.

Abwandlungsmöglichkeit:

den Orangensaft weglassen, statt dessen Milch beigeben.

Vanille-Eis

200 g Sahne
75 g heller Honig, 2 Eier
Vanille aus der Schote

Die Sahne steifschlagen, alle Zutaten gut mischen, in der Sorbetière (ersatzweise im Tiefkühlfach) gefrieren.

Apfel-Eis

Äpfel
Ahornsirup, Zitronensaft
Haferflocken

Die Äpfel entkernen, reiben, sofort mit Zitronensaft mischen, mit Ahornsirup süßen, feingehackte Haferflocken untermengen, in der Sorbetière (ersatzweise im Tiefkühlfach) gefrieren.

Aprikosen-Eis

Aprikosen
Nüsse, Honig
Sahne

Die Aprikosen pürieren, mit Sahne und Honig mischen, feingehackte Nüsse untermengen, in der Sorbetière (ersatzweise im Tiefkühlfach) gefrieren.

Abwandlungsmöglichkeiten:

andere Früchte statt Aprikosen; die Nüsse im Mixer mitpürieren.

GETRÄNKE

Obst- und Gemüsesäfte

Obst und Gemüse sind in unverändertem Zustand am gesündesten, denn nur so werden dem Körper die Inhaltsstoffe in ausgewogener Kombination mit Ballaststoffen zugeführt.

Obst- und Gemüsesäfte sollten eigentlich nur getrunken werden, wenn der Körper die Ballaststoffe nicht verträgt. Dann aber sollten die Säuren der Säfte durch Schleim aus Leinsaat oder Haferflocken (siehe unten) abgebunden werden: Man setzt ein Drittel Schleim zu.
Früchte und Gemüse für Säfte müssen sorgfältig gewaschen werden. Dann püriert man sie und seiht sie durch ein Haarsieb, bei Schonkost durch ein Tuch. Gemüserückstände kann man für eine Gemüsebrühe verwenden.

Die Fruchtrückstände können – wenn Gelegenheit – bei der Marmeladenherstellung mitverwendet werden (siehe S. 219 ff.).

Gemüsesäfte sollten nicht gesalzen, die meisten Obstsäfte brauchen nicht gesüßt werden.
Alle Säfte kann man auch mit Sahne verfeinern.
Wenn Sie die Säfte mit Eiswürfeln kühlen wollen, nehmen Sie zum Herstellen der Eiswürfel am besten Mineralwasser ohne Kohlensäure.

Leinsaatschleim

1 El. Leinsaat

Die Leinsaat mit einer Tasse gut warmem Wasser übergießen, 2 Std. stehenlassen, abseihen.
Schleim kühl aufbewahren.

Abwandlungsmöglichkeit:

Haferflocken statt Leinsaat.

Tomatensaft

weiche, reife Tomaten
Zitronensaft
Basilikum
Apfel
frisch gemahlener Pfeffer

Die Tomaten hacken und im Mixer pürieren, durch ein Haarsieb passieren. Den Apfel auf der Raffel reiben, mit dem Saft verrühren.
Mit Zitronensaft, Salz und Pfeffer würzen, mit feingehacktem Basilikum bestreuen.

Abwandlungsmöglichkeiten:

mit etwas Tabasco- oder Worcestersauce würzen; etwas Schlagsahne locker unterheben; Petersilie oder Rosmarin oder Salbei oder Majoran oder Schnittlauch und Petersilie statt Basilikum.

Karotten-Tomaten-Saft
(pikant)

Karotten
Tomaten
Apfel
Zitronensaft
Honig
etwas Joghurt
entsteinte Oliven
Bohnenkraut

Die Karotten raspeln und sofort mit Zitronensaft beträufeln. Den ungeschälten Apfel mit Kernhaus grob zerkleinern. Karotten und Apfel mit Joghurt und etwas Honig im Mixer pürieren, durch ein Tuch seihen, die Reste auspressen.
In jedes Glas eine entsteinte Olive legen, Saft darüberschütten, feingehacktes Bohnenkraut darüberstreuen.

Kräutersaft
(pikant)

frische Kräuter, darunter Salbei
Spinat, 1 Apfel
Zitronensaft

Den ungeschälten Apfel mit Kernhaus grob zerkleinern, die Kräuter grob zerhacken, alles im Mixer pürieren, durch ein Tuch seihen, die Reste auspressen, mit Zitronensaft würzen.

Karottensaft

Karotten
Grapefruitsaft, Zitronensaft
Leinöl oder Sonnenblumenöl
Thymian
zu einem Drittel Leinsaatschleim
(siehe S. 228)

Die Karotten raspeln und sofort mit Zitronensaft beträufeln, mit dem Grapefruitsaft und etwas Öl im Mixer pürieren, durch ein Tuch seihen, die Reste auspressen.
Mit dem Leinsaatschleim verrühren, mit Thymian würzen.

Abwandlungsmöglichkeit:

Zitronenmelisse statt Thymian.

Karotten-Orangen-Saft

junge Karotten
Orangen
Zitronensaft

Die Karotten hacken, die Orangen schälen und entkernen, beides im Mixer pürieren, durch ein Haarsieb passieren, mit wenig Zitronensaft würzen.

Spinatsaft
(blutbildend)

Spinat
wenig Karotten
etwas Knoblauch
Basilikum
frisch geriebener Muskat
zu einem Drittel
Leinsaatschleim
(siehe S. 228)

Den Spinat grob hacken, die Karotten raspeln.
Alle Zutaten – außer dem Schleim – im Mixer pürieren, durch ein Tuch seihen, die Reste auspressen.
Mit dem Schleim verrühren.

Abwandlungsmöglichkeit:

einen Teil des Spinats durch junge Brennesseln ersetzen.

Rote-Rüben-Saft

rote Rüben
Apfel
etwas Orangensaft
etwas saure Sahne
Kümmel

Die Rüben raspeln und im Mixer pürieren, durch ein Tuch seihen, die Reste auspressen.
Den Apfel auf der Raffel reiben, mit dem Saft mischen, Orangensaft und Sahne hineinrühren, mit Kümmel würzen.

Abwandlungsmöglichkeit:

etwas frisch geriebenen Meerrettich in etwas Joghurt eine halbe Stunde ziehen lassen, in den Saft rühren (dann den Orangensaft durch etwas Zitronensaft ersetzen.

Gurkensaft
(erfrischend)

Gurke
Zitronensaft
etwas saure Sahne
Bohnenkraut
zu einem Drittel
Leinsaatschleim
(siehe S. 228)

Die Gurke mit Schale grob zerkleinern, mit dem Zitronensaft im Mixer pürieren, durch ein Haarsieb seihen, mit Sahne und Schleim verrühren, mit feingehacktem Bohnenkraut bestreuen.

Abwandlungsmöglichkeiten:

wenig Knoblauch dazu (dann leicht pfeffern); Dill, Borretsch oder Basilikum statt Bohnenkraut.

Rettichsaft
(vitaminreich)

Rettich
Apfel
Zitronensaft
etwas magerer Quark
Schnittlauch
Petersilie
Estragon

Den Rettich raspeln, den Apfel mit Schale und Kernhaus grob zerkleinern. Rettich, Apfel und Zitronensaft im Mixer pürieren, durch ein Tuch seihen, die Reste auspressen.
In den Saft den Quark mit dem Schneebesen hineinschlagen, mit den feingehackten Kräutern bestreuen.

Abwandlungsmöglichkeiten:

Milch statt Quark; saure Sahne beigeben.

Sauerkrautsaft
(entwässernd, stuhlfördernd)

Sauerkraut
etwas Haferflocken
etwas Sonnenblumenöl
eine Prise gemahlener Koriander
einige Wacholderbeeren
etwas Rosmarin

Das Sauerkraut kurzschneiden.
Alle Zutaten im Mixer pürieren, durch ein Tuch seihen, die Reste auspressen.

Wirsingsaft
(entzündungshemmend)

Wirsing
wenig Hefeflocken
Zitronensaft, Basilikum
Bohnenkraut, Kümmel

Den Wirsing grob zerkleinern.
Alle Zutaten im Mixer pürieren, durch ein Tuch seihen, die Reste auspressen.

Zitronensaft

Zitronen, Honig
Mineralwasser ohne Kohlensäure

Die Zitronen auspressen, Kerne entfernen, Fruchtfleisch in den Saft geben. Etwas Mineralwasser anwärmen, darin den Honig auflösen, erkalten lassen, zum Saft geben.

Abwandlungsmöglichkeiten:

Gin beigeben, Schale von ungespritzter Zitrone hineinreiben; Limonen oder Grapefruits oder Orangen statt Zitronen; auch gemischt.

Mangosaft

Mangos, etwas Zitronensaft
Schale von ungespritzter Zitrone
Honig
Mineralwasser ohne Kohlensäure

Das Mango-Fruchtfleisch auslösen und zerdrücken.
Etwas Mineralwasser leicht anwärmen, darin den Honig auflösen, erkalten lassen.
Alle Zutaten gut verrühren.

Abwandlungsmöglichkeiten:

etwas Orangensaft dazugeben; Gin beigeben; Mandelmilch dazugeben (siehe S. 233)

Saftcocktail

Tomatensaft (siehe S. 228)
Karotten-Orangen-Saft (siehe S. 229)
Fruchtsirup (siehe S. 215)
frisch geriebener Muskat

Die Säfte gut mischen, mit wenig Muskat bestreuen.

Rhabarbersaft

Rhabarber, Honig

Den Rhabarber stark zerkleinern, zugedeckt mit ganz wenig Wasser 5 Min. kochen lassen, durch ein Haarsieb gießen, erkalten lassen, im lauwarmen Zustand mit Honig süßen.

Abwandlungsmöglichkeiten:

Aprikosen, Pfirsiche, Äpfel oder Birnen statt Rhabarber, mit der Schale einer ungespritzten Zitrone würzen; Mandelmilch dazugeben (siehe S. 233).

Gerstentrunk

100 g Gerste
Honig
ungespritzte Zitrone

Die Gerste waschen, in 2 l Wasser 1 1/2 Std. kochen, abseihen, den noch warmen Trunk mit Honig, Zitronensaft und Zitronenschale würzen, erkalten lassen.
Mit Zitronenscheiben servieren.

Algerischer Pfefferminztee

Blätter für Grünen Tee
frische Pfefferminzblätter
Honig

Die Tee- und Pfefferminzblätter in die vorgewärmte Kanne geben, mit kochendem Wasser aufgießen, zugedeckt ziehen lassen, in der Kanne mit Honig stark süßen, abgießen.

Anistee

Kräutertee oder Schwarzer Tee, bereits zubereitet
Aniskörner
Walnußkerne, gehackt, Honig

Die Aniskörner in kochendes Wasser geben, vom Herd nehmen, zugedeckt ziehen lassen, abgießen.
Das Aniswasser mit dem Tee mischen.
In jede Teetasse etwas gehackte Walnüsse legen, mit Honig süßen.

Tee aus frischen Blättern

frische Pfefferminzblätter (oder auch frische Blätter von Zitronenmelisse, Salbei, Rosmarin, Thymian, Brombeerstrauch, jeweils nur eine Blätterart)

Gießen Sie das kochende Wasser über die frischen Blätter und lassen Sie den Tee zugedeckt etwa 15 Min. ziehen, abgießen.

Gewürztee

Blätter für Kräutertee
oder Schwarzen Tee
eine Stange Zimt
eine Prise gestoßene Nelken
Saft einer halben Zitrone
Saft von 2 Orangen, Honig

Wasser mit Zimt und Nelken zum Kochen bringen, vom Herd nehmen, die Teeblätter hineingeben und bedeckt ziehen lassen, abgießen.
Den Zitronen- und Orangensaft zum Kochen bringen, mit dem heißen Tee mischen.
Mit Honig süßen.

Abwandlungsmöglichkeiten:

Orangensaft weglassen; Pimentkörner im Teewasser mitkochen.

Gekühlter Tee

Blätter für Kräutertee oder Schwarzen Tee (mit intensivem Aroma!)
Honig, Zitronensaft

Den Honig in lauwarmem Wasser auflösen, erkalten lassen.
Teeblätter und Honigwasser in einem fest verschließbaren Gefäß mit kaltem (!) Wasser übergießen, kurz umrühren, gut verschließen, für mindestens 12 Std., besser noch länger, in den Kühlschrank stellen.
Abgießen, mit etwas Zitronensaft würzen.

Ingwertee

Blätter für Kräutertee
oder Schwarzen Tee
dünne Scheiben von einer
Ingwerwurzel
Honig

Die Ingwerscheiben und die Teeblätter in die vorgewärmte Kanne geben, mit kochendem Wasser aufgießen, zugedeckt ziehen lassen, abgießen.
In jede Teetasse eine Ingwerscheibe legen.
Mit Honig süßen.

Kardamomtee

Blätter für Kräutertee
oder Schwarzen Tee
einige grüne Kardamomkapseln
einige Stückchen Schale einer
ungespritzten Zitrone
etwas Sahne, Honig

Wasser mit dem Kardamom aufkochen, dann bei kleiner Hitze 5 Min. köcheln lassen, vom Herd nehmen, zugedeckt 10 Min. ziehen lassen.
Die Teekanne vorwärmen, die Teeblätter und die Zitronenschalen hineingeben, das Kardamom-Wasser wieder zum Kochen bringen, den Tee damit aufgießen, zugedeckt ziehen lassen, abgießen.
Mit Honig süßen, dazu Sahne reichen.

Teepunsch

Kräutertee oder Schwarzer Tee, bereits zubereitet, Grapefruits, Honig
jeweils ganz wenig Zimt, gestoßene Nelken, frisch geriebener Muskat

Den Honig im noch warmen Tee auflösen, erkalten lassen.
Die Grapefruits pressen, den Saft seihen, zum Tee geben, würzen.

Abwandlungsmöglichkeiten:

weißen Rum beigeben; mit anderen Früchten mischen; Limonen statt Grapefruits; Sahne beigeben; mit feingeschnittenen Pfefferminzblättern bestreuen.

Türkischer Kaffee

Kaffeepulver, sehr fein gemahlen
Honig

In einem Stielkännchen Wasser mit etwas Honig zum Kochen bringen, das Kaffeepulver hineingeben, gut umrühren, aufkochen, bis es schäumt, vom Herd nehmen und ganz wenig kaltes Wasser hinzufügen, 2 Min. setzen lassen, noch zweimal auf diese Weise aufkochen, in Mokkatassen gießen, in jede Tasse etwas Schaum geben.
Den Satz am Boden der Tasse nicht mittrinken.

Gewürzter Kaffee

Kaffee kann auf verschiedene Weise aromatisiert werden; man sollte aber dazu stets bloß ein einziges Gewürz verwenden.
Türkischer Kaffee ist am geeignetsten, aromatisiert zu werden. Man kocht das Gewürz einfach in der Stielkanne mit.

Einige Anregungen zum Ausprobieren: ein kleines Stück Zimtstange, ein Pimentkorn, ein schwarzes Pfefferkorn, eine Nelke, eine Kardamomkapsel, eine Prise frisch geriebenen Muskats, Apfelschalen (fein geschnitten), geriebene Schale einer ungespritzten Zitrone, etwas Kakaopulver (mit dem Kaffeemehl vermischen, dazu Sahne reichen).
Alkoholika erst nach der Zubereitung hineingeben, zum Beispiel: Cognac, klaren Branntwein, Whisky, Wodka, Curaçao.

Kakao

Kakaopulver
Milch
Honig

Das Kakaopulver mit etwas Honig verrühren, mit dem Schneebesen in kochendes Wasser schlagen, aufkochen, die Milch hineingeben, erhitzen, aber nicht mehr aufkochen, mit dem Schneebesen schaumigschlagen.

Mandelmilch

reichlich Mandeln

Die Mandeln 1 Min. in kochendem Wasser blanchieren, abtropfen lassen, zwischen zwei mehrfach zusammengelegten Tüchern kräftig reibend enthäuten, alle Häute sorgfältig entfernen, 3 Std. in kaltes Wasser legen.
Die Mandeln raspeln oder mit etwas Wasser im Mörser zerstoßen, die zerkleinerten Mandeln mit kaltem Wasser bedecken und je nach gewünschter Intensität des Aromas bis zu 10 Std. stehenlassen, durch ein Tuch seihen, Mandelmasse auspressen.
(Rückstände verwertbar für Gebäck.)

Eiermilch

Milch, Ei, Honig

Die Milch auf etwa 60° erwärmen, mit Honig süßen.
Das Eigelb schaumigschlagen, unter ständigem Weiterschlagen die warme Milch langsam dazugießen.
Das Eiweiß steifschlagen und locker unterheben.

Abwandlungsmöglichkeiten:

mit ganz wenig Zimt oder frisch geriebenem Muskat bestreuen; Cognac beigeben.

Kokosmilch-Getränk

Koskosmilch, Milch (gleiche Menge)
Sahne, Mandeln
etwas Kokosfleisch, geraspelt

Die Mandeln 1 Min. blanchieren, häuten (siehe S. 233), gut trocknen, grob hacken, hellbraun rösten, erkalten lassen.
Kokosmilch und Milch mischen und schaumigschlagen, in Gläser füllen.
Mit einem Teelöffel in jedes Glas vorsichtig eine dünne Schichte Sahne gleiten lassen, mit dem geraspelten Kokosfleisch und den gerösteten Mandeln bestreuen.

Zitronenmilch

Milch, Honig
Zitronensaft

Den Zitronensaft leicht erhitzen und den Honig darin auflösen, erkalten lassen.
Die Mischung mit dem Schneebesen schlagen, unter ständigem Weiterschlagen die Milch langsam dazugießen.

Abwandlungsmöglichkeiten:

Buttermilch oder saure Milch statt Milch; mit Johannisbeeren oder Heidelbeeren garnieren; Orangensaft statt Zitronensaft.

Rote-Rüben-Sauermilch

rote Rüben, roh
Sauermilch
frisch gemahlener
Pfeffer

Die roten Rüben schälen und feinhakken. (Schalen verwertbar für eine Gemüsebrühe.)
Mit ganz wenig Wasser im Mixer pürieren, durch ein Tuch seihen, die Reste auspressen.
Den Saft mit Sauermilch mischen, in Becher füllen, mit einer Prise Pfeffer bestreuen.

Früchte-Joghurt-Getränk

Joghurt
beliebige Früchte,
eine Sorte allein oder gemischt
Honig oder Fruchtsirup
(siehe S. 215)
Zitronensaft

Alle Zutaten im Mixer zerkleinern und mischen.

Abwandlungsmöglichkeiten:

Kefir, Sauermilch oder Buttermilch statt Joghurt, Limonensaft statt Zitronensaft; mit Früchten garnieren.

Lauchbrühe

Gemüsebrühe (siehe S. 44)
Lauch, Salz

Den Lauch kleinschneiden und in etwas gesalzener Brühe kurze Zeit kochen, durch ein Haarsieb seihen. (Lauch weiterverwertbar.)

Abwandlungsmöglichkeiten:

Spinat, Mangold, Wirsing oder Brennnesseln statt Lauch.

Knoblauchbrühe

Gemüsebrühe (siehe S. 44)
Knoblauch
ein Thymianzweigchen
Salbei, Vollkornbrotrinden
frisch gepreßtes Olivenöl

Den Knoblauch abziehen, halbieren, mit Thymian und etwas Salbei 60 Min. in der Brühe kochen.
Thymian und Salbei entfernen.
Die Vollkornbrotrinden mit Olivenöl bestreichen und in ein Haarsieb legen, die Brühe darübergießen, das Brot entfernen.
Den Knoblauch durch das Haarsieb in die Brühe passieren.

Gewürzter Schnaps

ein klarer Schnaps mit wenig Eigengeschmack
Kümmel, Anis
Fenchelsamen

Die Samen in einem Mörser fein zerstoßen, mit dem Schnaps verrühren, verschließen, 2 Monate stehenlassen.

Abwandlungsmöglichkeit:

eine Chilischote oder ganze Nelken beigeben.

Aniswasser

Gewürzter Schnaps (siehe links), nur mit Anis zubereitet.

Knoblauchschnaps

klarer Schnaps
Knoblauchzehen

Die Knoblauchzehen ein halbes Jahr in Schnaps einlegen.

Aprikosenlikör

1/2 l Aprikosenschnaps
30 Aprikosen
100 g Vollrohrzucker
etwas Zimt

Das Fruchtfleisch der Aprikosen in Würfel schneiden, die Kerne mit einem Hammer zertrümmern, die Samenteile im Inneren der Kerne zerstoßen.
Alle Zutaten gut durchmischen, in einer Flasche im Dunkeln 2 Monate ziehen lassen, ab und zu schütteln.
Den Likör durch ein Tuch seihen und abfüllen.

Raum für eigene Variationen und persönliche Anmerkungen:

ANHANG

Vollwertkost

Unsere Nahrung soll gerade so viel Joule (Kalorien) enthalten, wie der Körper braucht, eine Mindestmenge an essentiellen Aminosäuren sowie an hochungesättigten Fettsäuren, genügend Ballaststoffe, ausreichend Wirkstoffe, wie Vitamine, Fermente, basenbildende Mineralien, mineralische Spurenelemente, Duft- und Aromastoffe. Andererseits sollen schädliche Stoffe möglichst fehlen, z. B. Rückstände von Insektiziden und Hormonen, Schwermetalle, minderwertige Eiweißsorten. Die Kostart, welche diese Forderungen erfüllt, heißt **Vollwertkost.**
Vollwertkost ist keine Diät und auch mit keiner Diät zu vergleichen!
Wollen Sie Ihre Ernährung auf Vollwertkost umstellen, müssen Sie einige wichtige Prinzipien berücksichtigen.

1. Essen Sie viel Obst, Salate und Gemüse.
Erhöhen Sie den Anteil an naturbelassenen Nahrungsmitteln, also: mehr Rohkost, mehr frisches Obst statt Kompott.

2. Verwenden Sie Vollkornprodukte. Vermeiden Sie Auszugsmehle und gereinigte Stärkeprodukte.

3. Verwenden Sie natürliche Süßmittel; vermeiden Sie alle raffinierten Zuckerarten.

4. Essen Sie weniger Eiweiß. Bevorzugen Sie pflanzliches Eiweiß; schränken Sie den Fleischgenuß ein; vermeiden Sie Leber, Niere sowie Schweinefleisch und alle Schweinefleischprodukte.

5. Essen Sie weniger Fett. Bevorzugen Sie pflanzliche Fette, ganz besonders die kaltgepreßten Öle. Schränken Sie den Verbrauch tierischer Fette ein.

Wenn Sie sich nicht konsequent an diese Prinzipien halten können – weil Sie einmal im Gasthaus essen müssen oder weil Sie zum Essen eingeladen sind –, brauchen Sie sich deshalb nicht sofort zu ängstigen: Auch Angst vor den möglichen Folgen kann krank machen.

Wichtige Bestandteile der Nahrung

Eiweiß

Eiweiß darf in der Nahrung auf keinen Fall fehlen, weil es durch andere Nahrungsmittel nicht ersetzt werden kann. Zuviel Eiweiß, vor allem zuviel tierisches Eiweiß, kann sich aber schädlich auswirken (siehe S. 243).
Tierische Eiweißquellen sind Fleisch, Fisch, Milch und Milchprodukte, Eier usw.
Pflanzliche Eiweißquellen sind Hülsenfrüchte, Pilze, grüne Pflanzen, Keimlinge, Vollkorn.

Kohlenhydrate

Pflanzen bauen mit Hilfe von Licht und Chlorophyll aus Sauerstoff, Kohlenstoff und Wasserstoff Kohlenhydrate auf. Die wichtigsten Kohlenhydrate sind **Zellulose, Stärke** und **Zucker** (Näheres siehe S. 255). Zellulose kann vom Körper nicht verdaut werden, spielt aber als **Ballaststoff** eine wichtige Rolle. Stärke und Zucker werden bei der Verdauung in Traubenzucker verwandelt. Traubenzucker ist ein wichtiger Energiespender im Körper.
Werden zuviel Kohlenhydrate mit der Nahrung aufgenommen, werden sie in Fett verwandelt und im Fettgewebe gespeichert (Fettsucht).
Quellen für Kohlenhydrate: Brot, Teigwaren, Zucker, Kartoffeln usw.
Vollwertige Kohlenhydrate sind die wichtigsten Energiespender.

Fett

Fette können tierischen oder pflanzlichen Ursprungs sein. Am gesündesten sind Fette mit hochungesättigten Fettsäuren; dies sind u.a. kalt gepreßte Pflanzenfette wie Olivenöl, Sonnenblumenöl, Distelöl u. ä.
Werden zuviel Fette mit der Nahrung aufgenommen, speichert sie der Körper im Fettgewebe (Fettsucht). Fette – ausgenommen hochungesättigte Fettsäuren – können in der Nahrung ganz fehlen.

Vitamine

Für den Stoffwechsel unentbehrlich sind die Vitamine (lat. »vita« = Leben). Vitamine werden von Pflanzen erzeugt, einige auch von Bakterien.
Die meisten Vitamine müssen dem Körper mit der Nahrung zugeführt werden. In einigen Fällen kann der Körper ein Vitamin aus bestimmten Vorstufen selbst herstellen (z. B. Vitamin A aus Karotin, das vor allem in Karotten vorkommt). Bei Sonnenbestrahlung wird Vitamin D unter der Haut vom Körper selbst erzeugt.
Bei einigen Vitaminen spielt die Biosynthese durch Darmbakterien eine wichtige Rolle. (Eine Schädigung der im Darm lebenden Bakterien durch Antibiotika führt deshalb zu Vitaminmangelerscheinungen.)
Wenn der Körper nicht genug Vitamine bekommt, wird er krank.
Es gibt fettlösliche und wasserlösliche Vitamine.
Viele Vitamine sind gegen Hitze, Sauerstoff oder Licht empfindlich (siehe S. 243).

Spurenelemente

Der Körper braucht eine ganze Reihe von Stoffen, die ihm unbedingt mit der Nahrung zugeführt werden müssen. Dabei genügen meist ganz geringe Mengen.
Man nennt sie deshalb Spurenelemente. Die Spurenelemente sind meist Bestandteile von Enzymen (z. B. Mangan und Kobalt) und von Hormonen (z. B. Zink und Jod).
Für den Aufbau des Blutfarbstoffs Hämoglobin benötigt der Körper Eisen, für den Aufbau des Zahnschmelzes braucht er Fluor.
Wenn die Spurenelemente in der Nahrung fehlen, wird der Mensch krank. (Bei Jodmangel bekommt man z. B. einen Kropf.)

Zusammensetzung einiger Nahrungsmittel

Nahrungsmittel (jeweils 100 g)	**Nährstoffgehalt** (Angaben in Prozent)				Salze und unverdauliche Stoffe
	Eiweiß	Fett	Kohlenhydrate	Wasser	
Vollkornbrot	7	2	46	42	3
Weißbrot	7	1	58	33	1
raffinierter Zucker	–	–	100	–	–
Vollmilch	3	3	5	88	1
Butter	1	81	1	17	–
Hühnereier	13	11	1	74	1
Rindfleisch, mager	18	3	–	76	3
Kartoffeln	2	–	18	78	2
Erbsen	23	2	60	11	4
Kopfsalat	2	–	2	94	2
Tomaten	1	–	3	94	2
Äpfel	–	–	12	86	2

Wichtige Spurenelemente

Element	Vorkommen (in Rangfolge)	Tagesbedarf
Phosphor	Käse, Hülsenfrüchte, Vollreis, Muscheln, Fische, Lamm, Geflügel	3,0 g
Natrium	Käse, Weizen, Roggen, Muscheln, Milch	2,5 g
Calcium	Käse, grünes Gemüse, Blattsalate, Milch, Hülsenfrüchte	1,5 g
Kalium	Hülsenfrüchte, Kartoffeln, grünes Gemüse, Blattsalate, Bananen, Rind, Fische, Muscheln, Lamm, Geflügel	1,0 g
Magnesium	Hülsenfrüchte, Vollreis	0,5 g
Eisen	Hülsenfrüchte, Muscheln, grünes Gemüse, Blattsalate, Rind, Vollreis, Lamm	15 mg
Zink	Lamm, Rind, Geflügel, Meeresfische, Muscheln, Eier, Süßwasserfische, Käse, Kartoffeln, grünes Gemüse, Blattsalate	2 mg
Kupfer	Meeresfische, Roggen, Weizen, Kartoffeln, Bananen, Vollreis, Hülsenfrüchte	2 mg
Mangan	Roggen, grünes Gemüse, Bananen, Blattsalate, Weizen, Vollreis	2 mg
Jod	Fische, Muscheln, Roggen, Weizen, grünes Gemüse, Blattsalate	0,2 mg
Kobalt	Weizen, Roggen, Vollreis, Hülsenfrüchte, Fische	0,005 mg

Salze

Im Blutserum sind viele Salze gelöst, darunter vor allem Kochsalz. Kochsalz wird vom Körper auch zur Herstellung der Salzsäure im Magensaft benötigt. Steinsalz und Solesalz werden aus unterirdischen Salzlagern gewonnen, Meeressalz aus dem Meer. Bevorzugen Sie Meersalz, denn es enthält alle Mineralstoffe und Spurenelemente, die der Körper braucht.
Mehr als 5 g Kochsalz täglich ist ungesund (bei starkem Schwitzen steigt die Obergrenze etwas an). Da die meisten Nahrungsmittel bereits Kochsalz enthalten, ist es erforderlich, den Salzverbrauch zu kontrollieren.
Gerade in gemüsereicher Nahrung sind genug Natriumsalze enthalten. Spinat und Tomaten kann man ganz ohne Salz zubereiten.

Ungefährer Kochsalzgehalt einiger Nahrungsmittel:

	g je 100 g
Kartoffeln	0,05
Käse	1,5 – 3
eingelegte Oliven	4,0 – 8
Brot	0,6 – 1,2

Ballaststoffe

Für ein richtiges Funktionieren der Verdauung sind unverdauliche Ballaststoffe unerläßlich: Sie regen den Darm zu den für die Verdauung notwendigen **Verdauungsbewegungen** an. Deshalb sollte man darauf achten, daß die Nahrung genügend Zellulose enthält, z. B. Pflanzenfaserstoffe aus Gemüse und Salaten sowie Kleie aus Vollkornbrot.

Gewürze

Gewürze haben meist keinen Nährwert. Sie dienen aber der Geruchs-und Geschmacksverbesserung und sind deshalb von großer Wichtigkeit. Wenn einem »das Wasser im Mund zusammenläuft«, bedeutet dies, daß die Verdauungssäfte zu fließen beginnen, daß sich also der Körper auf die richtige Verwertung der Nahrung vorbereitet.
Eine ähnliche Wirkung wird erreicht, wenn die Speisen in ansprechender Weise angerichtet sind.

Wasser

Wasser ist der Träger aller chemischen und physikalischen Vorgänge im Körper. Der Wasserverlust durch Urin, Kot, Atmung und Hautschweiß muß durch die Einnahme von Flüssigkeit ausgeglichen werden. Eine wichtige Rolle spielt Wasser bei der Quellung und Entquellung des Verdauungsbreis.
Die meisten Menschen nehmen zuwenig Flüssigkeit auf. Es ist für die Gesundheit förderlich, im Laufe eines Tages mindestens eineinhalb bis zwei Liter kohlensäurearmes Mineralwasser, Quellwasser oder Kräutertee zu trinken.
Man beginne sofort nach dem Aufstehen mit einem Viertelliter. Das fördert den Stuhlgang. Zwischen den Mahlzeiten trinke man immer wieder Flüssigkeit in kleinen Schlucken sowie eine kleine Menge vor dem Schlafengehen. Während der Mahlzeiten sollte man besser nichts trinken, höchstens zwischen den Gängen. Das enthebt uns der Versuchung, nachlässig zu kauen (siehe S. 259), auch werden die Verdauungssäfte dann nicht verdünnt.

Die wichtigsten Vitamine, ihre Bedeutung und Empfindlichkeit

Vitamin	Aufgabe	Vorkommen	Mangelerkrankung	wasserlöslich	fettlöslich	Schädigung durch Hitze	Schädigung durch Sauerstoff	Schädigung durch Licht	Schädigung durch UV-Licht	Schädigung durch Trockenheit	Bemerkung
A	Schutz und Regeneration der Haut	Lebertran, Eigelb, Milch, Butter, grüne Pflanzen, Wurzelgemüse; Vorstufe Karotin in Karotten, Tomaten, Petersilie	Nachtblindheit, Wachstumsstörungen, Hautschäden (vor allem Schleimhäute)		*		++	++	+		in großen Mengen schädlich (vor allem bei Schwangeren)
B_1	reguliert den Kohlenhydratstoffwechsel	Hefe, Weizenkeimlinge, Vollkorn, Obst, Vollreis, Ei	Appetitlosigkeit, Herzmuskelstörungen, Beriberi (Muskel- und Nervenkrankheit)	*		+	+		+		
B_2	reguliert Atmungsvorgänge	Hefe, Keimlinge, Vollkorn, Eigelb, Milch, Käse, Pilze, grüne Pflanzen	Haarausfall, Hauterkrankungen, Appetitlosigkeit, Blutarmut, Magen-Darmerkrankungen	*		+		+[1]	+[2]		
B_5	reguliert den Eiweißstoffwechsel	Hefe, Äpfel, Haferflocken, Honig	Haarausfall	*							
B_6	reguliert den Eiweißstoffwechsel	Hefe, Getreidekeimlinge, Kartoffeln, Gemüse, Milch, Fleisch	Hautveränderungen, Wachstumsstörungen, Nervenstörungen	*				+			in großen Mengen Funktionsstörungen im Nervensystem
B_{12}	reguliert die Erzeugung roter Blutkörperchen	Rindfleisch, Eigelb, Käse; Bildung durch Darmbakterien	Blutarmut, Nervenstörungen	*				+			
C	reguliert den Stoffwechsel	Zitrusfrüchte, Paprika, Johannisbeeren, Hagebutte, Sanddorn, Sauerkraut, frisches Obst und Gemüse, Milch	Überproduktion der Talgdrüsen, Frühjahrsmüdigkeit, Skorbut (Blutungen in der Haut, Störungen der Herztätigkeit)	*		++	++	++		+	führt in großen Mengen zu leichtem Durchfall

++ Zerstörung + Beeinträchtigung [1]nur der Bestandteil Pantothensäure [2]nur der Bestandteil Riboflavin

Die wichtigsten Vitamine, ihre Bedeutung und Empfindlichkeit

Vitamin	Aufgabe	Vorkommen	Mangelerkrankung	wasserlöslich	fettlöslich	Schädigung durch Hitze	Schädigung durch Sauerstoff	Schädigung durch Licht	Schädigung durch UV-Licht	Schädigung durch Trockenheit	Bemerkung
D	reguliert den Kalzium- und Phosphatstoffwechsel	Lebertran, Hefe, Eigelb, Milch, Butter, Pilze; Bildung bei Sonnenbestrahlung	Hautschäden, Knochenschäden/Rachitis, Zahnschäden		*		++		+		in großen Mengen schädlich (erhöhter Kalziumspiegel im Blut)
E	reguliert den Oxidationsprozeß	Keimöle, Vollkorn, Salat, Brunnenkresse, Ei	schlechte Durchblutung der Haut, Muskelstörungen, Fehlgeburten		*		++	+			in großen Mengen schädlich
F	reguliert die Talgproduktion	Leinsamen, Salat	Überproduktion der Talgdrüsen, Störungen im Fetthaushalt		*						fehlt in gehärteten Fetten
H	reguliert den Fetthaushalt	Hefe, Bananen, Milch, Blumenkohl	fette Haut, Haarausfall	*							
K	bildet Blutgerinnungsfaktoren	Milch, grüne Pflanzen, Blumenkohl, Hagebutten; Bildung durch Darmbakterien	Neigung zu Blutungen		*		+	++	+		

++ Zerstörung
\+ Beeinträchtigung

Fehlernährung und Überernährung

Es gibt auf der Erde drei große Nahrungsprobleme: Hunger, Fehlernährung und Überernährung. Die meisten Menschen, die hungern müssen, können sich nicht aus eigener Kraft helfen. Die Bekämpfung der Fehl-und Überernährung dagegen ist eine Sache des Wissens und des Handelns.
Der Mensch braucht zu seiner Ernährung neben Kohlenhydraten, Fett und Eiweiß noch eine Reihe von Wirkstoffen (siehe S. 238). Einige dieser Stoffe sind lebensnotwendig. Naturbelassene Nahrungsmittel enthalten diese Stoffe in ausreichenden Mengen und vollständig. Der Mensch jedoch verändert die Nahrungsmittel: Unsachgemäße Garprozesse und Zubereitungstechniken (z. B. langes Wässern, langes In-der-Luft-Liegen von zerkleinertem Gemüse) zerstören die Vitamine, zu hohe Temperaturen (z. B. beim Grillen) erzeugen Gifte, Schönungsprozesse entfernen nicht nur die wichtigen Ballaststoffe, sondern auch lebenswichtige Wirkstoffe.
Darüber hinaus sind den Nahrungsmitteln durch unser Zutun noch eine Reihe schädlicher Stoffe beigemengt: Rückstände aus der Mineraldüngung und aus der Schädlingsbekämpfung sowie Chemikalien zur Verbesserung der Haltbarkeit und des Aussehens. Die Folge sind Zivilisationskrankheiten, wie zum Beispiel Karies, Ekzeme, Allergien, Störungen der Darmflora, Schwächung des Immunsystems, Stoffwechselstörungen, letztlich auch Disposition für Krebs und andere Krankheiten. Aber auch eine falsche Zusammensetzung der Nahrung kann sich schädlich auswirken. Dazu zwei Beispiele:
Der Körper braucht täglich eine bestimmte Mindestmenge an Eiweiß als Aufbaustoff, die nicht unterschritten werden darf. (Die Angaben in der Literatur schwanken zwischen 35 und 50 mg reinem Eiweiß.) Was zuviel davon gegessen werde, könne nicht gespeichert werden und werde normal verdaut – so glaubte man jedenfalls bis vor kurzem! Inzwischen weiß man, daß eine zu hohe Zufuhr an Eiweiß den Verlauf der Kapillaren verändert, ihre Innenwände bis auf das Dreißigfache verdickt und somit den Hohlraum verkleinert. Dadurch wird die Durchlässigkeit der Membranen verringert, über die der Nährstrom aus den Kapillaren in die Flüssigkeit zwischen den Zellen strömt. Darüber hinaus führt ein zu hoher Eiweißgenuß zur Einlagerung von Substanzen in diese Transportflüssigkeit und so zu ihrer Verdickung. Die Folge ist eine schwere Unterernährung der einzelnen Organzellen, obwohl der Körper genug Nahrungsmittel aufnimmt. Das kann z. B. zu Gicht, Hochdruckkrankheit, Überfettung des Blutes, Gefäßleiden oder Herzinfarkt führen.
Konzentrierter Genuß von tierischem Eiweiß oder von Stärke und Zucker (zum Beispiel in Torten aus Weißmehl und weißem Zucker) ohne gleichzeitige Aufnahme von Nährstoffen, die Basen bilden (Gemüse, Kartoffeln), greift die Alkalireserven des Körpers an. Allmählich führt eine solche Belastung zu Atemstörungen sowie zu einer Stoffwechselbelastung, die sich zum Beispiel in Rheumatismus, Nierensteinen und Blasensteinen äußern kann. Durch unsere Nahrung führen wir unserem Körper Säuren und Basen zu (siehe S. 246). Wir sollten darauf achten, daß die Basen leicht vorherrschen.
Zusammengefaßt: Unsere Nahrung soll also vollwertig und rein sein! Auf die richtige Zusammensetzung muß geachtet werden. Zuviel Eiweiß ist schädlich.
Kinder haben noch ein gesundes Empfinden dafür, wann sie zu essen aufhören sollten. Deshalb darf man auch kein Kind dazu zwingen, seinen Teller leerzuessen, wenn es nicht möchte. In der Kindheit wird häufig der Grundstein für eine ungesunde Essensweise gelegt!
Zuviel Nahrung ist ungesund. Wir müssen deshalb lernen, uns in einer Zeit des Überflusses bewußt zu beschränken: kleine Portionen auf den Teller geben, langsam essen und zu essen aufhören, wenn sich die ersten Zeichen der Sättigung zeigen.

bevorzugen	**mit gewissen Einschränkungen**	**möglichst nicht**
Vollgetreide (frisch gemahlen) Vollkornteigwaren, gedarrtes Getreide (z. B. Grünkern); Getreideflocken mit Keimen, Vollreis	Weizenmehl: Typen 1050 bis 2000; Roggenmehl: Typen 1370 bis 1800; geschälter Reis	Auszugsmehle und deren Verarbeitungsprodukte (z. B. Weizenmehl: Type 405, Roggenmehl: Type 601; Weißmehlteigwaren), Stärke; Getreideflocken ohne Keim; polierter Reis; Cornflakes, Kleie
in Maßen: Honig, ungeschwefelte Trockenfrüchte, Rübensirup, Apfelsirup, Birnendicksaft, Ahornsirup, Malzextrakt, Vollrohrzucker		weißer Zucker (auch weißer Frucht- und Traubenzucker); brauner (= nachträglich mit Melasse gebräunter) Zucker; Schokolade; künstliche Süßstoffe
kalt gepreßte Pflanzenöle mit hochungesättigten Fettsäuren (Sonnenblumenöl, Maiskeimöl, Distelöl, Leinsamenöl, Weizenkeimöl, Olivenöl, Nußöle), Butter (wenn nicht einziges Nahrungsfett), Reformmargarine Nüsse, Mandeln, Kokosnuß, Ölfrüchte (z. B. Oliven), Pflanzensamen (Lein, Sesam, Maronen)	ungehärtetes Kokosfett, geröstete Nüsse und Pflanzensamen	klare, neutrale Öle, gehärtete Fette (Kokosfett, Palmkernfett, gehärtete Margarinen), tierische Fette (ausgenommen Butter), überhitzte oder mehrmals erhitzte Fette, Erdnuß und Erdnußprodukte
Rohmilch, Sauermilch, Buttermilch, süße und saure Sahne, Crème fraîche, Joghurt, Quark, Käse (ausgenommen Schmelzkäse)	homogenisierte Milch (siehe S. 257) und entsprechende Milchprodukte, Kefir, Speiseeis	Milchpulver, H-Milch, Kondensmilch, Schmelzkäse, Käsekonserven, Milchpräparate (z. B. Säuglingsnahrung)

bevorzugen	**mit gewissen Einschränkungen**	**möglichst nicht**
in geringen Mengen: Fisch, Wild, Geflügel (wenn das Fleisch von freilaufenden Tieren stammt), Rind (wenn nicht von Masttieren), Ei	Kalb (wenn nicht von Masttieren), tiefgekühlter Fisch, Fischkonserven, (Thunfisch, Sardellen)	Fertiggerichte mit Fleisch und Fisch; Schweinefleisch und Schweinefleischprodukte, Wurst, Innereien (ausgenommen Herz, Hirn und Bries), Fleisch von jeglichen Masttieren; Eipulver, konservierte Eier
frisches Gemüse, frische Salate und frisches reifes (!) Obst, frische Kräuter	Tiefkühlkost	Gemüsekonserven, lange gelagerte Gemüse (ausgenommen Wurzelgemüse), Fertiggerichte mit Gemüse, »Sojafleisch«
Kräutertees, Malzkaffee, echter Kakao	Bohnenkaffee, schwarzer Tee, Alkohol (Wein)	Alkohol (Branntwein, Bier); Schokoladengetränke, Tee-Extrakte
Mineralwässer ohne Kohlensäure	in Maßen[1]: ungezuckerte Natursäfte, möglichst frisch gepreßt	gezuckerte Säfte und Fruchtsaftgetränke, Cola-Getränke, Instant-Getränke, Brausepulver, aromatisierter Zuckersirup zum Verdünnen, stark kohlensäurehaltige Mineralwässer
natürliche Aromastoffe (Vanilleschote)		synthetisch erzeugte Aromastroffe (Vanillin)
		isolierte Ballaststoffe, isolierte Vitamine, Protein, Lecithin, Pektin, Diätpräparate, Schlankheitspräparate, Präparate für Sportler

[1]Natursäften sind die Ballaststoffe entzogen.

Säure- und Basenbildner in der Nahrung

stark basenüberschüssig	schwach basenüberschüssig	schwach säurenüberschüssig	stark säurenüberschüssig
Gemüsebrühe	Buttermilch	Mandeln	Quark
Gemüsesäfte	Sauermilch	Haselnüsse	Käse
Gemüsefrüchte	Vollmilch	Weizenvollkornmehl	Fleisch
Blattgemüse	Trockenobst	Roggenvollkornmehl	Wurst
Knollengemüse	Hagebuttenmus	Vollkorn-Knäckebrot	Fisch
Wurzelgemüse	Apfelkraut	Vollkornbrot	Eier
Kartoffeln	Dattelsirup	Erzeugnisse aus Vollkornschrot	Schokolade
Pfifferlinge	Rübensirup		Kakao
Steinpilze	Vollsojamehl		Weißmehl
	Pumpernickel		Weißmehlprodukte
	Weizenkeime		Kaffee
			weißer Zucker

Nach Dr. H. Anemueller

Bearbeitungsprozesse verändern die Nahrung

besonders empfehlenswert	empfehlenswert	beschränkt empfehlenswert	abzulehnen
1. weitgehend unveränderte Nahrungsmittel (waschen, kühlen, kühl lagern; Südfrüchte und Nüsse schälen) 2. mechanisch veränderte Nahrung (schneiden, raspeln, pürieren) 3. fermentierte Nahrung (z. B. Sauerkraut)	erhitzte Nahrung (unerwünschte Nebenwirkungen: Zerstörung einiger Vitamine, Veränderung der hochungesättigten Fettsäuren und essentiellen Aminosäuren); tiefkühlen vertretbar	durch Prozesse wie Rösten und Braten verarbeitete Nahrung	1. stark verarbeitete Nahrung (durch Prozesse wie Ultrahocherhitzen, Sterilisieren, Konservieren, Räuchern, Färben, Bleichen usw.) 2. isolierte Nährstoffe (durch Prozesse wie Raffinieren, Anreichern usw.)

Vegetarische Kost? Fleischkost?

Man hört so viele Meinungen: Der eine schwört auf vegetarische Kost, läßt aber auch Fische zu. Der andere verbannt alle tierischen Produkte aus seinem Speiseplan, auch Eier und Milchprodukte. Ein dritter hält allein Rohkost für die richtige Ernährungsart. Die Kritiker aller dieser Ernährungsformen führen an, daß der Mensch nach der Konstruktion seines Gebisses schließlich ein Allesfresser sei. Gerade dies ziehen andere wieder in Zweifel.

Wie bereits angeführt, heißt das oberste Prinzip: Unsere Nahrung soll vollwertig und rein sein. Innerhalb dieses Rahmens soll sie auch gut schmecken – denn was einem gut schmeckt, bekommt einem meist auch.

Allerdings gibt es von dieser Regel zwei wichtige Ausnahmen:

Wenn die Verdauungskraft geschwächt ist, führt eine ballastreiche, also zellulosereiche Nahrung zu Reizzuständen und Gärungen, somit zusätzlich zu Stoffwechselproblemen. Nicht jeder Mensch verträgt also ausschließlich vegetarische Kost oder gar reine Rohkost.

Aber man kann den Körper schonend an Vollgetreide gewöhnen (siehe S. 252), und es genügt, Rohkost in kleinen Mengen zu sich zu nehmen. Bei Verdauungsschwäche sollte man allerdings abends auf Rohkost verzichten.

Die zweite Ausnahme ist noch gewichtiger: Wer zuviel Fleisch und/oder Fisch ißt, führt seinem Körper zuviel Eiweiß zu. Der Mitteleuropäer ißt im Mittel das Fünfache seines täglichen Bedarfes an Eiweiß! Welche Gefahren dies für die Gesundheit birgt, wurde bereits dargestellt (siehe S. 243).

Ein Überangebot an tierischem Eiweiß kann gesundheitsschädlich sein. Bei vegetarischer Kost droht eine zu hohe Eiweißzufuhr nicht.

Lange Zeit wurde die Notwendigkeit des Fleischgenusses so begründet: Der Mensch braucht für den Aufbau des körpereigenen Eiweißes zwanzig verschiedene Aminosäuren. Davon kann der Körper zwölf selbst herstellen; die fehlenden acht – die sogenannten essentiellen (unentbehrlichen) Aminosäuren – müssen unbedingt mit der Nahrung aufgenommen werden. Diese Aminosäuren seien aber nur in den Muskeln und Organen von Tieren zu finden. Deshalb könne der Mensch auf Fleisch und Fisch nicht verzichten.

Dies hat sich jedoch als Irrtum herausgestellt. Die unentbehrlichen Aminosäuren kommen alle in den Pflanzen vor, manche sogar in großen Mengen. (Schließlich beziehen ja auch die Tiere ihre essentiellen Aminosäuren direkt oder indirekt aus pflanzlicher Nahrung.) Allerdings sind in den verschiedenen Pflanzen meist nur einzelne dieser Aminosäuren enthalten, selten alle erforderlichen gleichzeitig. Bei vegetarischer Ernährung werden jedoch durch eine Kombination der Speisen (z. B. bei einer Rohkostplatte mit Vollgetreidebeigaben) verschiedene Pflanzen gegessen. Diese Kombination gewährleistet die Versorgung mit den unentbehrlichen Aminosäuren in gleicher Weise wie der Genuß von Fleisch.

Das Eiweiß aus Muskeln und Organen der Tiere wird (fast) immer durch einen Garprozeß verändert. Das pflanzliche Eiweiß in der Rohkost bleibt biologisch unverändert.

Volkswirtschaftlich gesehen, ist die Gewinnung pflanzlichen Eiweißes wesentlich billiger und mit weniger Aufwand verbunden als die Gewinnung tierischen Eiweißes. Die großen Hungerprobleme auf der Erde ließen sich durch Verzicht auf Fleisch leichter lösen. (Schweinemäster rechnen mit 292 kg Getreide, 25 kg Soja und 92 kg Fischmehl pro Masttier! Ein Mastschwein liefert etwa 90 bis 95 kg Fleisch und verwertbare Speck- oder Knochenteile.)

Wie viele Menschen könnte man von dem an Tiere verfütterten Getreide zusätzlich ernähren?

Gebiet	Millionen Menschen
ganze Erde	2 500
USA	560
UdSSR	504
Frankreich	75
Deutschland	62
Mexiko	46
Österreich	13
Schweiz	6

Nährwertumsatz von Weizen

Verwendung für	Verhältnis
Brot	1 : 1
Schweinefleisch	3 : 1
Eier	4 : 1
Milch	5 : 1
Rindfleisch	10 : 1
Hühnerfleisch	12 : 1

Wie viele Menschen ernährt ein Hektar Kulturland?

Anbau von	Erzeugung von	ernährte Menschen (Nährwert)
Kartoffeln	–	17
Weizen	–	9
Soja	–	5
Gemüse	–	5
–	Schweinefleisch	2
–	Rindfleisch	2
–	Milch	1,5

Spender der Nährstoffe bei fleischloser Kost

Kohlenhydrate (Hauptanteil der Nahrung)	Eiweiß	Fett
Vollgetreide; Kartoffeln; Naturzucker aus Honig, Melasse, ungeschwefelten Trockenfrüchten, Birnendicksaft, Ahornsirup, Malzextrakt	Gemüse (besonders Sojabohnen, Linsen, die Kerne von Hülsenfrüchten), Pilze, Getreide, grüne Blätter; Nüsse; Milchprodukte; Ei	Ölfrüchte; Nüsse; Butter, süße und saure Sahne, Crème fraîche

Dänemark hatte im Ersten Weltkrieg die Ernährung der gesamten Bevölkerung auf Getreide- und Gemüsenahrung umgestellt sowie die Viehhaltung auf die Erzeugung von Milchprodukten eingeschränkt. Die Ernährungszustand der Bevölkerung war ausgezeichnet.

Trotzdem: Wem Fleisch- und Fischgerichte schmecken, der braucht nicht darauf zu verzichten – wenn er den Genuß auf kleine Mengen beschränkt.

Dabei ist jedoch folgendes zu bedenken:

Die Skandale um den Gebrauch von Medikamenten bei der Viehmästung (Antibiotika, Östrogenen, Tranquilizern, Arsenverbindungen, Tenderizern = Weichmachern, Thyreostatika u.a.) haben vielleicht manchem den Appetit verdorben. Aus dieser Sicht sollte man also Fleisch von Tieren bevorzugen, die mit Sicherheit nicht auf unverantwortliche Weise gemästet worden sind: Fisch, Lamm, Wild (vergleiche dazu aber S. 248 f.), in Ausnahmefällen auch Geflügel und Rind. Bei Kalbfleisch sollte man sich auf jeden Fall sorgfältig vergewissern, daß die Tiere natürlich aufgezogen worden sind.

Kälber und Geflügel werden oft auch mit Fischmehl gefüttert. Der Geschmack wird dadurch stark beeinträchtigt. Ein Kalbsbries, das nach Fisch schmeckt, ist für den Feinschmecker unbrauchbar.

Ein besonderes Problem ist das Schweinefleisch. Den eigentlichen Grund für das Schweinefleischverbot bei Juden und Moslems kennen wir erst seit kurzem: Der Genuß von Schweinefleisch ist oft die lang verborgene Ursache vieler Hautkrankheiten bis hin zu Nesselausschlägen und Geschwüren.

Schweinefleisch enthält Zucker-Eiweiß-Verbindungen, die sich an Sehnen, Bändern und Knorpeln des Menschen anlagern; dort quellen sie auf und entzünden sich.

Die Folgen davon sind Rheuma, Arthritis, Arthrosen, Bandscheibenschäden u.v.a.

Während der Mast bildet sich im Schwein besonders viel Wachstumshormon. Man befürchtet, daß sich dieses Hormon beim Menschen schädlich auswirkt – die Folgen reichen wahrscheinlich vom verstärkten Fettansatz bis zur Anregung bereits vorhandener Wucherungen (z. B. Krebs). Grippeviren können im Schwein übersommern und so mit der Nahrung in den menschlichen Körper gelangen. Sie können dann eine der Ursachen für Grippe sein.

Vermeiden Sie also möglichst den Genuß von Schweinefleisch. (Schinken ist fast immer Schweinefleisch; Wurst und Pasteten enthalten in der Regel Schweinefleisch!)
Für Fischfreunde gibt es eine gute Nachricht: Man hat erst vor kurzem im Fischöl eine hochungesättigte Fettsäure entdeckt, die den Blutdruck sowie den Cholesterinspiegel im Blut senkt und die Bildung von Blutgerinseln verhindert. Darüber hinaus wirkt Fisch vorbeugend gegen Krebs. So gesehen ist Fisch also gesund. (Manche Ärzte empfehlen, zweimal in der Woche 100 g Seefisch zu essen.)
Allerdings sollte man darauf achten, daß der Fisch nicht aus umweltbelasteten Gewässern stammt. Denn Fische speichern vor allem Schwermetalle, auch radioaktive (siehe auch S. 264).

Argumente für Rohkost

1. Rohkost enthält zahlreiche Vitamine und Wirkstoffe, von denen ein großer Teil beim Erhitzen zerstört wird.

2. Rohkost enthält Fermente der Pflanzenteile, welche die menschliche Verdauung unterstützen. Bei Luftzutritt und bei Temperaturen ab 45 °C werden diese Fermente zerstört.

3. Die Fermente der Pflanzenzelle binden Sauerstoff; sie stellen im Darm ein sauerstoffreiches Milieu her. Das fördert eine gesunde Darmflora.

4. Sobald die Nahrung, die durch Hitze verändert wurde, den Mundraum verläßt, steigt die Konzentration weißer Blutkörperchen in den Darmwänden für über eine Stunde an. Sie werden von anderen Stellen des Körpers abgezogen – wo sie aber oft dringend gebraucht würden. Wer Rohkost ißt oder auch nur eine Mahlzeit mit Rohkost einleitet, verhindert diesen aufwendigen, oft schädlichen Effekt!

5. Rohkost steigert vor allem durch den Gehalt an Vitaminen die Abwehrkraft und Erneuerungskraft der Zellen; Heilvorgänge werden beschleunigt.

6. Das grüne Blatt enthält hochwertiges Eiweiß und Chlorophyll. Chlorophyll fördert die Blutbildung, belebt die Atmung, reguliert die Eiweißnützung, steigert die Durchblutung, mindert den Insulinbedarf, beschleunigt Heilvorgänge, regt die Schilddrüse an und tilgt üble Körpergerüche.
   Das grüne Blatt enthält außerdem Vitamine in großer Vielfalt und in günstiger Kombination sowie zahlreiche Mineralstoffe.
   Menschen, deren Verdauungskraft geschwächt ist, sollten Rohkost nur in kleinen Mengen und niemals abends zu sich nehmen (siehe S. 252).

Zeitpunkt und Bedeutung der Mahlzeiten

Über Anzahl, Umfang und Zeitpunkt der Mahlzeiten gibt es unterschiedliche Meinungen. Mir erscheint die folgende Position als plausibel:
Die Tätigkeit vieler unserer Organe richtet sich nach der Tageszeit, genauer: nach dem Sonnenstand. Nach Untergang der Sonne ist unsere Verdauungstätigkeit in einigen Bereichen reduziert. Deshalb sollte das Abendessen möglichst früh eingenommen werden, klein und verdaulich sein.
Obst sollte von dem Schlafengehen grundsätzlich vermieden werden.
Ein Frühstück mit Müsli stärkt die Leistungsfähigkeit während des ganzen Vormittags. Es erspart auch ein gewichtiges Mittagessen, das die Leistung am Nachmittag beeinträchtigen würde.
Bei kräftigem Frühstück und frühem Abendessen sind Zwischenmahlzeiten eigentlich nicht erforderlich. (Dies gilt nicht für kranke Menschen. So muß z. B. der Diabetiker je nach Anweisung seines Arztes mehrere kleine Mahlzeiten über den Tag verteilen.)

Bekömmlichkeit der Nahrung

Wenn die Verdauung eines Menschen gestört ist, verträgt er meist keine Rohkost und kein Vollkornbrot. Für die einzelnen Nahrungsmittel gibt es Bekömmlichkeitsstufen (siehe Tabellen auf den Seiten 253 und 254). Sie führen zum Beispiel vom besonders bekömmlichen Reis über Hirse, Buchweizen, Weizen, Roggen, Hafer, Gerste, Grünkern bis zum schwerverdaulichen Dinkel.
Diese Tabellen können nur ein Anhaltspunkt sein; denn es gibt von Mensch zu Mensch große Unterschiede.

Stufe	Rohkost	Gemüse	Getreide	Naturzucker	Eiweiß	Fett
1 am besten verträglich	Obst- und Gemüsesäfte, mit Haferschleim verdickt	Gemüsebrühe, Gemüsesuppe, Kartoffelsuppe	Schleim aus ganzen, getrockneten Weizenkörnern	Honig, im Verhältnis 1 : 10 mit warmem Wasser oder Tee verdünnt	Buttermilch	kaltgepreßte Pflanzenöle, Nußmilch
2	frischer Saft aus Karotten, Tomaten, Gurken, Grünblättern (z. B. Brennesseln)	Kartoffelbrei, pürierte Gemüse (Karotten, rote Rüben, Spinat, Mangold)	Haferschleim, Reisschleim, Schleim aus feinem Weizenschrot, Weizenkeime, Vollkornflokken, Avorio-Reis Langkorn	Hagebuttenmus, Apfelkraut, Pflaumenmus, Rübensirup, Honig, Malzextrakt	Sauermilch, Joghurt, Kefir	süße und saure Sahne, Crème fraîche
3	Apfelsaft, Birnensaft, Orangensaft, Mandarinensaft, Mischungen mit Karottensaft oder Selleriesaft	geschälte Kartoffeln, gedämpfte Gemüse (Karotten, rote Rüben, Spinat, junge Kohlrabi, junge grüne Bohnen, Spargel, Schwarzwurzeln)	Haferbrei, Brei aus feinem Weizenschrot, Grießbrei, Reisgerichte, Vollkornteigwaren	getrocknete Aprikosen, Pflaumen, Birnen, Pfirsiche, Datteln, Bananen	Fruchtmilch (Milch mit Fruchtsaft)	Reformmargarine
4	zerdrückte und pürierte Bananen	gedünstete Gemüse (Karotten, rote Rüben, Spinat, junge Kohlrabi, Fenchel, junge grüne Bohnen, Schwarzwurzeln, Tomaten, Chicorée, Blumenkohl, Gurken)	Vollkornknäckebrot, Vollkornzwieback, Gerichte aus Hirse, Buchweizen und Weizen	Rosinen, Feigen	Milch, Quark, Quarkzubereitungen	Butter, Mus aus Haselnüssen oder Mandeln (in Quarkspeisen oder Milchgetränken)
5	reifes (!) Obst (zerkleinert, zerdrückt, feingerieben), zarte Blattsalate	überbackenes Gemüse (Tomaten, Chicorée, Fenchel, Blumenkohl, Gurken)	feinkrumige Vollkornbrote, Kollath-Müsli, Gerichte aus Hafer und Gerste		Doppelrahm-Frischkäse, Weichkäse (z.B. Camembert), weiches Ei	fein geriebene Nüsse

Stufe	Rohkost	Gemüse	Getreide	Naturzucker	Eiweiß	Fett
6	reifes (!) Obst, geschälte Tomaten, gröbere Blattsalate	Kartoffeln mit Schale, Kartoffelsalat, alle Kohlarten, Sauerkraut	gröbere Vollkornbrote, Frischkornbrei aus eingeweichtem Weizenschrot, Gerichte aus Grünkern und Dinkel		Rührei, gekochter oder gedünsteter Fisch, gekochtes Rindfleisch, gekochtes Geflügel	ganze Nüsse
7	fein geriebene Rohkost aus Wurzel- oder Knollengemüse, Tomatensalat				gebratenes oder gegrilltes Fleisch, Spiegelei	
8	grob zerkleinerte Rohkost von Wurzel- oder Knollengemüse, Gurkensalat				Hartkäse, hartgekochtes Ei	
9	Rohkost von Kohl, rohes Sauerkraut					

Kombination der Speisen

Nicht alle Nahrungsmittel sind gut miteinander kombinierbar. So können zum Beispiel Eiweißmischungen aus Fleisch, Käse und Ei unbekömmlich sein. Eine ideale Eiweißkombination ist rohes Grünblatt, Getreide, Milcheiweiß (in jeder Form).
Nach den Anhängern mancher Trennkostsysteme sollte man Fleischspeise mit Gemüsen oder Salaten kombinieren, aber innerhalb einer Mahlzeit nicht mit Kohlenhydraten wie Kartoffeln, Teigwaren oder Süßspeisen. Zu Kartoffel- und Teigwarengerichten passen Gemüse und/oder Salat sowie Süßspeisen hervorragend, aber es ist bekömmlicher, innerhalb derselben Mahlzeit dann auf Fleisch oder Fisch zu verzichten.
Ein Überblick über die verschiedenen Trennkostsysteme zeigt allerdings, daß sie einander so widersprechen, daß eine gleichzeitige Beachtung aller Systeme zum Verhungern verurteilen würde.
In der Fachliteratur gilt die Begründung der Trennkost heute als widerlegt.

Zucker

Ob Rohrzucker oder Rübenzucker: chemisch gesehen, entsteht er aus dem eingedampften Saft Saccharose. Daneben gibt es auch noch Traubenzucker (Glucose), Fruchtzucker (Fructose), Malzzucker (Maltose), Milchzucker (Lactose) und die Polysaccharide Stärke und Zellulose.
Im folgenden ist mit dem Begriff »Zucker« der Rohr- und Rübenzucker bezeichnet.
Gereinigter (raffinierter) Zucker enthält keine Vitamine und keine Spurenelemente. Vor allem fehlt das bisher kaum beachtete Spurenelement Chrom, das die zu rasche Aufnahme des Zuckers in die Blutbahn hemmt und somit die Insulinausschüttung reguliert.
Zucker aus der Rübenmelasse hat einen unangenehmen Beigeschmack, deshalb ist brauner Rübenzucker nicht auf dem Markt. Der braune Zucker, den man üblicherweise kaufen kann, ist gereinigter Rohr- oder Rübenzucker, der nach dem Raffinieren mit Melasse gefärbt wurde. Er ist um nichts besser als der weiße Zucker!
Vollrohrzucker, der noch weitgehend die Bestandteile des Zuckerrohrs enthält, gibt es derzeit fast nur in Reformgeschäften.
Auch Traubenzucker und Fruchtzucker werden nur in raffinierter Form angeboten.
Es ist falsch, den Konsum von Zucker allein für Karies, Fettleibigkeit, Diabetes u.a. verantwortlich zu machen. Nichts im Körper läßt sich aus nur einer Ursache erklären. Wenn man aber versucht, die Wirkungsweise des Zuckers – mögliche Impulse und Blockierungen, Austauschprozesse und Wechselwirkungen – im Gesamthaushalt des Körpers zu verstehen, wird deutlich, daß vermehrter Konsum von Zucker bei einer ganzen Reihe von Krankheiten verstärkend mitwirken kann, vor allem bei Verdauungsschwäche. Wenn überhaupt gesüßt werden soll, bevorzuge man andere Formen: Honig, eingeweichte Trockenfrüchte, Rübensirup, Apfelsirup, Birnendicksaft, Ahornsirup, Malzextrakt, Vollrohrzucker.
Die naturbelassenen Süßstoffe enthalten Vitamine und Spurenelemente. Darüber hinaus ist ihr Zuckeranteil in einer bestimmten Weise chemisch so gebunden, daß er nicht so rasch ins Blut übergehen kann.
Raffinierter Zucker geht dagegen rasch ins Blut, verstärkt dadurch den Insulinbedarf, verbraucht zu seiner Umsetzung große Mengen an Vitamin B und Kalzium (»Kalkräuber«), greift die Alkalireserve an, verändert außerdem die Darmflora und

kann die Verträglichkeit anderer Nahrungsmittel stören (z. B. von rohem Obst und von Vollkornbrot). Dies alles wird durch die Kombination mit Auszugsmehlen verstärkt; denn alle isolierten Kohlenhydrate senken den Vitamin-B-Spiegel. Nur bei einem konstanten Vitamin-B-Spiegel in Blut und Gewebe sind aber Aufschluß und Abbau der Kohlenhydrate ohne schädliche Zwischenprodukte möglich.
Natürliche Süßungsmittel sind Honig, ungeschwefelte Trockenfrüchte (eingeweicht, das Einweichwasser mitverwenden), Rübensirup, Apfelsirup, Birnendicksaft, Ahornsirup, Malzextrakt, Vollrohrzucker. Ahornsirup hat ein sehr feines Aroma und eignet sich besonders gut zum Süßen kalter Speisen.
Leider enthält der Honig auch Allergene, die nicht von jedermann vertragen werden.
Künstliche Süßstoffe sollte man ganz vermeiden.

Alkohol

Alkohol hat auch positive Seiten: Er aktiviert Kreislauf und Atmung, dadurch fördert er Durchblutung und Sauerstoffversorgung der Organe. Darüber hinaus baut er nervöse Spannung ab, fördert die Verdauung und steigert die Harnausscheidung. Nach einem schweren Mahl kann Alkohol unangenehme Gärprozesse im Verdauungssystem vermeiden.
Es kommt allerdings auf die Dosierung an. Schon in kleinen Mengen wird Alkohol oft schnell zur gefährlichen Droge!
Alkohol dringt rasch in die Blutbahnen und ins Gehirn ein, dagegen wird er nur langsam abgebaut. Die gefährlichen Wirkungen stellen sich also rasch ein: Er beseitigt Hemmungen und schwächt die Selbstkontrolle. Die Fähigkeit, das Gleichgewicht zu regulieren, ist stark beeinträchtigt. Entfernungen werden daher falsch eingeschätzt, das Blickfeld verengt sich, besonders stark lassen die Fähigkeit zur Konzentration, Wahrnehmung und Reaktion nach. Dies alles macht jeden Menschen schon nach kurzer Zeit als Verkehrsteilnehmer völlig untauglich.
Die weiteren Wirkungen verändern kurzzeitig den Charakter: Verantwortungsgefühl, Sorgfalt und Flexibilität werden geschwächt, das Gedächtnis läßt nach, dafür steigert sich die allgemeine Erregbarkeit. Das sexuelle Verlangen wächst, während gleichzeitig die sexuelle Potenz sinkt.
Alkoholisierte halten sich zunehmend für besondere Leistungen fähig, während ihr Leistungsvermögen tatsächlich rapide abnimmt.
Neben diesen gefährlichen Kurzzeitwirkungen führt anhaltender Alkoholmißbrauch zu Krankheiten, zu Siechtum, oft sogar zum Tode: von Muskelschmerzen über Muskelschwäche zu Muskelschwund, von allgemeiner Müdigkeit und Antriebslosigkeit bis zu Gedächtnisschwäche und Zerstörung von Gehirnzellen, von Psychosen und Depressionen bis zu Epilepsie und Delirium tremens, von der entzündeten Bauchspeicheldrüse bis zur Zuckerkrankheit, vom gestörten Fettstoffwechsel bis zu Fettleber, Hepatitis und Leberschrumpfung, von Magenschleimhautentzündung bis zu Magengeschwüren. Darüber hinaus kann anhaltender Alkoholmißbrauch zu Herzmuskelstörungen, Hauterkrankungen und Potenzstörungen führen.

Sogar schon kleine Mengen Alkohol sind — regelmäßig genossen — gefährlich. Wer regelmäßig Alkohol trinkt, nimmt — auch wenn er niemals betrunken ist — in Kauf:
daß das Gedächtnis geschwächt wird,
daß die Fähigkeit zur Konzentration nachläßt,
daß sich die Reaktionszeit verlängert,
daß die allgemeine Reizbarkeit steigt,
daß die Lärmempfindlichkeit zunimmt,
daß er nachtblind wird,
daß die sexuelle Potenz geschwächt wird,
daß ein Teil der Leberzellen geschädigt wird.
Diese Folgen können einzeln oder kombiniert auftreten. Häufig werden sie vom Betroffenen über lange Zeit hinweg nicht bemerkt.
Schränken Sie deshalb den Alkoholgenuß stark ein oder verzichten Sie ganz darauf.
Die kurz- und langzeitigen Wirkungen von Alkohol stellen sich bei Kindern, Jugendlichen und Frauen schneller und stärker ein als bei erwachsenen Männern.

Fettstoffwechsel

Über den Fettstoffwechsel, vor allem über Cholesterin, wird viel geschrieben und geredet. Diese Zusammenhänge sind jedoch sehr kompliziert, und die Blutwerte werden auch von Fachleuten nicht immer gleich bewertet.
Wer sich gesund ernährt, wie in diesem Buch dargestellt, hat in der Regel mit dem Fettstoffwechsel keine Probleme. Sollte aber Ihr Fettstoffwechsel gestört sein, muß unbedingt ein Arzt entscheiden, welche Behandlung angemessen ist.

Milch

Völlig unbehandelte Rohmilch bekommt man nur noch direkt beim Bauern. In Deutschland gibt es noch die sogenannte Vorzugsmilch, eine Rohmilch mit besonderen Qualitäten: Fütterung und Haltung der Tiere sowie Melken und Transport unterliegen strengen Vorschriften.
Die sogenannte Vollmilch ist immer pasteurisiert, das heißt, sie wurde für kurze Zeit auf etwa 70 °C erhitzt. Meist wird die Vollmilch noch homogenisiert[1]: Beim Pressen durch feine Düsen wird das Fett so fein verteilt, daß es sich nicht mehr als Rahm absetzt. In der Regel wird der Fettgehalt bei Vollmilch auf 3,5 % eingestellt.
In Österreich gibt es eine Extra-Vollmilch mit 4,5 % Fettgehalt.
Fettarme Milch ist zum Teil entrahmt; Magermilch enthält fast kein Fett mehr.
Die sogenannte Haltbarmilch (H-Milch) ist ultrahoch erhitzt und dadurch so stark verändert, daß sie abzulehnen ist. Ebenso ist von Kondensmilch und Milchpulver abzuraten.

---

[1]Homogenisierte Milch erzeugt nach neuesten Erkenntnissen Atherosklerose und wird deshalb von vielen Ärzten abgelehnt.

Milchprodukte

Joghurt enthält Milchsäure. Diese kommt in zwei Formen vor: rechtsdrehende Milchsäure und linksdrehende Milchsäure – so genannt nach ihren optischen Eigenschaften.
Nur rechtsdrehende Milchsäure kann im Stoffwechsel des Menschen verwertet werden. Bevorzugen Sie deshalb Produkte mit dieser Milchsäure wie Sanoghurt und Bioghurt.
Im Handel erhältlicher Kefir wird immer aus homogenisierter Milch hergestellt und enthält geringe Mengen Alkohol. Man kann aber Kefir auch selbst herstellen.
Sauermilch und Buttermilch sind hochwertige Nahrungsmittel und regen die Verdauung an.
Sahne, saure Sahne, Crème fraîche und Butter sind leicht verdaulich, enthalten aber viel Cholesterin. Bei erhöhtem Cholesterinspiegel im Blut sind diese Fette zu vermeiden.
Im Käse sind alle Nährstoffe der Milch konzentriert, besonders Fett und Eiweiß. Für die Verteilung von Schmelzkäse werden sogenannte Schmelzsalze verwendet. Deshalb ist von seinem Genuß abzuraten.

Knoblauch

Schon die alten Ägypter pflanzten Knoblauch an. In der Volksheilkunde ist Knoblauch schon lange als vielseitiges Heilmittel in Gebrauch. Inzwischen sind einige seiner Wirkungen wissenschaftlich bewiesen:
Knoblauch hemmt Gärprozesse im Darm, somit auch das Entstehen von Blähungen. Darüber hinaus regt er die Darmtätigkeit an, wirkt also der Darmträgheit entgegen. Knoblauch reguliert die Bakterienflora im Magen und Darm.
Knoblauch erweitert die Gefäße, besonders jene der Beine. Dadurch senkt er den Blutdruck, sorgt für bessere Ernährung der Körperzellen und verhindert so ein übermäßig rasches Altern der Zellen. Das ist besonders wichtig im Gehirn. Außerdem werden ihm günstige Wirkungen bei Arterienverkalkung, Bronchitis, Schlafstörungen und Leistungsschwäche zugeschrieben.
Seine volle Wirkung entfaltet der Knoblauch jedoch nur im zerdrückten oder gepreßten Zustand. (Eine im Knoblauch enthaltene Aminosäure reagiert nach dem Zerstören des Gewebes mit einem bestimmten Ferment; erst dabei entsteht der gewünschte Wirkstoff.)
Darüber hinaus ist Knoblauch ein wohlschmeckendes Gewürz, das mit Recht in der feinen Küche roh oder gekocht verwendet wird.
Wer den Knoblauchgeruch als lästig empfindet, kann ihn etwas mildern: Man kaut nach dem Genuß Petersilie oder ißt ein Stück Apfel oder trinkt einen Becher Milch.

Zwiebeln

Bei manchen Menschen bewirken Zwiebeln Verdauungsprobleme. Dies ist nicht der Fall, wenn Sie die Zwiebeln so mitkochen oder mitdünsten, daß sie sich hinterher entfernen lassen (z. B. mit einem Haarsieb). Eine andere Möglichkeit ist, die Zwiebeln durch die leichter verdaulichen Schalotten zu ersetzen.

Gesunde Verdauung

Schon einige Zeit vor dem Essen beginnen unsere Verdauungssäfte zu fließen. Häufig genügt als Auslöser, wenn wir nur erfahren, daß es etwas Köstliches zu essen gibt – oder wenn wir im Restaurant die Speisekarte lesen.
Diese Vorbereitung des Körpers ist für eine gesunde Verdauung außerordentlich wichtig. Deshalb sollten wir alle Faktoren aufmerksam beachten, die auf die unbewußte Steuerung unserer Drüsen günstig einwirken: einen schön gedeckten Tisch, ästethisch angerichtete Speisen, angenehme Raumtemperatur und Beleuchtung bis hin zur Luftfeuchtigkeit und zur leisen Musik – oder je nach Geschmack diese gerade nicht.
Die Säfte fließen sofort geringer, wenn die Speisen lieblos dargeboten werden. Manche Gerüche verhindern jede Absonderung. (Deshalb sollte man niemals in einem verrauchten Raum essen!)
Die unbewußt gesteuerten Verdauungsprozesse können auch durch Gefühlsregungen stark beeinflußt werden – während und nach der Mahlzeit. Zorn, Ärger, Verdruß, Kummer, Schmerzen, Angst, Hast, Unruhe und Streß hemmen den Speichelfluß, die Absonderung der Magensäfte, die Tätigkeit der Bauchspeicheldrüse, den Fluß der Galle, die Bewegungen des Magens und des Dünndarms.
Deshalb sollte man Kinder nie zum Essen zwingen – zum Beispiel durch die Androhung von Strafe, wenn sie nicht aufessen![1] Wenn es uns also nicht gelingt, ungünstige psychische Einflüsse vor, während und nach einer Mahlzeit zu vermeiden, wird unsere Verdauung empfindlich gestört. Andererseits wird sie durch eine angenehme Atmosphäre besonders günstig beeinflußt.
Gutes Kauen ist eine der Voraussetzungen für eine gesunde Verdauung.

Kauen

Kauen ist mehr als bloß die mechanische Zerkleinerung der Nahrung. Zwar erleichtert zerkleinerte Nahrung den Verdauungsprozeß, aber durch das Kauen wird außerdem der Speichelfluß in Gang gesetzt, und schon die Durchmischung der Nahrung mit Speichel leitet den Abbau der Kohlenhydrate ein.
Bestimmte Salze im Speichel bringen die in der Nahrung enthaltenen Grundnahrungsmittel zum Quellen, am ausgeprägtesten Fette und Kohlenhydrate. Einige Bestandteile der Nahrung lösen sich im Speichel auf. Beides erleichtert die Verdauung. Darüber hinaus regen länger andauernde Kaubewegungen über Reflexe die Dickdarmbewegungen an.
Schließlich erhöht eine längere Verweildauer der Speisen im Mund den Genuß. Man gewöhne sich deshalb an, kleine Bissen aufzunehmen, diese gut zu kauen – etwa 25mal – sowie sorgfältig einzuspeicheln. Wem dies schwerfällt, der kann mit einem kleinen Trick nachhelfen: Nach jeder Aufnahme eines Bissens das Besteck weglegen, bis der Speisebrei geschluckt ist! (Vor diesem Hintergrund erscheint das Essen mit Stäbchen in manchen asiatischen Kulturen als sehr weise!)

[1]Kinder sollten daran gewöhnt werden, selbt die Portionen zu bestimmen, die sie essen werden.

Krankheit/Gesundheit

Jede Krankheit ist eine Störung der Harmonie von Geist, Seele und Körper. Was der Arzt behandelt, ist bereits Symptom dieser Störung.
Eine Krankheit wirkungsvoll heilen heißt, die Harmonie von Geist, Seele und Körper wiederherzustellen. Einer Krankheit vorbeugen heißt, alles abwehren, was diese Harmonie stören könnte: im Einklang mit den Gesetzen der Natur leben! In diesem Sinne sind gesunde Ernährung, viel Bewegung, ruhiger Schlaf, richtiges Atmen, seelische Ausgeglichenheit und eine positive geistige Einstellung wichtige Faktoren einer gesunden Lebensführung.

Gesunde Ernährung ist ein besonderes Anliegen dieses Buches. Darüber hinaus braucht der Mensch **Bewegung.** Nach seiner biologischen Veranlagung ist der Mensch ein Sammler und Jäger, also ein Lebewesen, das sich viel bewegt. Seit der Steinzeit hat der Mensch seine Umwelt aber so stark verändert, daß er zur Bewegungsarmut verleitet wird. Ideal wäre eine tägliche Wanderung von mindestens einer Stunde – was aber vielen Menschen nicht möglich ist.
Man kann sich ein ausreichendes Maß an Bewegung durch tägliche Morgengymnastik und durch einen abendlichen Kurzspaziergang sichern, ergänzt durch möglichst viel Wandern und/oder Radfahren.
Nicht alle Menschen sind in der glücklichen Lage, sofort **Schlaf** zu finden, wenn sie sich niederlegen. Wer autogenes Training beherrscht, kann sich sanft in den Schlaf versetzen. Man kann sich aber auf einen gesunden Schlaf auch anders vorbereiten, zum Beispiel:

1. Eine leichte Bettdecke wählen.
2. Nach 18.00 Uhr keine anregenden Getränke und Genußmittel zu sich nehmen.
3. Vor dem Schlafengehen kurze Zeit spazierengehen – bei jedem Wetter.
4. Den Schlafraum vor dem Schlafengehen gut lüften.
5. Einen Schluck Wasser trinken, bevor man zu Bett geht.
6. Nach geistiger Anregung (Vortrag, Konzert, Theater, Fernsehen) eine Zeit des Ausklingenlassens einlegen.
7. Die Gedanken »reinigen«: Alle Ereignisse des Tages in umgekehrter Reihenfolge noch einmal am geistigen Auge vorüberziehen lassen. Alle unangenehmen Ereignisse registrieren, sich dann aber auf die angenehmen Ereignisse besinnen und Gedanken der Zuneigung und des Dankes einbauen.

Wir »zivilisierten« Menschen haben **richtiges Atmen** meist verlernt; in der Regel verwenden wir nur die flache Brustatmung. Bei der Tiefatmung treten zu den Bewegungen des Brustkorbs in verstärktem Maße die Bewegungen des Zwerchfells, der Zwischenrippenmuskeln, der Bauchmuskeln, der Lendenmuskeln, der Rückenmuskeln u.a. hinzu.
Die Bewegungen des Zwerchfells regen das vegetative Nervensystem an: Tiefe Zwerchfellatmung dämpft seelische Erregung. Darüber hinaus massiert die Zwerchfellbewegung Herz, Leber, Dünn- und Dickdarm, Magen und Aorta. Beim Atmen mit Hilfe des Zwerchfells wird die Leber ausgepreßt.

Durch Übungen können wir die Tiefatmung, die jedes Kleinkind beherrscht, wieder erlernen:

1. Suchen Sie nach einer Möglichkeit, sich in guter Luft niederlegen zu können.
2. Legen Sie sich flach auf den Rücken.
3. Beginnen Sie jede Atemübung prinzipiell mit aktivem Ausatmen (Bauch einziehen), halten Sie kurz inne, lassen Sie »es« dann von alleine einatmen (Bauch vorwölben).
4. Atmen Sie auf gleiche Weise mit einem Gewicht von etwa 4 kg auf dem Bauch.
5. Konzentrieren Sie sich während der Atemübung auf den Atemfluß. Stellen Sie sich vor, der Atem durchdringe alle Körperzellen und alle Zwischenräume zwischen ihnen.
6. Atmen Sie aktiv aus, dann kräftig ein, halten Sie dann die Luft so lange an, wie es für Sie bequem ist.
   Luftanhalten senkt die Pulsfrequenz. (Nach den Lehren der Yogis und der Rosenkreuzer entnimmt der Mensch auf diese Weise der Luft besonders intensiv eine stärkende Lebenskraft.)
7. Begleiten Sie beim Gehen Ihre Schritte durch Atmen im Zweier- oder Dreierrhythmus.
8. Kosten Sie jedes Gähnen genüßlich aus.

Seelische Ausgeglichenheit zu erreichen ist eine Begabung — oder eine hohe Kunst. Nur wenige haben gelernt, sich hierzu der Meditation zu bedienen. Teileffekte können Sie aber schon erreichen, wenn Sie sich am Abend vor dem Einschlafen auf die zu erwartenden Schwierigkeiten des nächsten Tages besinnen. Stellen Sie sich bildhaft vor, wie Sie in einer schwierigen Situation richtig handeln.
Gegen Streß können Sie ein bestimmtes Zeichen an Ihrem Arbeitsplatz anbringen. Jedesmal wenn Ihr Blick auf dieses Zeichen fällt, werden Sie daran erinnert, sich nicht hetzen zu lassen.
Die Art, wie wir denken, wirkt sich nicht nur auf unsere Mimik und Körperhaltung aus, sondern auch auf unser Handeln. Auf alle drei aber — Mimik, Körperhaltung, Handeln — reagieren unsere Mitmenschen in einer Weise, die viel bedeutsamer ist als die Reaktion auf das, was wir in Worten ausdrücken.
Daraus wird deutlich, wie wichtig eine **positive geistige Einstellung** für unsere zwischenmenschlichen Beziehungen und somit für unser Wohlergehen ist. Negative Gedanken dagegen können sich verheerend auswirken. Wir müssen also lernen, unser Denken zu beherrschen.

Konservierungsmethoden

Lebensmittel verderben in der Hauptsache durch die Tätigkeit von Bakterien und Pilzen, auch durch den Abbauprozeß, den nahrungseigene Fermente steuern. Die Mikroorganismen brauchen zum Wachsen neben Nahrung noch Wärme und Feuchtigkeit. Deshalb entziehen einige Konservierungsmethoden Wärme oder Feuchtigkeit, andere schaffen ungünstige Wachstumsbedingungen durch bestimmte Beigaben, wieder andere töten die Mikroorganismen durch Hitze ab.

Möglichkeiten:

1. Beim **Trocknen** wird Wasser entzogen. Dadurch ändern sich Konsistenz, Farbe und Geschmack. Durch Einweichen wird der alte Zustand nicht wiederhergestellt (am ehesten noch bei getrockneten Pilzen).
2. **Dörren** ist ein beschleunigter Trockenvorgang mit Hilfe von bewegter Warmluft (höchstens 40 °C) im Schatten. Am besten eignet sich dafür ein Dehydrator.
3. Beim **Gefriertrocknen** werden die Lebensmittel zuerst tiefgefroren, dann wird im Hochvakuum durch Sublimation das Wasser entzogen. Diese Methode wird derzeit fast nur bei Instant-Getränken (Kaffee, Tee) und bei einigen Gemüsesorten sowie bei Gemüsebrühe angewandt.
4. Durch **Kühlen** auf Temperaturen knapp über dem Gefrierpunkt (z. B. im Kühlschrank) wird das Wachstum unerwünschter Keime verlangsamt.
5. Beim **Tiefkühlen** wird die Temperatur schlagartig auf mindestens minus 30 °C abgesenkt. Im Unterschied zum Gefrieren bilden sich dadurch in den Zellen nur kleine Eiskristalle. So werden die Zellwände nicht zerstört. Durch Lagerung bei mindestens minus 18 °C werden das Wachstum der Mikroorganismen und der natürliche Abbau der Zellen extrem verlangsamt.

   Die Konsistenz des Tiefkühl-Gutes ist nach dem Auftauen bei Gemüsen weitgehend unverändert. Bei Obst treten je nach Art größere Veränderungen auf.

   Da Sauerstoff an das Gefriergut ungehindert herantreten kann, zerstört er empfindliche Stoffe.

   Tiefgekühlte Lebensmittel, die völlig aufgetaut oder bereits weiterverarbeitet sind, sollten nicht wieder eingefroren und möglichst bald weiterverarbeitet oder verzehrt werden, weil es sonst zu Veränderungen von Form, Farbe und Geschmack sowie zu Vitaminverlust – also zu einer Qualitätsverminderung – kommt.

   Grundsätzlich kann gesagt werden, daß sich aufgetaute Tiefkühlprodukte wie Frischwaren verhalten, der Verderb jedoch nach dem Auftauen durch etwas schnelleren Zellenabbau früher einsetzen kann.

   Aufgetaute und wieder tiefgekühlte Lebensmittel sind grundsätzlich nicht gesundheitsschädlich. Es wird aber ein Qualitätsverlust (Konsistenz- und Formveränderungen) und ein höheres Verderbrisiko nach dem Wiederauftauen in Kauf genommen.

   Bei der industriellen Erzeugung von Tiefkühlgemüse wird das Kühlgut vor dem Tiefkühlen blanchiert; dadurch wird ein Teil der Vitamine und Mineralstoffe entzogen, außerdem werden die nahrungseigenen Fermente zerstört.

   Obst wird vor dem Tiefgefrieren nicht erhitzt. Prüfen Sie aber, ob es vielleicht in Zuckerlösung tiefgefroren worden ist.

Darüber hinaus ist zu bedenken, daß der Ertrag jener Felder, auf denen Gemüse und Obst für industrielle Tiefkühlkost angebaut wird, hoch sein soll. Auch muß die Ernte zu einer ganz bestimmten Zeit garantiert werden. Dies wird aber oft nur durch besonders hohe Mineraldüngung erreicht.

6. **Kochen** dient nicht nur dem Garen, sondern tötet auch unerwünschte Mikroorganismen ab. Durch Kochen werden außerdem einige der Vitamine zerstört und zahlreiche Duft- und Aromastoffe, nahrungseigene Fermente, Eiweiß und Zellmembranen verändert.

7. **Sterilisieren** ist ein längeres Kochen unter Verschluß mit anschließendem raschen Abkühlen.

8. Beim **Pasteurisieren** werden Lebensmittel auf 65 bis 85 °C erhitzt und danach rasch abgekühlt. Dadurch werden die meisten Mikroorganismen und die nahrungseigenen Fermente zerstört.

9. Bei der **Milchsäuregärung** durch Milchsäurebakterien entstehen ungünstige Bedingungen für andere Mikroorganismen. Wer wünscht, daß bei der Gärung überwiegend die besser verwertbare rechtsdrehende Milchsäure entsteht, kann dies mit Hilfe von Bioferman-Sauergemüse-Ferment (Reformhäuser) erreichen.

10. Durch **Säuern,** z. B. mit Essigsäure und Zitronensäure, kann ebenfalls ein Konservierungseffekt erreicht werden.

11. Auch beim **Salzen** (Einsalzen) entstehen ungünstige Lebensbedingungen für Mikroorganismen. Allerdings steigt dadurch auch der Gehalt an Kochsalz in den Lebensmitteln, und das ist gefährlich (siehe S. 240).

12. **Pökeln** ist ein Salzen mit Kochsalz sowie mit Salpeter und meist auch Nitriten. Für die Gesundheit sind nachteilige Folgen zu befürchten (besonders gefährlich: Schäden an den Genen).

13. Beim **Räuchern** wird den Lebensmitteln Wasser entzogen, und es entstehen konservierende Fermente. Allerdings ist das Räuchergut meist auch gepökelt – mit allen unerwünschten Nebenwirkungen.

14. Auch **Zuckern** verhindert ab einer bestimmten Konzentration das Wachstum von Mikroorganismen. Allerdings ist Industriezucker abzulehnen (siehe S. 255 ff); von den natürlichen Süßmitteln erreicht nur Honig eine konservierende Zuckerkonzentration.

15. Beim Einlegen in hochkonzentriertem **Alkohol** wird den Lebensmitteln Wasser entzogen. Alkohol hemmt das Bakterienwachstum.

16. **Einmieten** nennt man das Eingraben von Wurzelgemüse (z. B. Karotten, Sellerei, Petersilienwurzel) in Erde, die man zusätzlich mit Stroh, Laub u. ä. gegen Kälte schützt. Eine ähnliche Methode ist das **Einkellern.**

17. Zur Konservierung sind vom Staat eine Reihe **chemischer Zusätze** erlaubt. Bisher wurde keine Einigung in der wissenschaftlichen Beurteilung dieser Zusätze erzielt. Wer vorsichtig ist, lehnt deshalb chemische Konservierung ab.

18. In einigen Staaten ist die Konservierung durch **Begasen** sowie **radioaktive Bestrahlung** erlaubt. Die Schädlichkeit gilt als umstritten. Wer verantwortungsbewußt ist, lehnt diese Konservierung ab (siehe S. 264 f.).

Konservierungsmethoden

hoher Wert	geringerer Wert	abzulehnen
einmieten, einkellern, kühlen trocknen, dörren milchsauer einlegen, säuern	tiefgefrieren, gefriertrocknen pasteurisieren, sterilisieren, kochen	zuckern, salzen, pöckeln, räuchern chemisch konservieren, ultrahocherhitzen

Mikrowellenherd

Die Wirkungen der Mikrowellen auf Zellgewebe sind noch wenig erforscht. Fest steht, daß bei Fleisch das wasserhaltige Gewebe mehr Energie aufnimmt als Fettgewebe und Knochen. Einige Stellen können also noch kalt, andere bereits überhitzt sein. Darunter leidet der Geschmack von Fleischgerichten oft sehr.
Folsäure (ein Vitamin B), Karotin (eine Vorstufe des Vitamin A) und hochungesättigte Fettsäuren werden im Mikrowellenherd sehr viel rascher abgebaut.
Bei manchen Gemüsesorten werden durch Mikrowellen die Zellwände zerstört, das heißt, das Gemüse fällt zusammen.
Es besteht der Verdacht, daß Mikrowellen die Nahrung so beeinflussen, daß der Organismus sie anders als bisher aufschließen muß und darauf z. B. mit frühzeitigen Verkrampfungen der Muskulatur reagiert. Dieser Verdacht ist bisher mit wissenschaftlichen Methoden weder erhärtet noch widerlegt. Vorsichtige verzichten vorläufig auf Mikrowellenherde.
Die Erzeuger von Mikrowellenherden behaupten, daß die hitzeempfindlichen Vitamine durch die kürzere Garzeit weniger geschädigt und daß Eigengeschmack, Farbe, Form und Konsistenz der Speisen besser erhalten blieben. Darüber hinaus wird weniger Energie verbraucht – ausgenommen bei Getreidegerichten.

Radioaktivität

Radioaktive Substanzen können auf zweierlei Weise schaden: durch Bestrahlung des Körpers von außen und durch Bestrahlung von innen, wenn solche Substanzen mit der Luft oder mit der Nahrung in den Körper aufgenommen und in bestimmten Organen, wie in der Schilddrüse oder im Skelett, gespeichert worden sind.
In jedem Fall kann die ausgestrahlte Energie chemische Strukturen im Körper verändern. Diese Reaktionen stören den Stoffwechsel der Zellen oder bringen sie zum Absterben. Hält sich die Bestrahlung in kleinerem Umfang, kann sich der Körper davon erholen.
Trifft die Energie jedoch auf die Träger genetischer Informationen in den Körperzellen, können sich diese verändern. Dann werden falsche Informationen weitervererbt. Dagegen kann sich der Körper nur beschränkt schützen. Als Spätfolge können Krebs oder Leukämie auftreten.

Werden Kinder im Mutterleib radioaktiver Strahlung oder auch Röntgenstrahlung ausgesetzt, besteht in den ersten drei bis vier Monaten ein erhöhtes Risiko zu Mißbildungen.
Erbgutschäden führen in den Folgegenerationen zu unheilbaren Krankheiten.
Für diese Strahlenspätschäden gibt es keine unschädliche Dosis von Radioaktivität! Langzeitwirkungen können durch kleinste Dosen hervorgerufen werden.
Radioaktivität zeigt sich in verschiedenen Varianten:
Alpha-Strahlen (Kerne des Helium-Atoms) haben in der Luft je nach Energie nur eine Reichweite von wenigen Zentimetern. Sie dringen in feste Stoffe nur einige hundertstel Millimeter ein.
Betastrahlen bestehen aus Elektronen hoher Geschwindigkeit. Ihre Reichweite liegt je nach Energie in der Luft bei einigen Metern, in festen Stoffen bei einem zehntel Millimeter bis zu einigen Millimetern.
Gammastrahlen sind kurzwellige elektromagnetische Strahlen sehr hoher Energie. Sie durchdringen meterdicke feste Stoffe.
Daraus wird deutlich: Bei Strahlung von außen erreichen Alpha- und Betastrahlen unseren Körper nur bei geringer Nähe zur strahlenden Substanz. Man kann sich gegen diese Strahlen leichter abschirmen. Strahlende Substanzen innerhalb unseres Körpers sind allerdings – unabhängig von der Art ihrer Strahlung – immer gefährlich.
Die Luft, die wir einatmen, wird durch Niederschläge weitgehend von radioaktiven Partikeln gereinigt. Diese Partikel dringen aber in ihrer Mehrzahl in den Boden ein und werden zum Teil von Pflanzen und in der Folge von Tieren aufgenommen und gespeichert. Es bedarf also besonderer Aufmerksamkeit gegenüber den Gefahren, die unserer Nahrung von radioaktiven Substanzen drohen.
Radioaktive Substanzen strahlen nicht unbegrenzt lang; sie zerfallen. Nach der sogenannten Halbwertszeit ist nur noch die Hälfte der strahlenden Substanz vorhanden. Die Halbwertszeit liegt je nach Substanz zwischen Bruchteilen einer Sekunde und vielen Jahren.
Manche radioaktiven Substanzen bleiben auch nicht unbegrenzt lange im Körper. Nach der sogenannten biologischen Halbwertszeit ist – falls keine weitere Zufuhr erfolgt – die Hälfte der strahlenden Substanz ausgeschieden.
Schon immer herrschte auf der Erde eine natürliche Radioaktivität aus dem Kosmos sowie aus bestimmten Gesteinen, regional von unterschiedlicher Stärke. Durch die Atombomben, durch die Nutzung der Atomenergie mit allen Nebenerscheinungen bis hin zur Katastrophe von Tschernobyl hat sich die radioaktive Belastung fortwährend erhöht.
Ein Leben ohne erhöhte Radioaktivität ist heute nicht mehr möglich.
Die Wirkung einer Kombination von radioaktiver Strahlung mit Medikamenten sowie mit Insektiziden, Herbiziden, Fungiziden und anderen Chemikalien ist noch kaum erforscht. Erste Untersuchungen lassen befürchten, daß sich die Auswirkungen der Schadensfaktoren gegenseitig verstärken.
Besonders gefährdet sind in jedem Fall Kleinkinder und ungeborene Kinder!
Wenn viele Schadensfaktoren zusammenwirken, von denen jeder nur ein geringes Risiko bedeutet, ist die Zuordnung eines Schadens zu einem bestimmten Faktor niemals möglich. Es ist daher nicht sinnvoll, auf weitere Forschungen in diesem Bereich zu warten. Wir können nur versuchen, so viele Faktoren wie möglich auszuschalten oder ihre Wirkung zu verringern.
Die Forderung nach naturbelassener Nahrung erhält aus dieser Sicht besonderes Gewicht.

Empfehlungen aus der Sicht langfristiger Belastung mit radioaktiv verseuchter Nahrung

wenig Fleisch, vor allem wenig Wild und wenig Lamm, am ehesten Rindfleisch	mehr Gemüse
Verzicht auf Leber und Nieren	mehr frisches Obst
wenig Fisch, keine Fische aus Berg- und Gletscherregionen, am ehesten Meeresfische	mehr Getreide, Getreidekeime
wenig Milch und wenig fettarme Milchprodukte	mehr Käse ohne Rinde
wenig Eier	mehr Zuchtpilze (Champignon, Austernpilz, Kulturträuschling)
keine Wildpilze	Mariendisteltee
wenig Wildbeeren	

Vitamin C stärkt die Widerstandskraft des Körpers gegen radioaktive Strahlung. Pektin (z. B. in Äpfeln) verstärkt die Ausscheidung von Strontium. Kalzium in der Nahrung bremst die Aufnahme von Strontium. Kalium bremst die Aufnahme von Cäsium; beide Mineralien sind besonders in Gemüsebrühe enthalten.

Literaturempfehlungen:
Schönemann, Dietfried: Dringlichkeitsstufen im Umweltschutz. In: NOI INTERNATIONAL, 76/1986. NOI-Verlag, Morrestraße 13, A-9020 Klagenfurt.
Gruber/Weish: Radioaktivität und Umwelt. G. Fischer, Stuttgart 1983[3].

Strahlende Substanzen (Auswahl)

strahlende Substanz	wird eingelagert in	Halbwertszeit	biologische Halbwertszeit	zerfällt zu	Halbwertszeit	zerfällt zu	Halbwertszeit	belastete Nahrungsmittel
Jod 131	Schilddrüse	8 Tg.	138 Tg.	Xenon 131	stabil			Milch, Eigelb
Tellur 132		78 Std.		Jod 132	2,5 Std.	Xenon 132	stabil	
Cäsium 134	Muskelgewebe, Leber	2 J., 3 Mon.		Barium 134	stabil			Fleisch von Tieren, die im Freien weiden; Eier von Freilandhühnern, Fische, Milch (für Cäsium 134 und Cäsium 137)
Cäsium 137	Muskelgewebe	30 J.	2 bis 5 Mon.	Barium 137	stabil			
Strontium 90[1]	Knochen	28 J.	49 Jahre	Yttrium 90[2]	60,5 Std.	Zirkon 90	stabil	Milch, Gemüse
Ruthenium 103	Niere	45 Tg.		Rhodium 103	stabil			Nieren
Ruthenium 106	Niere	1 J.		Palladium 106	stabil			
Kobalt 60	überall, wo Vitamin B_{12} gebraucht wird	5 J., 3 Mon.		Nickel 60	stabil			
Plutonium 239	Lunge, Knochenmark	24000 J.						

[1]reiner Betastrahler, schwierig nachzuweisen
[2]Yttrium lagert sich in der Bauchspeicheldrüse, in den Keimdrüsen und in der Hirnanhangdrüse ein. Es schadet ungeborenen Kindern und kann bei Erwachsenen zu Unfruchtbarkeit führen.

Düngung

Ernten heißt: Biomasse dem natürlichen Kreislauf entziehen. Damit werden dem Boden zum Beispiel jene Mineralstoffe entzogen, die über Zersetzung durch Bodenorganismen wieder verfügbar sein würden. Wenn die Leistungsfähigkeit des Bodens für weitere Ernten erhalten bleiben soll, muß gedüngt werden.
Seit Einführung des Ackerbaus in den alten Kulturen der Menschheit sind zur Düngung Naturprodukte verwendet worden: pflanzliche Abfälle, Gründünger, Stallmist, Kompost, Exkremente, Asche, Kalk, Mergel, Gips, Schlamm usw. Bei dieser Form der Düngung sind die Erträge vergleichsweise gering.
Ab 1830 wurden auch andere Düngemittel verwendet: Salpeter aus Chile, Guano aus Peru, Superphosphat (als erster industriell erzeugter Dünger), Kalisalze aus Abraumhalden der Salzbergwerke, Aluminiumsulfat aus Kokereien u.v.a. Dadurch steigerte man die Erträge gewaltig.
Zunehmend wurde Dünger mit technischer Hilfe erzeugt. Dieser künstlich hergestellte Handelsdünger (fälschlicherweise oft »Kunstdünger« genannt) bestimmt heute weitgehend die Erträge in der Landwirtschaft und ist die Grundlage für die Produktion billiger Nahrungsmittel. Allerdings wird zu seiner Herstellung viel Energie benötigt.
Die von der Pflanze aufgenommenen Mineralstoffe haben denselben Molekülaufbau, ob sie nun aus dem Gestein, aus dem Stall oder von der chemischen Fabrik stammen. Allerdings ist es für die Pflanze außerordentlich wichtig, in welcher Konzentration und in welcher Kombination mit anderen zum Teil für das Wachstum direkt nicht bedeutsamen Stoffen die Nährstoffe der Pflanze zur Verfügung stehen (Pufferwirkung). Schon aus diesen Gründen müßte eine Überdüngung der Felder mit Handelsdünger vermieden werden – ganz zu schweigen vom Energiebedarf bei der Herstellung dieser Dünger sowie von der Belastung unserer Bäche und Flüsse durch ausgewaschene Nährstoffe.
Zudem ist Handelsdünger nicht in der Lage, die Vermehrung der Bodenorganismen zu fördern, wohl aber organischer Dünger. Die Bodenorganismen müssen jedoch gefördert werden, erst recht, weil sie bereits durch den sauren Regen beeinträchtigt sind. Richtiges Düngen ist also eine große Kunst.
In den Händen von Unwissenden kann Handelsdünger zu einer Gefahr werden – ein großes Problem zum Beispiel in der Dritten Welt.
Aber auch die Wissenden mahnen heute immer mehr zur Vorsicht. Vor allem wissen wir noch viel zuwenig über die durch Handelsdünger verursachte Verarmung der Mikroflora und Mikrofauna sowie über mögliche Langzeitwirkungen des Handelsdüngers im Boden.
Kurz: Die vernetzten Strukturen sind noch immer viel zuwenig bekannt. Deshalb sollte man jene Versuche nicht von vornherein ablehnen, natürliche Hilfsmittel an die Stelle zunehmender Anwendung chemischer Hilfsmittel zu setzen, den Kompost verstärkt zu nutzen und alte Bauernweisheiten zu bewahren.
Wer also in seinem Küchengarten Obst, Gemüse und Kräuter anbaut, sollte sich über die Anwendung natürlicher Hilfsmittel informieren.

Formen der Düngung	
Gründüngung	Einackern von grünen Pflanzen (z. B. Senf, Raps, Klee)
Strohdüngung	Einackern von Stroh, um das Bodenleben zu fördern
Düngung mit Asche	die bei der Brandrodung entstehende Asche ist ein natürlicher Mineraldünger
Düngung mit Wirtschaftdünger	Förderung der Humusbildung und Nährstoffzuführung durch Stallmist und Gülle
Düngung mit Handelsdünger	teure, energieabhängige Form der Düngung, Mißbrauch eher möglich als bei anderen Formen der Düngung

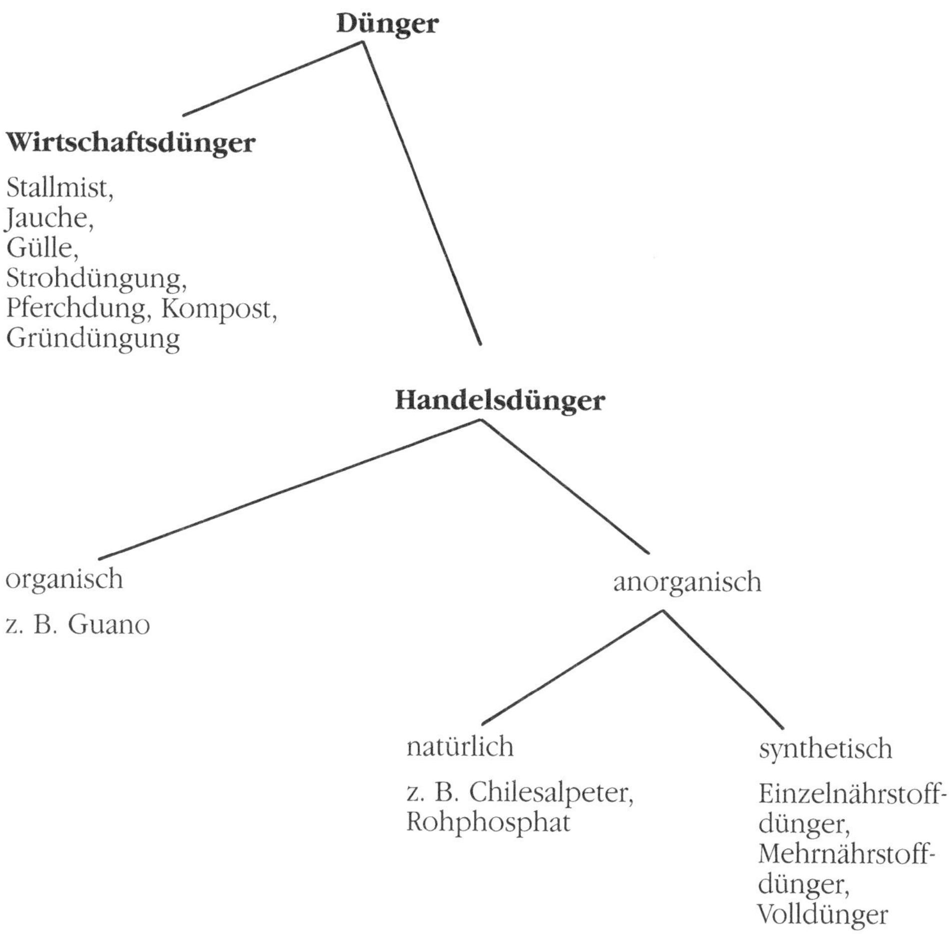

Bodenversauerung

Saure Niederschläge bewirken Bodenversauerung. (Am stärksten sauer ist der von den Bäumen ausgekämmte Nebelniederschlag, der dann an den Stämmen abläuft.) Besonders gefährdet sind sandige Böden, die nur in einer dünnen Schicht auf undurchlässigem Granit aufliegen. Kalkreiche Böden sind weniger gefährdet.

Ein saurer Boden erhöht die Löslichkeit von Metallen. Dadurch werden dann wichtige Pflanzennährstoffe (Kalzium, Eisen, Kupfer, Magnesium, Mangan u.a.) ausgeschwemmt und in tiefere Bodenschichten verlagert. (In manchen Gebieten sind bereits 90 % des austauschbaren Kalziums und Magnesiums ausgewaschen.)

Wenn der pH-Wert im Boden unter 4 absinkt, werden die Tonmineralien zerstört. Dieser Prozeß ist nicht umkehrbar, auch dann nicht, wenn der Boden wieder an Säure verliert! Dabei werden Aluminiumionen in Mengen frei, die für die Bodenorganismen stark giftig sind.

Aluminiumionen schädigen auch die Feinwurzeln der Pflanzen sowie die Symbiose zwischen bestimmten Pilzen und Feinwurzeln. Dadurch ist die Wasser- und Nährstoffaufnahme gestört. (Die meisten höheren Pflanzen können überhaupt nur in einer solchen Symbiose leben.)

Ein gesunder Boden ist ein äußerst kompliziertes Ökosystem von Lebewesen, dessen Wirkungsfaktoren erst zu einem ganz kleinen Teil bekannt sind. Unterhalb eines pH-Wertes von 4 bis 5 verarmt das Bodenleben. Organische Substanzen werden nur noch langsam abgebaut. Dadurch werden aber weniger Nährstoffe freigesetzt.

Die Gefahr, die uns durch Bodenversauerung droht, ist genauso ernst zu nehmen wie das Waldsterben!

Der biologisch-organische Landbau

Es gibt inzwischen mehrere Methoden, landwirtschaftliche Produkte mit möglichst wenig Schadstoffen unter größtmöglicher Schonung der Böden zu erzeugen. Der biologisch-organische Landbau ist ein verbreitetes Beispiel dafür. Einige seiner Kennzeichen:

Intensive Kompostwirtschaft, kombiniert mit Produkten aus tierischen Abfällen, damit das Bodenleben gefördert und der Boden reicher an Humus wird.

Synthetisch hergestellter Dünger, der die Bodenorganismen ungünstig beeinflußt, ist nicht erforderlich.

Verzicht auf Klärschlamm.

Insektizide, Fungizide, Pestizide und Herbizide, die auch nützlichen Organismen schaden und deren Rückstände in die Nahrungskette geraten, sind nicht erforderlich.

Felder und Weiden neben Autobahnen und stark befahrenen Straßen werden nicht genutzt.

Kein tiefes Pflügen, dafür tiefes Lockern und seichtes Wenden: Denn schwere Maschinen verdichten das Erdreich, und die Pflugsohle aus verdichtetem Erdreich stört den Austausch von Nährstoffen und Wasser. Auch werden die in bestimmten Schichten lebenden Mikroorganismen auf störende Weise umgeschichtet.

Keine Intensiv-Tierhaltung in Käfigen oder Batterien; Hormone und Medikamente sind nicht erforderlich.

Literaturempfehlungen

Kollath, Werner: Die Ordnung unserer Nahrung. Haug, Heidelberg 1986[12].

Wendt, Lothar: Gesund werden durch Abbau von Eiweißüberschüssen. Verlag der Schnitzer, St. Georgen/Schwarzwald o. J.

Reckeweg, Hans-Heinrich: Schweinefleisch und Gesundheit. In: NOI INTERNATIONAL, Nr. 54/1981. NOI-Verlag, Morresstraße 13, A-9020 Klagenfurt.

Staub, H. A.: Alternative Landwirtschaft – Der ökologische Weg aus der Sackgasse. Fischer, Frankfurt a. M. 1980.

Schroeder, Diedrich: Bodenkunde in Stichworten. Hirt, Kiel/Wien 1984[4].

Faller, Rolf: Autogenes Training – Anwendung, Heilwirkungen, Methoden. Falken-Verlag, Niedernhausen/Taunus 1981, 1983[2].

Wildkräuter, wilde Beeren

Nur zarte, junge Triebe von sauberen Pflanzen pflücken, Fabriksnähe und frisch gedüngte Wiesen meiden, beim Sammeln mindestens 100 m Abstand von stark befahrenen Straßen halten. Bei trockenem Wetter ernten, am Tag der Ernte verwenden!

Kraut, Beere	lateinischer Name	empfohlen zum Beispiel	Bemerkungen
Bärlauch	Allium Ursinum	zerhackt für Mischsalate, für Saucen und Suppen, für Mischgemüse	nur die jungen Blätter vor dem Blühen verwenden
Berberitze	Berberis vulgaris	junge Blätter für Wildkräutergerichte, Beeren für Marmelade	sehr sauer, enthält viel Vitamin C
Brennessel (Große, Kleine)	Urtica dioica, Urtica urens	für Gemüse und Mischgemüse	nur die jungen Sprossen und Blätter vor dem Blühen verwenden
Brunnenkresse	Nasturtium officinale	für Salate und Saucen	auch im Garten anpflanzbar, nicht kochen
Gänseblümchen	Bellis perennis	die Blüten und Blätter für Salate oder für Wildkräutergerichte	nur die jungen Blätter verwenden
Gundelrebe/ Gundermann	Glechoma hederacea	die Blätter für Salate oder für Wildkräutergerichte	sparsam verwenden (da intensiv) oder blanchieren
Holunder	Sambucus nigra	die Blüten zum Ausbacken, die Beeren für Saft und Suppe	alle grünen Teile sind roh giftig, die rohen Beeren bewirken Brechreiz!
Kerbel	Anthriscus cerefolium	für Salate, Saucen, Suppen und Wildkräutergerichte	auch im Garten anbaubar, nicht lange erhitzen, nicht mit Petersilie kombinieren
Löwenzahn	Taraxacum officinale	die Blätter für Salate oder für Wildkräutergerichte	nur die jungen Blätter im Frühjahr verwenden oder Gartenlöwenzahnpflanzen
Sauerampfer	Rumex acetosa	für Salate, Saucen, Suppen, Gemüse und Wildkräutergerichte	auch im Garten anbaubar

Kraut, Beere	**lateinischer Name**	**empfohlen zum Beispiel**	**Bemerkungen**
Schafgarbe	Achillea millefolium	die Blätter für Salate oder für Wildkräutergerichte	nur die jungen Blätter verwenden oder ältere Blätter blanchieren
Scharbockskraut	Ranunculus ficaria	die Blätter für Salate oder für Wildkräutergerichte	nur die jungen Blätter vor dem Blühen verwenden
Schlehe (Schwarzdorn)	Prunus spinosa	die Früchte für Marmelade	erst nach Frosteinwirkung eßbar
Veilchen (Wohlriechendes)	Viola odorata	die Blätter sowie die Blüten für Salate oder für Wildkräutergerichte sowie für Tee	
Vogelbeere (der Eberesche)	Sorbus aucuparia	für Marmelade, Saft	Beeren vorher kurz aufkochen, oder für 10 Std. in Essigwasser legen
Wacholder	Juniperus communis	die getrockneten Beeren für Suppen und Saucen	
Wegwarte	Cichorium intybus	für Salate	nur die ganz jungen Blätter im Frühjahr verwenden
Wiesenknöterich	Polygonum bistorta	für Gemüse und Mischgemüse	nur die jungen Sprossen und Blätter vor dem Blühen verwenden

Gartenkräuter

Wenn Sie keinen Garten haben, können Sie die wichtigsten Kräuter auf dem Balkon oder am Fensterbrett anpflanzen. Verschwenden Sie keinen Platz an jene Kräuter, die Sie das ganze Jahr über kaufen können, wie Schnittlauch, Petersilie, Dill und Gartenkresse. Versuchen Sie es mit Basilikum, Bohnenkraut, Borretsch, Estragon, Kerbel, Majoran, Rosmarin, Sauerampfer, Thymian, Zitronenmelisse und Ysop.
Es ist besser, junge Pflanzen zu kaufen, als sie selbst aus Samen zu ziehen. Pflanzen Sie sie in nicht zu kleine Töpfe mit Blumenerde und lockern Sie den Boden von Zeit zu Zeit. Der Platz sollte hell und windgeschützt sein, aber nicht sonnig. Staudige Pflanzen schneiden Sie am besten von der Spitze her ab, damit sie breit wachsen.

Kraut	lateinischer Name	empfohlen zum Beispiel	Bemerkungen
Basilikum	Ocinum basilicum	für Salate, Saucen und Gemüse	
Beifuß[1]	Artemisia vulgaris	für Suppen, Geflügel- und Fischgerichte	unterstützt die Verdauung bei fetten Gerichten
Bohnenkraut[1]	Satureja hortensis	für Salate, Suppen und Saucen	
Borretsch	Borrago officinalis	für Salate	nicht kochen
Brunnenkresse	Nasturtium officinale	für Salate und Saucen	nicht kochen
Dill[1]	Anethum graveolens	für Salate, Saucen, Suppen und Gemüse	
Estragon	Artemisia dracunculus	für Salate und Saucen	
Kerbel	Anthriscus cerefdium	für Salate, Saucen, Suppen und Wildkräutergerichte	nicht lange erhitzen, nicht mit Petersilie kombinieren
Liebstöckel	Levisticum officinale	für Suppen, Gemüse und Salate	sparsam verwenden, da intensiv
Löffelkraut, Löffelkresse	Cochlearia officinalis	für Salate	
Löwenzahn	Taraxacum officinale	die Blätter für Salate oder für Wildkräutergerichte	als Gartenzüchtung ohne Bitterstoffe über das ganze Jahr
Majoran[1]	Origanum majorana	für Suppen und Salate	
Petersilie	Petroselinum hortensis	für Salate, Saucen, Suppen und Gemüse	nicht lange erhitzen, in großen Mengen ungesund; die Stiele enthalten Blausäure!

[1]auch getrocknet verwendbar

Kraut	lateinischer Name	empfohlen zum Beispiel	Bemerkungen
Pfefferminze[1]	Mentha piperita	für Tee, Salate und Saucen	
Pimpinelle, Bibernelle	Pimpinella saxifraga	für Salate	nicht kochen
Rosmarin[1]	Rosmarinum officinalis	für Salate, Saucen und Suppen, ideal zu Lamm	
Salbei[1]	Salvia officinalis	für Salate, Saucen, Gemüse und Tee	
Sauerampfer	Rumex acetosa	für Salate, Saucen, Suppen, Gemüse und Wildkräutergerichte	
Schnittlauch	Allium schoenoprasum	für Salate, Suppen	nicht kochen
Thymian[1]	Thymus vulgaris	für Salate, Suppen, Saucen und Gemüse	
Weinraute	Ruta graveolens	für Salate, Suppen, Gemüse	sparsam verwenden, da intensiv (kann Ausschläge verursachen)
Ysop	Hyssopus officinalis	für Salate, Suppen und Gemüse	
Zitronenmelisse[1]	Melissa officinalis	für Salate und Tee	frisch nicht kochen
Zwiebelrohr	Allium cepa	für Salate	

[1]auch getrocknet verwendbar

Verschiedene Bezeichnungen

in diesem Buch verwendeter Name	andere Bezeichnungen
Ackersalat	Vogerlsalat, Feldsalat, Rapunzel, Schafmaul, Lämmersalat
Apfelschnitz	Apfelspalte
Aprikose	Marille
Aubergine	Melanzane, Eierfrucht
Berberitze	Weinscharl, Sauerdorn, Essigdorn, Berbesbeere
Blaukraut	Rotkraut, Rotkohl
Blumenkohl	Karfiol
Bohne, grüne	Fisole
Buchweizen	Heiden, Haden (Schwarz-)Blende, Taterkorn, schwarzes Welschkorn
Dill	Dille, Dillenkraut, Dillkraut, Gurkenkraut, Dillfenchel, Till, Ille
Dinkel	Spelz, Spelt, Fesen, Vesen, Schwabenkorn
Eierkuchen	Palatschinke
Eigelb	Eidotter, Dotter
Eiweiß	Eiklar
feines Mehl	glattes Mehl
Fenchel	Finocchio, Fönchel, Finchel, Fenigel, Finkel
grobkörniges Mehl	griffiges Mehl
grüne Bohne	Fisole
Grünkohl	Blattkohl
Hagebutte	Hetschepetsch, Hahnebutte, Hanbutte, Hetscherl
Hefe	Germ, Gärm, Gerbe, Drusen, Geläger, Trub, Bärme, Geest
Heidelbeere	Schwarzbeere, Blaubeere, Waldbeere, Bickbeere
Johannisbeere	Ribisel, Träuble
Kalbfleisch	Kälbernes
Karotte	Möhre, Mohrrübe, Gelbe Rübe, Wurzel
Kartoffel	Erdapfel, Bramburi, Erdbirne, Grundbirne
Kartoffelbrei	Erdäpfelkoch, Erdäpfelpüree
Keule	Schlegel, Schlögel
Klößchen	Nockerln, Nocken, Gnocchi
Kompott	Röster
Kopfsalat	Häuptelsalat
Kulturerdbeere	Ananaserdbeere, Gartenerdbeere
Kürbis	Plutzer, Bebe

in diesem Buch verwendeter Name	andere Bezeichnungen
Lammfleisch	Lämmernes
Lauch	Porree, Breitlauch
Limone	Limonelle, Limette
Mais	Kukuruz, Türken, türkischer Weizen
Marone	Maroni
Meerrettich	Kren, Gren
Mehl, feines	glattes Mehl
Mehl, grobkörniges	griffiges Mehl
Nelke	Gewürznelke, Näglein, Amboinanelke
Ochsenschwanz	Ochsenschlepp
Orange	Apfelsine, süße Pomeranze
Orangenschnitz	Orangenspalte
Peperone	Pfefferoni, Peperoni
Petersilie	Petersil, Peterling
Pfifferling	Eierschwamm, Eierschwammerl, Eierpilz, Rehling
Pinienkern	Pignole, Pignolie
Quark	Topfen, Schotten, Weißkäse
Rettich	Radi, Rettig
Rinderfilet	Lungenbraten
Rosenkohl	Kohlsprossen, Sprossenkohl, Brüsseler Kohl
Rosine	Weinbeere, Zibeben (groß), Korinthen (klein)
rote Rübe	rote Beete, Rande, Rohne
Rotkraut	Rotkohl, Blaukraut, roter Kappes
Sahne	Obers, Rahm, Nidle, Schmant, Flott
Sauermilch	saure Milch, gestockte Milch
Schafkäse	Brimsen
Schneebesen	Schneerute
Sellerie	Zeller, Eppich
Stachelbeere	Agrasel
Staudensellerie	Bleichsellerie
Steinpilz	Pilzling, Herrenpilz, Herrling, Edelpilz
Süßspeise	Mehlspeise
Tomate	Paradeiser, Paradiesapfel, Liebesapfel, Goldapfel
Veilchen	Veigerl
Wacholder	Kranewitt, Kranawett, Krammetsbeere, Machandelbeere
Weißkraut	Weißkohl, Kraut, Kopfkohl, Kappes
Wirsing	Kohl, Welschkraut, Welschkohl, Börsch, Börschkohl, Börskohl, Herzkohl, Savoyer, Mailänder Kohl
Zwetschge	Zwetschke, Zwetsche, Quetsche

Verzeichnis der Rezepte

Kursiv gedruckte Angaben beziehen sich auf die Abwandlungsmöglichkeiten eines Rezeptes.

Algerischer Pfefferminztee . . . 231
Ananas-Sorbet 225
Anchoviskartoffeln 98
Angekeimte Samen 27
Anistee 231
Aniswasser 235
Apfelauflauf 213
Apfelbrei 218
Apfel-Eis 226
Äpfel, gedünstete 213
Apfelgeleedressing *39*
Apfelkraut 218
Apfelmarmelade 221
Apfelringe 213
Apfelrösti 92
Apfel-Schlehen-Marmelade . . . 221
Apfelschnitze, getrocknete . . . 214
Apfel-Sorbet 224
Apfelsülze 214
Aprikosencreme 216
Aprikosen-Eis 226
Aprikosenlikör 235
Aprikosenmarmelade 221
Artischocken, gekochte 75
Auberginendressing 39
Auberginen, gebratene 78
Auberginen, gedünstete 79
Auberginen, gefüllte 79
Auberginen-Paprika-Salat 31
Auberginenpfannkuchen 80
Auberginenpüree 79
Auberginen vorbereiten 78
Avocadodip 41
Avocadodressing 38
Avocados, gefüllte 33

Backpulver 196
Bananencreme 119
Bananenknusperchen 208
Bananenmarmelade (ungekocht) 221
Belag für Pizzen 147
Belegtes Vollkornbrot, Variationen 206
Berberitzencreme 119
Berberitzendressing 39
Berberitzengelee 222
Bircher-Müsli 22
Birnen, gedünstete 212
Birnenkuchen 197
Birnen mit Gorgonzola 152
Birnen mit Roquefort 152
Birnen-Schlehen-Marmelade . . *221*
Blanchieren von Gemüse 68
Blattspinat 69
Blumenkohlsalat 28
Bohnen, grüne 78
Bohnenkerne 78
Bohnenkernen, Salat aus 78
Bologneser Sauce (warm) . . . 110
Borschtsch 53
Bratäpfel 213
Brennesseln, gestockte *70*
Bretonische Pfannkuchen (crêpes) 138
Bretonische Pfannkuchen (crêpes), Variationen 138
Bretonischer Honigkuchen . . . 197
Broccoli, gedünstete, I 71
Broccoli, gedünstete, II 71
Broccoli-Pfannkuchen *135*
Broccoli, gestockte *70*
Broccolisuppe 49
Brombeer-Sorbet *225*
Brot . . . . 191 f.
Brotsuppe 54
Brühkartoffeln 92
Brunnenkresse-Gemüse-Sauce *108*
Brunnenkressesuppe *47*
Buchweizen 59
Budwig-Müsli 22
Buttererbsen 73
Butter »Maitre d'hôtel« 123
Butter, pikante 123
Buttersauce I (warm) 114
Buttersauce II zu Fisch (warm) 114

Champignonauflauf 100
Champignonpüree (Duxelles) 101
Champignonsauce I (warm) . . 109
Champignonsauce II (warm) . . 110
Champignons, Variationen . . . 101
Chicorée-Fenchel-Salat 30
Chicorée, gedünsteter 76

Chilisauce, scharf (kalt), ... 113
Cocktailsauce (kalt) 114
Crêpes 138
Crêpes, Variationen 138

Dattelbrot 202
Dattelsirup (zum Süßen) 215
Delikates Mischgemüse 69
Dillsauce (kalt) 107
Dinkel 57, 59
Dip-Grundlage 41
Dip-Variationen 41
Dreikornbrot 193
Dressings 35
Dressing mit hartgekochtem Ei 39
Dressing mit rohem Eigelb ... 40
Dressing, schwedisches 40
Dressing, spanisches 40
Dressings, pikantsaure 37
Dressings, süßsaure 36
Dressings, Variationen 38
Dressings, Würzmischungen
für pikantsaure 36
Dressings, Würzmischungen
für süßsaure 36
Duxelles 101

Eier, gefüllte, Variationen 128
Eier, gestockte 127
Eier, gestockte, Variationen ... 127
Eierkuchen 135
Eiermilch 234
Eier, pochierte 131
Eier, pochierte, Variationen ... 132
Eier, verlorene 131
Eier, verlorene, Variationen ... 132
Einfache Kräutersauce (warm) 105
Einfacher Fischsud für
kalten Fisch 155
Eingelegte Tomaten 84
Eingemachtes Kalbfleisch 176
Ente 170
Erbsen 72
Erdbeer-Sorbet 224
Essigsud für Fisch 155
Estragon-Gemüse-Sauce
(warm) 108
Estragonhuhn 167
Estragonsauce I (kalt) 107
Estragonsauce II (warm) 107

Feigencreme 216
Fenchel-Chicorée-Salat 30
Fenchel, gebratener 73
Fenchel, überbackener 73
Filetsteak 183
Fisch .... 153f.
Fischauflauf 157
Fisch, Essigsud für 155
Fischfilet auf Fenchel 157
Fischfilets, gefüllte, (kalt) 158
Fischfilets in Zitronenbutter ... 158
Fischfond 155
Fisch, geschmorter 156
Fisch im Sud 155
Fisch, pochierter, I 156
Fisch, pochierter, II 156
Fischsalat 33
Fischspieße 161
Fischsud, einfacher, für
kalten Fisch 155
Fischsud, heller 155
Fischsuppe 53
Fladenbrot 194
Folienkartoffeln 97
Forelle blau 159
Forelle, gedünstete 159
Forelle in der Folie 160
Forelle Müllerin 159
Forelle vorbereiten 159
Frankfurter Grüne Sauce (kalt) 107
Frischkornbrei, warmer 23
Früchtebrot 194
Früchte-Joghurt-Getränk 234
Früchtespeise 211
Fruchtpaste 215
Fruchtsirup 215
Füllungen für Geflügel,
Variationen 170

Gans 170
Garnitur für Teigwaren 142
Gazpacho 46
Gebackene Hühnerbeine 169
Gebackene Kartoffelklößchen . 94
Gebackene Paprikaschoten ... 76
Gebackener Knoblauch 85
Gebackenes Gemüse 90
Gebackenes Kalbshirn 180
Gebackene Spinatklößchen ... 70
Gebratene Auberginen 78
Gebratene Pilze 100
Gebratene Scampi 163
Gebratener Fenchel 73

Gebratener Rosenkohl 74
Gebratene Schwarzwurzeln . . . 89
Gebratenes Kalbsbries 179
Gebratene Tintenfische 164
Gebratene Tomaten 84
Gebundene Suppen,
Grundlage für 47
Gedünstete Äpfel 213
Gedünstete Auberginen 79
Gedünstete Birnen 212
Gedünstete Broccoli I 71
Gedünstete Broccoli II 71
Gedünstete Forelle 159
Gedünstete Gurken 81
Gedünstete Paprika 76
Gedünsteter Chicorée 76
Gedünsteter Kürbis 80
Gedünsteter Lauch 74
Gedünstetes Kalbsbries 178
Gedünstetes Rotkraut 87
Gedünstete Zucchini 81
Geflügel, Füllungen für,
Variationen 170
Gefüllte Auberginen 79
Gefüllte Avocados 33
Gefüllte Eier, Variationen 128
Gefüllte Fischfilets (kalt) 158
Gefüllte Gurken 81
Gefüllte Kalbsbrust 177
Gefüllte Kartoffeln 97
Gefüllte Kohlrabi 80
Gefüllte Mangoldblätter 86
Gefüllte Paprika 77
Gefüllter Krautkopf 87
Gefülltes Rinderfilet 183
Gefüllte Tomaten I (warm) . . . 82
Gefüllte Tomaten II (warm) . . . 82
Gefüllte Tomaten III (warm
oder kalt) 83
Gefüllte Tomaten IV (kalt) . . . 83
Gefüllte Tomaten, Variationen,
(kalt) 83
Gefüllte Truthahnschnitzel . . . 169
Gefüllte Weißkrautblätter 86
Gefüllte Wirsingblätter 86
Gefüllte Zucchini 81
Gefüllte Zwiebeln 80
Gegrillte Lammkoteletts 172
Gegrilltes Gemüse 89
Gekochte Artischocken 75
Gekochte Linsen 85
Gekochte Tintenfische
für Salate 164
Gekühlter Tee 232
Gemüse 67
Gemüseauflauf I 88
Gemüseauflauf II 88
Gemüsebrühe, das Fundament
vieler Gerichte 44
Gemüse-Brunnenkresse-Sauce 108
Gemüsedressing 38
Gemüse-Estragon-Sauce 108
Gemüse, gebackenes 90
Gemüse, gegrilltes 89
Gemüse, glaciertes 68
Gemüse-Kerbel-Sauce 108
Gemüsekuchen 199
Gemüse, mariniertes 85
Gemüse-Pfannkuchen . . . . . 134f.
Gemüsepüree 75
Gemüsesauce (warm) 112
Gemüsesuppe I 46
Gemüsesuppe II (Minestrone) 46
Gemüsesuppe, kalte,
(Gazpacho) 46
Gemüsesuppe, pikante, (kalt) . 47
Gemüse- und Obstsäfte 228
Genueser Sauce (kalt) 106
Geröstete Kartoffeln 92
Gerste 59
Gerstenschrotauflauf 63
Gerstenschrotsuppe 51
Gerstensuppe 50
Gerstentrunk 231
Geschmolzene Kartoffeln 92
Geschmolzene Tomaten 81
Geschmorte Lammschulter I . . 174
Geschmorte Lammschulter II . . 174
Geschmorte Pilze 100
Geschmorter Fisch 156
Geschmorter
Ochsenschwanz I 184
Geschmorter
Ochsenschwanz II 185
Geschmortes Huhn in Gemüse 169
Geschmorte Tintenfische 164
Gestockte Brennesseln 70
Gestockte Broccoli 70
Gestockte Eier 127
Gestockte Eier, Variationen . . . 127
Gestockte Karotten 70
Gestockter Mangold 70
Gestockter Spinat 70
Gestockte Sellerie 70
Getreidegerichte 55
Getreideklößchen 66

Getreidelaibchen I 63
Getreidelaibchen II 64
Getreidesalat 28
Getrocknete Apfelschnitze . . . 214
Gewürztee 232
Gewürzter Kaffee 233
Gewürzter Schafkäse 151
Gewürzter Schnaps 235
Gewürzte Toastscheiben 208
Glacierte Karotten 68
Glacierte Maronen 90
Glaciertes Gemüse 68
Gorgonzoladressing 40
Gorgonzola mit Birnen 152
Gorgonzolasauce (warm) 115
Grapefruitsaft 230
Gratin Dauphinois 95
Gratinierte Kartoffeln mit
Trüffeln 96
Gratin Savoyard 95
Grießauflauf, salziger 66
Grießauflauf, süßer 66
Grießklößchen 66
Grießklößchensuppe 52
Grießpudding, salziger, (kalt) . 66
Grundlage für gebundene
Suppen 47
Grundteig für Brot 192
Grundteig für Dampfnudeln . . 192
Grundteig für Obstkuchen . . . 192
Grüne Bohnen 78
Grünen Bohnen, Salat aus . . . 78
Grüne Sauce I (kalt) 105
Grüne Sauce II (kalt) 105
Grüne Sauce III (kalt) 106
Grüne Sauce IV (kalt) 106
Grünkern 57, 59
Grünkernlaibchen 60
Grünkernschrotauflauf 62
Grünkohlauflauf 88
Gurken, gedünstete 81
Gurken, gefüllte 81
Gurkensaft (erfrischend) 230
Gurkensahne (kalt) 112
Gurken-Sorbet 224
Gurkensuppe 49

Hafer 59
Haselnußbutter 123
Haselnuß-Kokosnuß-Küßchen . 203
Haselnußzwieback 203
Hasenkeulen 188
Heidelbeer-Sorbet 225
Heller Fischsud 155
Heringe, marinierte, I 161
Heringe, marinierte, II 162
Heringe, marinierte, III 162
Hering in Gemüsedressing . . . 162
Heringssalat 33
Himbeer-Sorbet 225
Hirschragout 189
Hirse 59
Hirseauflauf, salziger 65
Hirsecreme mit Aprikosen 210
Hirselaibchen 64
Hirse-Müsli 23
Hirse-Pfanne 65
Hirse-Quark-Auflauf 60
Hirse-Sesam-Plätzchen 202
Honigkuchen, bretonischer . . . 197
Honigtaler 202
Hühnerbeine, gebackene 169
Hühnerbeine in Essig 168
Hühnerbeine mit Champignons . 168
Hühnerbeine mit Oliven 168
Hühnerbeine vorbereiten 168
Hühnerbrust auf Lauch 166
Hühnerbrust in delikatem
Mischgemüse 167
Hühnerbrust in Folie gedünstet . 166
Hühnerbrust in Zitronenbutter 166
Hühnerbrust, panierte 167
Hühnerbrust in Mangold 167
Hühnerbrust in Morchelsauce . . 167
Huhn, geschmortes,
in Gemüse 169
Husarenkugeln 201

Ingwertee 232

Joghurt-Sorbet 226
Johannisbeerdressing 39
Johannisbeer-Sorbet 225

Kaffee, gewürzter 233
Kaffee-Sorbet 226
Kaffee, türkischer 233
Kakao 233
Kalbfleisch, eingemachtes 176
Kalbfleisch, kaltes 178
Kalbsbries, gebratenes 179
Kalbsbries, gedünstetes 178
Kalbsbries mit Äpfeln 179
Kalbsbries, paniertes 179

Kalbsbries vorbereiten 178
Kalbsbrust, gefüllte 177
Kalbsfilet in delikatem
Mischgemüse 176
Kalbsherz 178
Kalbshirn, gebackenes 180
Kalbshirn, gebraten 179
Kalbshirn in Rotwein 180
Kalbshirn in Tomaten 180
Kalbshirn mit Ei 180
Kalbshirn, pochiertes 179
Kalbshirn vorbereiten 179
Kalbskoteletts 176
Kalbsschnitzel, paniertes 177
Kalte Gemüsesuppe
(Gazpacho) 46
Kaltes Kalbfleisch 178
Kapern-Oliven-Sauce (warm) . . 113
Kardamomtee 232
Karotten, gestockte *70*
Karotten-Nuß-Torte 198
Karotten-Orangen-Saft 229
Karottensaft 229
Karottensalat 28
Karottensauce (warm) 112
Karottensuppe 48
Karottensuppe *68*
Karotten-Tomaten-Saft 228
Kartoffelauflauf, süßer 215
Kartoffeldressing 38
Kartoffelgemüse 98
Kartoffelgulasch 93
Kartoffelklößchen 94
Kartoffelklößchen, gebacken . . 94
Kartoffelküchlein 97
Kartoffellaibchen 96
Kartoffeln 91
Kartoffeln, gefüllte 97
Kartoffeln, geröstete 92
Kartoffeln, geschmolzene 92
Kartoffeln mit Champignons . . 93
Kartoffeln mit Pilzen *93*
Kartoffeln mit Trüffeln,
gratiniert 96
Kartoffeln und Äpfel *94*
Kartoffeln, saure 93
Kartoffeln und Birnen 94
Kartoffelpfannkuchen 138
Kartoffelpüree 96
Kartoffelpüree mit Knoblauch . 96
Kartoffelsalat I 32
Kartoffelsalat II 32
Kartoffelsuppe 47
Käseauflauf 151
Käsebällchen 152
Käsebrot 207
Käsekuchen, salziger 199
Käsekuchen, süßer,
siehe Quarkkuchen 198
Käsesalat 33
Käsesauce (warm) 115
Käsesuppe 51
Käseteigwaren 140
Kekse 203
Kerbel-Gemüse-Sauce *108*
Kerbelsuppe 47
Kerbelsuppe mit rohem Lachs . 48
Knoblauchbrot 207
Knoblauchbrühe 235
Knoblauchbutter 123
Knoblauch, gebackener 85
Knoblauchmayonnaise 116
Knoblauchsauce (warm) 111
Knoblauchschnaps 235
Knoblauchsuppe 52
Kohlrabi, gefüllte 80
Kohlrabi-Sorbet *224*
Kohlrabisuppe *49*
Kokosmilchgetränk 234
Kokosnuß-Haselnuß-
Küßchen 203
Kollath-Müsli 22
Kompotte 218
Korsischer Zitronenkuchen . . . 197
Kräuterbutter 122
Kräuter für Pizzen 146
Kräutersaft (pikant) 229
Kräutersauce, einfach (warm) . 105
Kräutersauce zu pochiertem
Fisch (warm) 106
Kräuterschiffchen (als Suppen-
einlage) 65
Kräuterspätzle 142
Krautkopf, gefüllter 87
Kressesuppe *47*
Kürbis, gedünsteter 80

Lachsbutter 122
Lachs in Orangenbutter 160
Lachs, marinierter 158
Lachssauce (warm) 116
Lamm-Frikadellen 174
Lammkeule (mit Sauce) 173
Lammkeule (ohne Sauce) 172
Lammkoteletts, gegrillte 172

Lammkoteletts, in der Pfanne . . 172
Lammrücken 173
Lammschulter, geschmorte, I . . 174
Lammschulter, geschmorte, II . . 174
Lauchbrühe 235
Lauch, gedünsteter 74
Lauch mit Oliven 74
Lauch, überbackener 74
Leichte Sauce hollandaise 116
Leichte Sauce (warm) 105
Leinsaatschleim 228
Letscho 77
Limonensaft *230*
Linsen, gekochte 85
Linsenpüree (kalt) 86
Linsensalat 27
Linsensuppe 51

***M**aisklößchen* *66*
Maisknusperchen I 207
Maisknusperchen II 207
Mandelbutter *123*
Mandelmilch 233
Mandelquark 151
Mandeltorte 198
Mangold 70
Mangoldblätter, gefüllte *86*
Mangold, gestockter *70*
Mangold-Pfannkuchen *135*
Mangosaft 231
Mango-Sorbet 225
Marinade, süße, für Rindfleisch 182
Marinierte Heringe I 161
Marinierte Heringe II 162
Marinierte Heringe III 162
Marinierter Lachs 158
Mariniertes Gemüse 85
Mariniertes Rindfleisch 182
Marmelade . . . . 219f.
Marmelade, Variationen 222
Maronencremesuppe 53
Maronendessert 216
Maronen, glacierte 90
Maronenpüree 90
Mayonnaise 116
Mayonnaise, Variationen 117
Maultaschen 143
Meeresfrüchte . . . . 153f.
Meerrettichbutter 123
Meerrettich-Eier 131
Meerrettichsauce (warm) 115
Melonenkaltschale 212
Miesmuscheln in Sahne 164
Milchreis 210
Minestrone 46
Mirepoix 75
Mischgemüse, delikates 69
Morchelsauce (warm) 110
Mürbeteig 196
Muscheln 163
Muscheln vorbereiten 163
Müsli 21

Nockerln 142
Nudelsalat 32
Nudelteig 140
Nuß-Karotten-Torte 198
Nuß-Orangen-Eis 226
Nußsauce (warm) 115

Obstsalat 211
Obst- und Gemüsesäfte 228
Ochsenschwanz, geschmorter, I 184
Ochsenschwanz, geschmorter, II 185
Ofenschlupfer, schwäbischer . . 211
Oliven-Kapern-Sauce (warm) . . 113
Olivenpaste (Tapenade) 113
Olivensauce (kalt) 113
Omelett 134
Omeletts, Variationen 134
Orangenbutter 122
Orangen-Karotten-Saft 229
Orangen-Nuß-Eis 226
Orangenmilch *234*

Palatschinken 136
Palatschinken, Variationen 137
Palatschinken, überbackene . . . 138
Panierte Hühnerbrust 167
Panierte Pilze 100
Paniertes Kalbsbries 179
Paniertes Kalbsschnitzel 177
Paniertes Schnitzel 177
Paprika-Auberginen-Salat 31
Paprikabutter 122
Paprika, gebackene 76
Paprika, gedünstete 76
Paprika, gefüllte 77
Paprikagemüse 77
Paprika in Knoblauch 77
Paprikasauce (warm) 112
Paprika, gebackene 76
Paprika in Knoblauch 77
Pfannkuchen I 135
Pfannkuchen II 135
Pfannkuchen, bretonische 138

Pfannkuchen, bretonische,
Variationen 138
Pfefferminztee, algerischer . . . 231
Pfirsiche unter süßer Haut . . . 212
Pfitzauf 203
Pikante Butter 123
Pikante Gemüsesuppe (kalt) . . 47
Pikantsaure Dressings 37
Pilzauflauf 100
Pilze 99
Pilze, gebratene 100
Pilze, geschmorte 100
Pilze, panierte 100
Pilzsuppe 54
Pistazienbutter *123*
Pizzateig I 146
Pizzateig II 146
Pizzen, Belag für 147
Pizzen, Kräuter für 146
Pizzen, Standartrezepte für . . . 147
Pizzen, Tomatenbrei für 146
Pochierte Eier 131
Pochierte Eier, Variationen . . . 132
Pochierter Fisch I 156
Pochierter Fisch II 156
Pochierte Seezungenfilets 160
Pochiertes Kalbshirn 179
Polenta 62

Quarkblätterteig 196
Quark-Hirse-Auflauf *60*
Quarkkuchen 198
Quarkkugeln 152
Quark mit Keimlingen 151
Quark-Reis-Auflauf 60
Quark, salzige Variationen . . . 150
Quark, süße Variationen 150
Quittenmarmelade 222
Quitten-Sorbet I 225
Quitten-Sorbet II 225

Rahmkuchen, salziger 199
Rahmsuppe, schwäbische 54
Ratatouille 84
Ravioli 143
Rebhuhn 189
Rehfilets 188
Reh in Wacholdersahne 188
Reis 56
Reisauflauf, salziger 59
Reisauflauf, süßer 210
Reislaibchen 60
Reis-Quark-Auflauf 60
Reissalat mit roten Rüben 30
Remouladensauce 118
Rettichsaft (vitaminreich) 230
Rhabarber 218
Rhabarberkompott 218
Rhabarbermarmelade 221
Rhabarbersaft 231
Rhabarbersauce 118
Rhabarber-Sorbet 224
Riebelesuppe 52
Rinderfilet, gefülltes 183
Rinderschmorbraten 182
Rinderzunge 185
Rindfleisch, mariniertes 182
Rindfleisch, süße Marinade für . 182
Roggen 59
Rohkostmischungen,
besonders günstige 26
Rohkost mit Dips 27
Rohkostplatte 25
Roquefortdressing 40
Roquefort mit Birnen 152
Rosenkohl, gebratener 74
Rosenkohltorte 200
Rosenkohl, überbackener 75
Rosinenknusperchen 208
Rosinensirup 215
Rostbraten, schwäbischer 184
Rösti, Schweizer 93
Rote-Rüben-Saft 229
Rote-Rüben-Salat I 31
Rote-Rüben-Salat II 31
Rote-Rüben-Sauermilch 234
Rote-Rüben-Sorbet *224*
Rote-Rüben-Suppe mit
Meerrettichklößchen 50
Rotkraut, gedünstetes 87
Rührei, Variationen 126

Saftcocktail 231
Salat aus Bohnenkernen 78
Salat aus grünen Bohnen 29
Salatdressings, Variationen . . . 38
Salatgarnituren 41
Salat mit Weizenschrot 27
Salsa pizzaiola 146
Salzheringe vorbereiten 161
Salzige Variationen mit Quark . 150
Samen, angekeimt 27
Sardellenbutter 122
Sauce . . . . 103f.
Sauce Beurre Blanc (warm) . . . 114
Sauce, Bologneser 110
Sauce, Frankfurter Grüne, (kalt) 107

Sauce, Genueser (kalt) 106
Sauce, grüne, I (kalt) 105
Sauce, grüne, II (kalt) 105
Sauce, grüne, III (kalt) 106
Sauce, grüne, IV (kalt) 106
Sauce hollandaise 116
Sauce hollandaise, leichte 116
Sauce hollandaise, Variationen . 117
Sauce, leichte, (warm) 105
Sauerampfersauce zu
pochiertem Fisch (warm) . . 108
Sauerampfersuppe 47
Sauerbraten 184
Sauerkraut 87
Sauerkrautsaft (entwässernd,
stuhlfördernd) 230
Sauermilchsuppe (kalt) 52
Sauerteig 193
Saure Kartoffeln 93
Scampi, gebratene 163
Schafkäse, gewürzter 151
Scharfe Chilisauce (kalt) 113
Schlehen-Apfel-Marmelade . . . 221
Schlehen-Birnen-Marmelade . . 221
Schnaps, gewürzter 235
Schnitzel, paniertes 177
Schupfnudeln 98
Schwäbische Rahmsuppe 54
Schwäbischer Ofenschlupfer . . 211
Schwäbischer Rostbraten 184
Schwäbischer Zwiebelkuchen . . 200
Schwäbische Spätzle 142
Schwarzwurzeln, gebratene . . . 89
Schwedisches Dressing 40
Schweizer Rösti 93
Seezungenfilets, pochierte . . . 160
Seezungenfilets, überbackene . . 160
Sellerie, gestockte 70
Selleriesalat I 29
Selleriesalat II 29
Selleriesalat III 29
Selleriesalat IV, süßsaurer 29
Sellerie-Sorbet 224
Selleriesuppe 49
Senfbutter 123
Senfcreme 119
Senffrüchte 222
Senfsauce (kalt) 114
Sesam-Hirse-Plätzchen 202
Sesam-Plätzchen 201
Sherrycreme 216
Shrimps in Vinaigrette 162
Sonnenfladen 208
Spanisches Dressing 40
Spargel 72
Spargelcremesuppe 48
Spätzle, schwäbische 142
Spiegeleier in Sardellenbutter . . 129
Spiegeleier, Variationen 130
Spinatbutter 122
Spinat, gestockter 70
Spinatklößchen 70
Spinatklößchen, gebackene . . . 70
Spinat-Pfannkuchen 135
Spinatpüree 69
Spinatröllchen 71
Spinatsaft (blutbildend) 229
Spinatsuppe 48
Spinatsuppe 49
Spinatsuppe mit Reis 48
Spinat vorbereiten 69
Standardrezepte für Pizzen . . . 147
Sud, weißer 68
Suppen, gebundene,
Grundlage für 47
Suppe, süße 54
Süße Marinade für Rindfleisch . 182
Süßer Grießauflauf 66
Süßer Kartoffelauflauf 215
Süßer Käsekuchen,
siehe Quarkkuchen 198
Süßer Reisauflauf 210
Süße Suppe (kalt) 54
Süße Tomatensauce (warm) . . 109
Süße Variationen mit Quark . . . 150

Tapenade 113
Tapenadebutter 122
Tee aus frischen Blättern 232
Tee, gekühlter 232
Teepunsch 233
Tee-Sorbet 225
Teig walken 192
Teigwaren, Garnitur für 142
Teigwaren kochen 140
Teigwaren mit Champignons . . 141
Teigwaren mit Eiern und
Kräutern 141
Teigwaren mit Gemüse 141
Teufelssauce (warm) 111
Tintenfische, gebratene 164
Tintenfische, gekochte,
für Salate 164
Tintenfische, geschmorte 164
Tintenfische vorbereiten 164
Thunfischsauce (kalt) 115
Thymianbrot 207
Toastscheiben, gewürzte 208

Tomatenbrei für Pizzen 146
Tomaten, eingelegte 84
Tomaten, gebratene 84
Tomaten, gefüllte, I (warm) . . . 82
Tomaten, gefüllte, II (warm) . . 82
Tomaten, gefüllte, III
(warm oder kalt) 82
Tomaten, gefüllte, IV (kalt) . . . 83
Tomaten, geschmolzene 81
Tomaten-Karotten-Saft 228
Tomatensaft 228
Tomatensalat 30
Tomatensauce I (kalt) 108
Tomatensauce II (warm) 109
Tomaten schälen 68
Tomaten-Sorbet 224
Tomatensuppe I 49
Tomatensuppe II 49
Tomatensuppe süße, warm . . . 109
Topfen, siehe Quark
Trüffelsauce 111
Truthahnschnitzel, gefüllte . . . 169
Tsatsiki 31
Türkischer Kaffee 233

Überbackene Palatschinken . . . 138
Überbackener Fenchel 73
Überbackener Lauch 74
Überbackener Rosenkohl 75
Überbackene Seezungenfilets . . 160

Vanille-Eis 226
Vanillesauce I (warm) 118
Vanillesauce II (kalt) 118
Variationen, salzige, mit Quark . 150
Variationen, süße, mit Quark . . 150
Variationen von belegtem
Vollkornbrot 206
Variationen von bretonischem
Pfannkuchen 138
Variationen von Champignons . 101
Variationen von Füllungen
für Geflügel 170
Variationen von gefüllten Eiern 128
Variationen von gefüllten
Tomaten (kalt) 83
Variationen von gestockten Eiern 127
Variationen von Marmelade . . . 222
Variationen von Mayonnaise . . 117
Variationen von Omeletts 134
Variationen von Palatschinken . 137
Variationen von Reis 58
Variationen von Rührei 126
Variationen von Salatdressings . 38
Variationen von Sauce
hollandaise 117
Variationen von Spiegeleiern . . 130
Variationen von verlorenen
(pochierten) Eiern 132
Veilchenhonig 216
Verlorene (pochierte) Eier . . . 131
Vinaigrette 38
Vollkornbrot, belegtes,
Variationen 206
Vollreis 58
Vollreis, körniger 58

Wacholdercreme 119
Warmer Frischkornbrei 23
Weincreme 119
Weißer Sud 68
Weißkrautblätter, gefüllte 86
Weißkraut, süßsaures 86
Weizen 59
Weizenauflauf 59
Weizenschrotauflauf I 61
Weizenschrotauflauf II (schnelle
und einfache Zubereitung) . . 61
Wildbeerendressing 39
Wild-Frikadellen 189
Wildkräutersalat 28
Wildkräutersuppe 47
Wirsingblätter, gefüllte 86
Wirsing-Pfannkuchen 135
Wirsingsaft (entzündungs-
hemmend) 230
Würzbutter 121
Würzmischungen für
pikantsaure Dressings 37
Würzmischungen für
süßsaure Dressings 36

Zimtsterne 201
Zitronenauflauf 214
Zitronenkuchen, korsischer . . . 197
Zitronenmilch 234
Zitronenreis 61
Zitronensaft 230
Zitronenschaum 214
Zitronen-Sorbet 225
Zitronensuppe 51
Zucchi-Fächer 72
Zucchini, gedünstete 81
Zucchini, gefüllte 81
Zwieback-Müsli 23
Zwiebelkuchen, schwäbischer . 200
Zwiebeln, gefüllte 80
Zwiebelsauce (warm) 111
Zwiebelsuppe 52